壮国桢　著

高职教育行动导向教学体系

Action-oriented Teaching System of Higher Vocational Education

江苏大学出版社

图书在版编目(CIP)数据

高职教育行动导向教学体系/壮国桢著. —镇江：江苏大学出版社，2007. 12(2008. 8 重印)
ISBN 978-7-81130-027-7

Ⅰ. 高… Ⅱ. 壮… Ⅲ. 高等学校：技术学校—教学研究—中国 Ⅳ. G719. 2

中国版本图书馆 CIP 数据核字(2007)第 202228 号

高职教育行动导向教学体系

作　　者/壮国桢
责任编辑/顾正彤　潘　安
出版发行/江苏大学出版社
地　　址/江苏省镇江市梦溪园巷 30 号(邮编：212003)
电　　话/0511－84446464
排　　版/镇江文苑制版印刷有限责任公司
印　　刷/丹阳市教育印刷厂
经　　销/江苏省新华书店
开　　本/890mm×1 240mm　1/32
印　　张/9. 875
字　　数/200 千字
版　　次/2007 年 12 月第 1 版　2008 年 8 月第 2 次印刷
书　　号/ISBN 978-7-81130-027-7
定　　价/35. 00 元

Preface

序

我国高等职业教育迄今依然深受普通高等教育传统的影响，在招生模式、办学模式、教学模式、评价模式，乃至教学目标制订、教学内容选择、教学方法运用等方面，还没有尽显职业教育特色。所有这些问题的一个症结，就是高等职业教育还没有找到真正的逻辑起点。《高职教育行动导向教学体系》一书，就是从行动源点意义上来系统探讨“应该属于高职自己的”教学体系。

作者在高等职业教育的第一线工作，历经我国高职教育从艰难起步到迅猛发展的各个时期，对高职教育从规模扩张到内涵提升的整个过程中出现的问题体会很深。选择教学体系的构建这一关键问题进行研究，可以说是抓住了当前高职发展中的核心问题；整个研究源于实践，又高于实践，显示了作者独特的观察力、判断力和分析力。

《高职教育行动导向教学体系》以系统论为基础，以知识论、学习论和教学论的基本观点为理论依据，打破传统高等教育的教学体系，提出了行动导向教学体系发展的 3 个阶段和 3 种类型，并运用系统理论，构建了行动导向教学体系的基本结构框架。该书紧扣高职教育的特性、任务，特别是当前实践中的诸多教学问题，进行了理论梳理，所形成的理论体系，在高职教育理论的发展上有一定的突破和创新。

该书体现出较强的理论色彩，观点鲜明，语言流畅，参考文献充分。全书从理论、建构、实践3个层面展开，研究框架完整，逻辑关系严密。作者运用了调查研究和文献研究的方法：前者为发现高职教学的问题以及实施行动导向教学体系的效果分析提供了可靠的依据，后者则为行动导向教学体系的理论基础和历史演进分析提供了丰富的参照。

该书既有职业教育国际视野又有本土实践，对当前我国高职的教学改革实践具有较大的指导意义。

中国职业技术教育学会副会长兼学术委员会主任

华东师范大学职业教育与成人教育研究所所长、教授、博士生导师

石伟平 博士

2007年11月8日

Contents

目 录

■ 第一章 导 论 /001
第一节 问题的提出 /001
第二节 文献综述 /017
第三节 研究思路与方法 /021

■ 第二章 行动导向教学体系的基本内涵 /027
第一节 体系与教学体系的内涵 /027
第二节 行动导向教学体系的要素、结构和功能 /041
第三节 行动导向教学体系的目标与特征 /046

■ 第三章 行动导向教学体系的理论基础 /063
第一节 行动导向教学体系的知识论基础 /063
第二节 行动导向教学体系的学习论基础 /089
第三节 行动导向教学体系的教学论基础 /099

■ 第四章 行动导向教学体系实践范式的演进 /112
第一节 行动导向教学体系的生成期 /112
第二节 行动导向教学体系的发展期 /117
第三节 行动导向教学体系的整合期 /138

■ **第五章　行动导向教学体系的子系统构建** /146
第一节　驱动子系统——能力本位教学理念的动力机制分析 /146
第二节　受动子系统——行动型师生关系的建立 /158
第三节　行动导向教学体系的支持子系统构建 /176
第四节　行动导向教学质量的控制子系统构建 /221

■ **第六章　行动导向教学体系的实施及效果分析** /247
第一节　行动导向教学体系实施的总体情况 /247
第二节　行动导向教学体系实施的过程 /249
第三节　行动导向教学体系实施的初步效果及努力方向 /261

■ **全书结语** /268
■ **附录一**　高职教学情况问卷调查表(教师用) /270
■ **附录二**　高职教学情况问卷调查表(学生用) /274
■ **附录三**　常州机电职业技术学院2004级数控技术应用专业部分毕业生座谈会 /280
■ **参考文献** /288
■ **后　记** /309

第一章　导　　论

高职教育经历了几年快速的规模扩充，已转向内涵建设阶段。高职人才培养工作水平评估与示范性高职院校建设，是教育行政部门对这一转向给出的重要信号，而同样的信号还来自就业市场。目前高职院校毕业生就业状况并不乐观，从总体上看就业率偏低，且就业质量不高，在地区与行业之间也不平衡。2004 年 9 月 28 日，教育部、人事部、劳动与社会保障部、团中央等部门联合召开的新闻发布会公布，截至 2004 年 9 月 1 日，高职生就业率仅为 61%①。在 2006 年全国普通高校毕业生就业工作会议上，教育部公布，截至 2005 年 9 月 1 日，2005 年高职高专生就业率为 62.1%②。高等职业院校是高职高专院校的主体，因此这些数据应能代表高职院校的实际情况。但这些数据并非说明社会不需要高职教育，恰恰相反，大量信号显示应用型人才非常紧缺。答案只能是高职本应承担的社会紧缺应用型人才的培养功能没有充分发挥出来。高职毕业生并不能完全适应社会的需求，这说明高职教育的内部结构存在问题。因此，如何加强内涵建设是当前高职教育面临的一个重大课题。

---

① http://www.people.com.cn/GB/jiaoyu/1053/2813949.html.

② http://news.xinhuanet.com/school/2005-12/09/content_3898882.htm.

第一节　问题的提出

一、高职教学现状

高职教育与普通高等教育之间最大的不同之处就在于高职培养的是动手能力强、专业特色鲜明的应用型人才，特别强调岗位的适应性。经过多年的实践与探索，"以就业为导向"的办学理念逐步清晰，已成为教育主管部门管理高等职业教育的指导方针之一，并得到高职教育界的普遍认同。然而如上所述，高职生的就业现状令人担忧，高职教育的教学特色并没有得到充分显现，具体表现在：以就业为导向的办学指导方针仅停留在理念层面上，能力本位的教学理念还没有落实到教学的全过程；课程设置的特色不明显，理论课程仍然是课程主体，没有彻底摆脱学科教育的模式；高等职业教育的许多教材，还是普通本科教育内容压缩的产物；教学仍然停留在偏理论、少实践的阶段，学校重视的还是理论教学，学生看重的仍然是学校的文凭。总之，高职院校就业率不高的原因很多，但一直沿用普通高等教育的教学体系，没有体现高等职业教育的教学特色，教学质量不高，这些是主要原因。

2004 年 6 月，我们对常州高职教育园区 5 所高职院校的教学情况进行了问卷调查，它们分别是园区内的信息、纺织服装、工程、轻工、机电 5 所职业技术学院。调查问卷分教师和学生两类：教师发放问卷 350 份，回收 304 份，回收率 86.8%；学生发放问卷 2 500 份，回收 2 191 份，回收率 87.6%（见表 1-1、表 1-2）。

调查结果发现，高职教学普遍存在以下比较严重的问题。

（一）教学理念陈旧

在学生调查中，一部分学生认为高职院校的教学理念与实际情况不太符合，教师教学观念落后，教风也有待改进。在教师调查中，近一半的教师认为教学理念与实际情况不符合，三分之一的教师认为高职教育应以学科理论为导向，所谓"高"应体现在学生掌握高而深的理论上(见表1-3、表1-4)。

表1-1　接受调查的教师情况

	类　别	百分比(%)
年龄	50岁以上	7
	40—49岁	21
	31—40岁	14
	30岁以下	58
职称	正高	1
	副高	29
	中级	33
	初级及无职称	37
教学类型	文化基础课	28
	专业课	53
	实训课	19

表1-2　接受调查的学生情况

	类　别	百分比(%)
专业类别	工科类专业	67
	文科类专业	16
	管理类专业	6
	艺术类专业	11
年级	一年级	17
	二年级	34
	三年级	49
性别	男生	75
	女生	25

表 1-3 学生对教学理念的态度

	类 别	百分比(%)
教学理念与学校实际情况	符合	19
	基本符合	43
	不符合	38
教师教学观念	先进	17
	一般	46
	落后	37
教风情况	好	33
	一般	37
	不好	30

表 1-4 教师对教学理念的态度

	类 别	百分比(%)
教学理念与学校实际情况	符合	30
	基本符合	44
	不符合	26
高职教学理念应	以能力为本位	35
	以知识为本位	43
	以素质为本位	22
高职教育办学应	以学科理论为导向	29
	以实践应用为导向	71
高职院校的"高"应体现在	高深的理论上	21
	高技能上	66
	高就业率上	13

造成这种状况的根源还是"重学历,轻能力"、"重知识,轻技能"这一中国传统社会文化价值取向。"两汉以来考选制度兴,读书人几无不以仕宦为上进之路,两千余年间士大夫辄鄙夷技艺。科学家之地位特卑,往往跻于术士之林。理论科学之不获开展,毫无疑义为中国文化一绝大缺陷。"①近代以来的中国教育并没有摆脱这一羁

① 许思园著:《中西文化回眸》,华东师范大学出版社 1997 年 12 月版,第 56 页。

绊，仍然着眼于对定义、概念、公式、定理等知识体系的认知理解、记忆积累。在这种传统文化和教育思想观念的影响下，我国大多数高职院校的教学，还没有完全摆脱以知识传授为中心、以知识灌输为基本方式、以知识再现能力为终极目的的教学体系，教学方法体系的基本构架仍然没有完全脱离传统的教师、教材、课堂“三中心”。这就决定了学校师生的关系和教学方法的选择以及教学组织形式的确定，必然是以教为主、以学为辅。这种“教师讲、学生听”的教育教学模式被“移植”到了高职教育中，形成了“黑板上开机器，教室里种水稻”的怪异的职业教育景象。

（二）教学方法和教学评价单一

调查发现，学生很看重教师的教学方法，认为教师注重知识传授，课堂理论教学时间超过一半，讲课照本宣科，不生动，教学方法单一。大部分学生认为教师在教学过程中要利用各种手段调动学生的学习积极性，学生喜欢的教学形式是边讲授边练习。在调查教师中发现，教学方法运用情况不容乐观，仅运用多媒体教学手段一项，三分之一的教师不能使用多媒体设备进行教学，大多数教师常用的评价方法仍然是笔试的考试方法（见表1－5、表1－6）。

造成这种情况的原因首先是教师对传统观念和传统教学方法依赖过度。目前课堂大多数活动都仅仅集中于让学生懂得事实、规则和概念。大多数课程要求的效果仅仅停留在行为复杂性较低的层次上，即被动地接受、记忆和重复。教师控制着教室，采取在教室内班级集体的授课形式和注入式、满堂灌的“几根粉笔一块黑板”的授课方式，这种教学方式被称为“直接教学”。直接教学有以下最常见的特征：全班教学；围绕教师提出的问题组织学习；提供详细而反复的练习；以呈现材料方式使学习者能够逐一学习新的事实、规则和动作序列；正式的课堂安排，使学生获得最多的朗读和练习机会；直接为学生提供信息，其中还穿插着解释、举例、练习和反馈①。巴西教育家保罗·弗

① Gary D. Borich (2000), Effective Teaching Methods [4th Edition], by Prentice-Hall, Inc. Pearson Education. Upper Saddle River, New Jersey. 165.

表 1-5 学生对教学方法和教学评价的态度

	类 别	百分比(%)
学生对教学方法的看法	很重要	72
	无所谓	23
	不重要	5
学生对教学方法的评价	方法单一	61
	一般	13
	方法多样	26
学生喜欢的教学形式	只讲授不练习	14
	边讲授边练习	70
	只练习不讲授	16
教师在教学中吸引学生的因素	教学内容适宜	25
	教学方法灵活	61
	教师人格魅力	14
学校对学生的培养	注重课堂理论授课	57
	注重培养能力	28
	理论和实践并重	15
学生喜欢的考试类型	理论考试	19
	实验实训考试	33
	与社会接轨的职业资格证书和技术等级证书考试	48
教师在教学中的着重点	知识传授	43
	能力培养	38
	素质教育	19

莱雷认为这种讲授式教学“将学生变成了由教师填装的容器,他越是填装得完全彻底,就越是一个好教师。这些容器越是温顺地接受填装,他们就越是好学生。教师与学生不是交流,而是发布公报和存储,学生则被动地接收、记忆和重复”①。教学方式和教学评价的单一导致学生学习方式的单一。

① 毕淑芝等编:《当今世界教育思潮》,人民教育出版社 1999 年 8 月版,第 254 页。

表1-6 教师对教学方法和教学评价的使用

	类 别	百分比(%)
运用多媒体教学	经常使用	21
	偶尔使用	26
	基本不用	53
最擅长的教学	理论教学	56
	实践教学	37
	理论与实践教学	7
教学组织方式	以课堂为主传授知识	57
	以实训室为主训练技能	19
	其他	24
常用的考试方法	笔试	87
	笔试加口试	10
	其他	3

不少高职教师沿用上述这种方法。对一万多名高职教师的抽样调查,结果表明,由普通高校毕业后直接任教师的占67.1%,由其他普通高校调入的占8.7%,由企业调入的占22.2%,由科研机构调入的占2%,这些教师上岗前均缺乏应有的职业教育考核和培训[①]。他们从自身接受教育的第一天起,就一直在接受着传统教育教学方式的熏陶,他们对传统普通教育的理念有强烈的认同感和模仿性。调查发现,他们对建构主义的理论和建构主义倡导的教学方法也是支持的,但他们对诸如讲授、练习和死记硬背的教学方法太熟悉,依赖性太强。因为"老方法与传统的期望值和评价学生的方法更协调,能更好地受到现有基础设施条件的支持。换句话说,维持现状通常要比在方法、技术和文化方面进行大转变容易得多、有效得多"[②]。想改变高职院校教师的观念并非易事,观念不变,教学方法的改革成

① 丁钢:《比较视野中我国高职师资培养的思考》,《中国职业技术教育》,2005年第2期,第17页。

② David H. Jonassen & Susan M. Land (2002), Theoretical Foundations of Learning Environments, Lawrence Erlbaum Associates, Publishers, Mahwah, New Jersey, 16.

为空话。

（三）教师教学科研能力不强

在调查学生中，近一半的学生认为教师的教学水平一般，并且认为教师对教学投入的精力不足。部分教师认为自己教学能力的提高主要是通过自学教育理论，大部分教师认为自己目前在教学工作中最缺乏的是专业实践能力，认为高职院校的教师与普通本科院校的教师的差距主要在学术水平和科研能力方面，部分教师对专业教学改革和科研工作投入的精力不足主要原因是没有时间和机会（见表1－7，1－8）。

表1－7　学生对教学的看法

	类别	百分比(%)
教师的素质与水平	较高	31
	一般	43
	不高	26
教学投入的精力	很足	38
	一般	34
	不足	28

问卷调查情况与现实情况还是比较接近的。首先，高职教师对现代教学缺乏研究，尤其缺乏对学习者的研究，而在美国，“人们总结了6个调查研究，结果发现，教师在制订计划时，花在钻研学习者特征上的时间（平均43%），比花在其他任何方面的时间都要多（Clark & Peterson，1986）”①。只有研究学生，了解他们的需求，教师才会选择那些与学习者的特征相匹配的内容、材料、目标和方法。根据邹立君对湖南省636位高职专业课教师的调查，部分高职教师对教育教学理论了解不够。其中，36.9%的教师没有学过教育学，32.3%的教师没有学过心理学，89.2%的教师没有学过教育测量与评价，72.8%的教师没有学过教学论，9.2%的教师从未学习过教育

① Gary D. Borich (2000), Effective Teaching Methods [4th Edition], by Prentice-Hall, Inc. Pearson Education. Upper Saddle River, New Jersey. 111－112.

科学,40%的教师认为自身教学媒体的选择和运用能力一般①。

表1-8 教师对教学的看法

	类别	百分比(%)
教学投入的精力	很足	30
	一般	38
	不足	32
教学能力的提高途径	自学教育理论	40
	教研活动探讨	15
	观摩同行的课	45
自身在教学工作中的欠缺	专业理论知识	30
	专业实践能力	64
	教学能力	6
高职教师与普通本科院校教师的差距	学术水平和科研能力	65
	教学水平	10
	其他	25
参加科研情况	能参加	46
	没机会参加	21
	没时间参加	33
对教学改革的态度	很重视	38
	比较重视	33
	不太重视	29
业务进修情况	自学	22
	国内外培训	29
	没有参加	49

其次,这一状况和高职教师繁重的教学工作密切相关。随着连年扩招,高职院校的招生规模迅速扩大,而相应的教学资源未能同步增长,尤其是师资队伍的建设并非“一日之功”。有资料表明,“高职院校的教师日平均工作时间为9.67小时,与我国实行的8小时工作

① 邹立君:《湖南高职专业教师教学能力现状的调研》,《中国职业技术教育》,2004年第36期,第28页。

制相比要高出1.67小时”[①]。“40%的教师同时兼职班主任，有的教师担任3门以上课程的教学工作。”[②]“以江苏为例，到2002年底，全省相当一部分独立设置的高职学院（不包括大学设置的二级职业技术学院）专任教师数与在校生数比例，即‘师生比’达到1∶22左右，超过2001年小学师生1∶21.6的比例，个别高职院校师生比达到了1∶25以上。”[③]如此繁重的教学任务，使得不少教师整日奔走于教室之间，只求按时上课，把课上完，难顾教学质量。他们夹着教案走进沉寂的课堂，对着学生像留声机一样播放一遍教案。在他们眼里，教学是简单机械的重复劳动，恰似企业的生产流水线，日复一日，年复一年地运转着，而学生则被看成是毫无个性的产品，只看到“年年岁岁花相似”，看不到“岁岁年年人不同”。由于工作长期超负荷，客观上使他们无暇顾及学习、科研和实践锻炼。他们想去履行他们的责任的时候，往往感到疲惫不堪，沉重的课业负担使他们耗尽了精力。延续多年的“课时津贴”分配制度客观上助长了教师对于教学只重数量不求质量的价值取向。

（四）教学条件薄弱，难以体现高职教学特色

从调查看，各院校的教学设备普遍不能满足教学的需求，并且存在专业教学条件不均衡的现象。相当一部分学生认为实践训练课最容易调动学习积极性，也最容易学到切实有用的技能，但往往僧多粥少，能够在现场操作的只是少数人，常常是“一人干，一群人围着看”。在对教师的调查中，大部分教师认为要注重培养学生动手能力，除加强校内实训外，教学过程要与生产一线紧密结合，让学生有计划地深入企业。可是，实际情况却是校内设备配套数太少，从而影响教学效果。校外实习常以走马观花的现场参观为主，没有明确的

① 覃兵：《高职院校教师职业倦怠的审视与思考》，《职教通讯》，2005年第9期，第16页。

② 杨可心，刘春生：《职业学校学生可持续发展问题研究》，《职教论坛》，2005年第5期（上），第13页。

③ 王明伦：《高等职业教育发展质量目标的构建》，《现代教育科学》，2004年第2期，第95页。

要求,效果也不理想(见表1-9、表1-10)。

表1-9 学生对教学条件的看法

	类别	百分比(%)
对本校的教学条件	满意	21
	一般	38
	不满意	41
学校利用率最高的教学设施	教室	60
	实验实训室	16
	图书馆等	24
专业教学条件	均衡	27
	一般	37
	不均衡	36
教学设备是否满足教学要求	能	23
	基本能	19
	很难	58
教学仪器设备存在的主要问题	数量不够	57
	技术落后	31
	其他	12
实训教学	有机会操作	31
	能在现场但不能操作	37
	无明确要求	32

表1-10 教师对教学条件的看法

	类别	百分比(%)
对校内教学基础设施的看法	满意	27
	一般	31
	不满意	42
校内教学设备情况	能满足教学要求	28
	基本能满足教学要求	30
	难以满足教学要求	42
对校外实习的看法	能上岗实习	28
	在现场接受指导,但不操作	23
	参观为主,无明确要求,效果一般	49

产生这一问题的原因，首先是大多数高职院校没有做好应对扩招的准备，使得教学资源生均占有量明显不足的矛盾日益凸现。根据教育部发展规划司教发司(2006)14 号文件，从 2006 年起高职院校举办的五年制的前 3 年学生数必须纳入高职院校在校生总规模，并进行生均办学条件测算。根据教育部给江苏省教育厅的"征询函"测算，江苏有 31 所高职学院在生师比、专任教师中具有研究生学位教师的比例、生均教学行政用房、生均教学科研仪器设备值、生均图书等 5 项指标中至少有 1 项指标达不到教育部《普通高等学校办学条件指标(试行)》的要求，占江苏高职高专院校数的 41.3%。

其次，经费和投入不足。由于教学硬件经费投入不足，使实践教学的目标很难实现，"除部分高职院校和部分专业外，相当一部分三年制高职院校的实践教学时数真正落实到位的约占教学活动总时数的 25% 左右，从而大大削弱了实践教学的功能与效用"①，难以构建以学生为中心的高职教育教学组织形式与方法，造成教学组织形式不够灵活，个性化教学、分组教学、开放式教学等不能很好地与班级授课制相结合并加以综合运用。学生是被动的学习者，很少能主动参与到教学活动中去。既要学生参与，又要控制教学进度，还要维护良好的教学秩序，对教师来说确实是一个难题。目前，多数院校的教学情境单调、刻板，没有职业教育特色。学生远离未来的职业情境，缺乏足够的学习动机、学习兴趣和提问的习惯，更无从谈起综合职业能力的培养了。

第三，目前高职院校名义上已是高等教育体系的一部分，但内部机制还没有发育完全。在这种"跨越式"发展的情况下，其建筑设计到实习设施的指标，往往还是参照普通教育的模式，重视的往往只是一些与职业情境无直接关系的硬件建设指标，诸如学校占地面积的多少、建筑面积的大小、操场跑道的朝向、藏书报刊的数量等，教室、实验室的建设也是学科体系教学硬件建设的翻版。学科体系教学硬

① 杨用成：《当前高职实践教学解析》，《中国职业技术教育》，2005 年第 27 期，第 46 页。

件强调其“实验”功能，并非高技能人才培养所需的“实训”功能。高职教育教学条件存在的主要问题：一是教学设备功能相对滞后，与当前企业生产一线实际使用的设备在技术参数、技术水平等方面差距较大，某些专业实践性教学环境中模拟教学设备所占比例相对偏高；二是教学设备与教材内容不匹配，实践环境与教学内容存在脱节现象；三是同一实践环境中教学设备之间功能不匹配，难以及时安装和投入使用，存在教学设备闲置现象。

上述诸问题的存在直接导致了高职教育缺乏职业特色，教学质量难以保证，毕业生的综合职业能力不强，优质就业的目标难以实现。归根结底，建立充分体现职业教育特色的高职教学体系是高职发展面临的一项紧迫任务。

二、 求解问题的解决方案

教育部职教司原司长杨金土指出：“我国的高等职业教育是从传统的高等教育中逐步分化出来的，在短年制条件下，其课程体系不能不首先沿袭原来的结构，根据学习年限的要求予以压缩。这种‘压缩’是一个权宜的、过渡的、却很难逾越的历史过程。”他同时指出：“如果长期停留在这个历史阶段不能解脱，这种‘压缩型’的高等教育就形不成自己的特色，从而不会具有很强的生命力，也就没有它发展的空间，甚至失去它作为一种高等教育类型存在的意义。”①

确实如此。高职教育在规模宏大、发展迅速的一派繁荣景象之中，隐藏着一种潜在的危机，这就是高职教育的内涵发展不够。深层次的原因是高职教育还未形成自己的教育类型特色，还未建立起有别于普通高等教育的教学体系。这正是本文研究的重点，即探讨具有高等职业教育特色的教学体系的本质特征有哪些，这些特征与普通高等教育的内部结构的区别在哪里，这是体现高职教育类型与特色的关键所在。笔者认为，普通高等教育是“知识传授型”的教学体

① 杨金土：《课程类型是教育类型的本质内涵》，《中国职业技术教育》，2005 年第 13 期，第 14 页。

系，它以理论为逻辑起点；高等职业教育要以实践为逻辑起点，它是行动导向的教学体系。

行动导向教学体系构建的关键点主要体现在以下3个方面。

（一）教学方式的转变

我国教育理论界多年来以哲学中的认识论取代对教学过程中认知规律的研究，导致绝大部分教师不了解人类学习过程的认知规律，不熟悉甚至完全不懂认知学习理论，这就为行为主义大开方便之门，使行为主义学习理论在我国特别盛行①。这种观点认为，人类学习过程是被动地接受外界刺激的过程：教师的任务是提供外部刺激，即向学生灌输知识；学生的任务是接受外界刺激，即理解和吸收教师传授的知识。其结果是至今仍有许多学校强调学生的任务就是要消化、理解老师讲授的内容，把学生当作灌输的对象、外部刺激的接收器、前人知识与经验的存储器，忘记了学生是有主观能动性的、有创造性思维的活生生的人。这种行为主义学习理论长期发挥影响，我国绝大多数学生逐渐养成一种不爱问、不想问、不知道问"为什么"的习惯，形成一种盲目崇拜书本和教师的迷信思想——"书本上的都是经典，教师讲的必定正确，对书本都不能怀疑"。无论是基础教育还是高等教育，知识传授、课堂教学一直被奉为经典模式，虽然有"儿童中心"、"活动中心"对其进行冲击，但始终未能动摇其地位。这种思想观念代代相传，不断强化，就使学生的发展思维、求异思维被束缚、被禁锢，敢于冲破传统、藐视权威的新思想、新观念被贬斥、被扼杀，大胆幻想的翅膀被折断，作为学习主体的学生，其主动性无从发挥。这种方法"不能培养高级思维和问题解决的技能，而只是培养了顺从的和肤浅的理解"②，"如今在许多国家里，不仅小学的课堂，而且在中等教育的学校里，用粉笔和教科书上课，在黑板和讲台

---

① 盛群力，李志强编著：《现代教学设计论》，浙江教育出版社1998年12月版，第223页。

② M. McCaslin & T. Good (1992), Compliant cognition: The misalliance of management and instructional goals in current school reform. Educational Researcher, 21(3): 4-7.

之前单向地排列课桌椅,已经进入博物馆的资料室了。在新的课堂里,二十几名儿童(学生)把几张课桌合并在一起作业,展开合作学习。教学不是同步教学,而是一种以主题为中心的探究式单元学习”①。高职教育应该实现这一转变,也就是知识传授的方式逐渐被自主学习、合作探究学习所取代,把能力培养放在第一位,这是由高职教育的办学目标和人才培养特点决定的。

(二) 职业情境的构建

建构主义认为,学习环境是学习者可以在其中进行自由探索和自主学习的场所。学生可以利用各种工具和信息资源(如文字材料、音像资料、CAI 与多媒体课件以及 Internet 上的信息等)来达到自己的学习目标。在这一过程中,学生不仅能得到教师的帮助与支持,而且学生之间也可以相互协作和支持。按照这种观念,学习应当受到促进和支持,不应受到严格的控制与支配。学习环境是一个支持和促进学习的场所。在建构主义学习理论指导下,教学设计应针对学习环境而非教学环境来设计,这是因为教学意味着较多的控制与支配,但学习意味着更多的自主与自由。

建构主义认为,学习总是与一定的社会文化背景即“情境”相联系的,在实际情境中进行学习,可以使学习者能利用自己原有认知结构中的有关经验去同化当前学习到的新知识,从而赋予新知识以某种意义。如果原有经验不能同化新知识,则要引起“顺应”过程,即对原有认知结构进行改造与重组。通过“同化”或“顺应”,才能达到对新知识意义进行建构。在传统的课堂讲授中,由于不能提供实际情境所具有的生动性、丰富性,使得学习者对知识进行建构产生许多困难。

学校和自然情境构建意味着学校学习应该结束与自然状态下的学习日益分离的状态,学校学习和自然场景中的学习应该统一,或者说,学校中学生的学习应该回归自然场景中的学习者的学习。当然,

---

① 佐藤学著,钟启泉译:《课堂改革:学校改革的中心课题》,《上海教育科研》,2005年第11期,第4页。

"这里的自然化也不是原样照搬的自然,而是自然场景中的学习所蕴涵的精神,并直指学校学习的弊端"①。因此"使'学校学习'与'职场学习'真正紧密结合起来,是我国职业教育体系未来发展面临的另一个重要课题"②。

(三) 学习者中心地位的回归

在传统教育中,"学习者通常没有机会自主学习和自我调整,而注意力调整等技能对于优化学习是十分必要的"③。因此,建构主义学习理论非常关注学习者的自主学习,并认为"最为根本的一点,就是重新确立学习者的中心地位"④,要求教师促进学生的思维和行动,促进学生的自我调节,具体媒质有:"一是经过学习所获得的基础知识与技能;二是学习的能力(学习方法);三是要求学习的意愿(学习动机)。"⑤

学生回归学习者,这要求我们弄清学生和学习者的区别。梅里尔等认为,"学生是说服自己从教学中获取特殊知识和技能的人;学习者则是从自己的经验中建构自己的意义的人"⑥。因此,在我们的高职教育中,要研究如何使我们的"学生"转变成为"学习者",也就是由被动学习转变为主动学习,在自主学习中获得知识,提高能力。至于如何体现以学生为中心,建构主义认为可以从以下 3 个方面努力:要在学习过程中充分发挥出学生的主动性,体现出学生的首创精神;要让学生有多种机会在不同的情境下去应用他们所学的知识,即

① 戴维·H·乔纳森著,郑太年,任友群译:《学习环境的理论基础》,华东师范大学出版社 2002 年 9 月版,第 4 页。

② 石伟平,徐国庆:《世界职业教育体系比较研究》,《职业技术教育[教科版]》,2004 年第 1 期,第 21 页。

③ D. N. Perkins (1993), A distributed view of thinking and learning. In G. Salomons (Ed.), Distributed intelligence. New York: Cambridge University Press. 89 - 109.

④ 戴维·H·乔纳森著,郑太年,任友群译:《学习环境的理论基础》,华东师范大学出版社 2002 年 9 月版,第 4 页。

⑤ 钟启泉:《改变"学力观",保障"学习权"》,《河南教育》,2001 年第 9 期,第 1 页。

⑥ 戴维·H·乔纳森著,郑太年,任友群译:《学习环境的理论基础》,华东师范大学出版社 2002 年 9 月版,第 2 页。

将知识"外化";要让学生能根据自身行动的反馈信息来形成对客观事物的认识和解决实际问题的方案,实现自我反馈。发挥首创精神、将知识外化和实现自我反馈可以说是"以学生为中心"的 3 个要素[①]。

我国占主导地位的教学理论、学习理论,反映的基本上是西方教育观念、学习理论和教学模式发展的轨迹和成果。教师们面对的是我国千百年来形成的传统教育观念,强调学生对知识的掌握。如何使这些理论与教育实践结合起来,找到最佳结合点,并结合我国现阶段高职学生的实际情况,促成学习者中心地位的改变,是高职教育行动导向教学体系构建过程中的重要内容。

第二节　文献综述

本书的研究涉及两个核心概念,即教学体系和行动导向。虽然"教学体系"的提法经常出现在政府的文件和研究者的研究论文中,教学体系也曾作为有关会议的议题,近几年的高等教育国家级教学成果奖获奖课题中也有关于教学体系的论述,但这些研究和论述还处于概念套用的阶段,对教学体系还缺乏深入的研究和系统的思考,尤其还未见到专门研究高等职业教育教学体系的专著。为了理清研究的理论起点与重点,我们有必要对这两类研究成果的主要文献进行综述。

一、关于教学体系的研究

教学体系是高职实践领域使用得比较频繁的一个概念,因此相关研究成果比较多。这些研究成果探讨的内容主要集中在教学体系的内涵、要素和模式 3 个方面。

(一) 关于"教学体系"内涵的研究

"教学体系"经常见诸论文和论著中,但研究者对教学体系有着

① 何克抗,郑永柏,谢幼如编著:《教学系统设计》,北京师范大学出版社 2002 年 10 月版,第 156 页。

各自不同的理解和表述，归纳起来有以下3种观点。

第一，把教学体系等同于人才培养模式和流派。

以下表述反映了这一观点："以先进的教学指导思想为指导，围绕区域经济社会发展需求和学生发展需求，充分体现职教规律和特征，以模块课程为突破口，以理论教学和实训相结合为途径，以培养综合能力为核心，充分运用现代教育技术手段，培养知识厚、技术强、能力高、素质全的高级技术型人才的灵活、开放、弹性的人才培养模式和教学体系。"[①]这里，论者把教学体系和教学流派、人才培养模式相提并论。

第二，把教学体系当作教学形式。

以下表述反映了这一观点："前苏联的教学体系，在社会主义阵营出现之后，便传播到所有的社会主义国家。我国和东欧，都深受其教学体系的影响，甚至是简单移植了这种教学体系。因而，在四五十年代，前苏联的影响已远远超出了其国界，成为当时一种极有影响的现代教学的形式。"[②]"每一种教学体系，都有一定的适用范围，都有其局限性。只有把各种不同的教学体系联合起来，现代教学才能应付所面临的复杂多样的任务。"[③]"凯洛夫教学体系和赞可夫教学体系，前者偏重知识掌握，后者强调能力发展。"[④]这里的教学体系其实是指教学形式。

第三，把教学体系等同于教学模式和学习模式。

以下表述反映了这一观点："将主体教育论的理念逐步贯彻到日常的教学、实习等各个环节，组织实施了案例教学、观摩教学、情景教学、模拟教学、开放教学、实践教学等，经过十余年的不懈实践和探索，逐渐构建了一套行之有效的较为科学的教学模式——师生互动双主

① 刘彦文:《高职教学体系构建原则及其内涵》,《职业技术教育[教科版]》,2005年第4期,第44页。

② 黄济,王策三主编:《现代教育论》,人民教育出版社1996年3月版,第372-373页。

③ 黄济,王策三主编:《现代教育论》,人民教育出版社1996年3月版,第375页。

④ 黄济,王策三主编:《现代教育论》,人民教育出版社1996年3月版,第389页。

体教学体系。”[①]“如何根据职业技术教育特殊的教育对象、特殊的培养目标、特殊的教学内容、特殊的教学规律，建构一个特殊的、属于职业技术教育自己的教学体系——职业学校学生主体学习模式。”[②]

由此可以看出，研究者不仅对“教学体系”内涵的表述不统一，而且研究的范围相当庞杂，分歧主要集中在把教学体系定位于教育过程的哪个层级。层级高，则对教学体系的理解笼统、综合；层级低，则对教学体系的理解比较具体、微观。可见，界定好这一概念，实际上关系到我们研究范围的确定。

（二）关于“教学体系”要素的研究

对教学体系要素的界定，研究者也存在着众多分歧。主要有以下3种观点。（1）“四要素说”。林宪生认为教学体系包含教师、学生、教学内容和手段，是教学活动的主体[③]。（2）“五要素说”。何克抗认为教学系统由学生、教师、教学内容、教学方法和教学媒体构成[④]。李兴富等也认为教学体系是师资、教学内容、教学设备、教学模式、质量保证方法等相互作用的各要素的总和[⑤]。（3）“七要素说”。欧阳河认为教学体系具体涵盖教学理念、教学内容、课程体系、师资队伍、教学手段与方法、教学管理与评估等[⑥]。

（三）关于教学体系模式的研究

相关成果主要有：《关于高职高专教学体系构建的改革与创新

---

① 阎军，赵建华，赵晓兰，高风彦，王蕾：《师生互动双主体教学体系的探讨与实践》，《河北科技大学学报（社会科学版）》，2002年第3期，第72页。

② 俞建文：《论职业学校学生主体学习模式的必然性》，《职教论坛》，2003年第20期，第4页。

③ 林宪生：《教学设计的概念、对象和理论基础》，《电化教育研究》，2000年第4期，第4页。

④ 何克抗：《从信息时代的教育与培训看教学设计理论的新发展》，《中国电化教育》，1998年第12期，第9-13页。

⑤ 李兴富，陈胜权，陈锡华：《面向岗位的实践教学体系构建与运行模式》，《桂林航天工业高等专科学校学报》，2004年第2期，第29页。

⑥ 欧阳河：《构建高等职业教育技术型教学体系初探》，《河南职业技术师范学院学报（职业教育版）》，2002年第6期，第58页。

能力》课题组2001年提出了目标型教学体系的概念[①]。杨洪林提出"以提高学生的就业竞争力来构建高职教学体系"[②]。向东春也认为"要始终以就业市场和职业性为导向作为新教学体系的中心和重心"[③]。黄曙光提出建立适应"学历与职业资格并重"的教学体系[④]。季东亮等提出"根据职业型教育目标要求而构建的理论教学体系和实践教学体系有机结合,同步并重,动态协调发展的教学体系"[⑤]。昌正兴提出构建"技术技能特色的教学体系"[⑥]。

这些文献基本理念是一致的,即高职教学体系应面向职业,与企业相结合,以提高学生就业能力为目标。

二、关于行动导向的研究

行动导向是我们拟建构的基本理论框架。这一概念近年来出现得比较频繁。它主要源于德国文献。姜大源认为行动导向、"行动领域"和"行动体系"中的"行动",有别于"行为",也有别于"活动",其意义为"做",而且是一种"互动"的"做"。行动导向教学的基本含义,在于强调学生是学习过程的中心,教师是学习过程的组织者与协调人,教师通过"信息、计划、决策、实施、检查、评估"六步教学法,让学生"独立地获取信息、独立地制订计划、独立地实施计划、独立地评估计划",使学生在自己"动手"的实践中,掌握职业技能、习得

---

① 课题组:《关于高职高专教学体系构建的改革与创新》,《开封大学学报》,2001年第2期,第32页。

② 杨洪林:《以就业为导向构建高职教学体系》,《教育与职业》,2005年第15期,第79页。

③ 向东春:《解构与超越:浅谈高职院校教学体系改革》,《职教论坛》,2006年第1期,第26页。

④ 黄曙光:《高职院校如何建立"学历与职业资格并重"的教学体系》,《湖北成人教育学院学报》,2005年第3期,第12页。

⑤ 季东亮,李东生:《试析双轨同步教学体系的内涵》,《成人教育》,2000年第10期,第31页。

⑥ 昌正兴:《构建技术技能特色的高职教学体系》,《岳阳职业技术学院学报》,2006年第2期,第4页。

专业知识,从而构建属于自己经验、知识或能力的体系[①]。赵志群从企业内职业培训出发把行动导向教学方法划分为3个类型,列举了10种具体教学方法:(1)目标单一的知识传授与技能培训法,包括个体谈话教学法、四阶段教学法(准备—教师示范—学生模仿—练习总结)、六阶段教学法(激励—遭遇困难—寻找解决办法—试验—记忆与掌握—运用)、张贴板教学法、头脑风暴教学法;(2)综合能力培养方法,包括项目教学法、引导课文教学法;(3)现代工作岗位培训法,包括分散式培训、工学整合式培训、户外培训[②]。

行为导向、活动导向、行动导向,虽然在名称上有一定差异,但它们的内涵是一致的,就是以学生为中心、以实践为中心、以能力培养为中心,强调在行动中学习的理念。

第三节　研究思路与方法

一、研究思路

我们借助系统论的理论和方法对高职教学体系进行研究和设计。系统理论是20世纪20年代由美籍奥地利生物学家、哲学家贝塔朗菲开创的,是研究自然、社会和人类思维领域以及其他各种系统、系统原理、系统联系和系统发展的一般规律的学科。系统论的诞生,突破了传统的局限性,多角度、多维性地思考问题,为处理、解决复杂系统和现代化大型工程提供了新的思路。系统理论认为,所有系统,无论是物理的、生物的或社会的,都有某些共同的特点。系统各要素彼此和谐地相互作用构成一体。若有一个元素存在,却没有相互作用,那它就不是系统部分。整体大于部分的简单的总和,松散

---

① 姜大源:《"学习领域"课程:概念、特征与问题——关于德国职业学校课程重大改革的思考》,《外国教育研究》,2003年第1期,第27页。

② 赵志群著:《职业教育与培训学习新概念》,科学出版社2003年6月版,第131-160页。

的各部分的集合构不成一个系统。系统受到外部和内部的约束。它依赖环境,反过来又影响环境。外部受到环境的约束,表现为功能。内部受结构的影响。对构建高职行动导向教学体系,系统科学的这些理论至少有2个方面可以借鉴。(1)系统理论和系统思维方法可以为解决教学问题提供理论指导。教学具有明确的目标、丰富的内容、复杂的对象、不同的形式、灵活的方法、多样的传媒、固定的时间以及影响教学活动的各种变化因素,这些因素相互联系、相互影响,形成一定的结构,构成一个有机整体,指向特定的目标,发挥整体的功能。系统论的任务,不只是认识系统的特点和规律,反映系统的层次、结构、演化,更主要的是调整系统结构,协调各要素关系,使系统达到优化的目的。(2)为如何解决教学问题提供系统分析的方法。"任何决策与措施都应该纳入到系统的研究之中"①,"系统思想只有与生动活泼的具体研究领域相结合才能发挥其蕴含的力量"②。所以,利用系统理论我们"能居高临下全面完整地考察教育系统,考察教育系统内外各种因素、各个方面,包括社会、政治、经济、科技发展对人才的需求,包括教育政策、教育计划、教育目标、教育评价以及师资、生源、经费、校舍等,并从它们之间的相互联系和相互依存中,找到管理的最佳方式,获得管理的最佳效果"③。利用系统理论来研究教学体系主要体现在系统思维、设计思想和整体优化等3个方面。

(一)系统思维

系统论的创始人贝塔朗菲指出,"从当代社会科学理论广阔的范围、普遍的混乱和矛盾之中出现了一个颇有把握的结论:社会现象必须被看成'系统'"④。钱学森也指出:"我们应该实事求是地把教育工程看做是一门技术,一门组织管理一所学校、一座高等院校、一

---

① 薛天祥主编:《高等教育管理学》,广西师范大学出版社2001年4月版,第69页。

② 赵文华著:《高等教育系统论》,广西师范大学出版社2001年2月版,第15页。

③ 邓晓春著:《系统科学与现代高等教育管理》,职工教育出版社1989年6月版,第105页。

④ [美]冯·贝塔朗菲著,林康义,魏宏森译:《一般系统论:基础、发展和应用》,清华大学出版社1987年6月版,第5页。

个国家的教育体系的技术。教育工程也是一门系统工程。所以组织管理教育事业要用系统工程的办法。”[①]系统理论和方法不仅在自然科学中得到广泛运用,在社会科学领域也取得相当快的进展。研究教育教学问题,同样要有系统思维,因为“系统思维方式正是帮助我们打开问题本质大门的钥匙”[②]。

最为典型的系统思维模式的一种心智假设就是将世界看成一部机器。如果某个局部出了问题,我们就会全神贯注于这个局部,然后想办法将问题解决。“传统的教育理论,多半是强调了一些要素又忽视了另一些要素,相对地说缺乏用系统科学的方法作主要手段。”[③]因此,在教学体系构建过程中,对参与教学活动的各个要素进行分析,协调各要素间的关系,以期获得最佳教学效果,达到预定目标。因为“系统分析是一个理智的工具,可以用来对现有体系进行全面的、批判性的研究”[④]。因此,系统思维是高职教育行动导向教学体系构建的前提所在。

(二) 设计思想

著名教学论专家王策三早在 1985 年就指出:“教学论和教学实践之间,是有着一定距离的,而不是直接联系的。它对教学实践的指导和调节作用是通过教学法及其他中间环节来实现的。”这里的“中间环节”就是指“教学设计”[⑤]。加涅认为“教学设计应该以系统的方式进行”,并且“每一个教学步骤的决定都要以经验证据为依据。每一步导致决定,这些决定又成为下一步骤的‘输入’,而且每一步骤要针对来自下一步骤的‘反馈’证据予以检验,以提供该系统效度的指标”[⑥]。

---

① 钱学森等著:《论系统工程》,湖南科学技术出版社 1982 年 11 月版,第 206 - 207 页。

② 张鼎昆著:《行动学习》,机械工业出版社 2005 年 5 月版,第 132 - 133 页。

③ 查有梁:《系统科学与教育》,人民教育出版社 1993 年 3 月版,第 319 页。

④ 联合国教科文组织国际教育发展委员会编著,华东师范大学比较教育研究所译:《学会生存》,教育科学出版社 1996 年 6 月版,第 164 页。

⑤ 何克抗:《也论教学设计与教学论——与李秉德先生商榷》,《电化教育研究》,2001 年第 4 期,第 10 页。

⑥ R·M·加涅等著,皮连生等译:《教学设计原理》,华东师范大学出版社 1999 年 11 月版,第 5 页。

梅里尔等人在《教学设计新宣言》中认为，教学是一门科学，教学设计是建立在这一科学基础上的技术。教学设计是一种用以开发学习经验和学习环境的技术，这些学习经验和环境有利于学生获得特定的知识技能。教学设计是将不同学习策略整合进教学经验的一门技术，利用这些教学经验可以使得知识技能的获得更有效率、更有效果和更加吸引人。教学设计的目的是开发、促进学生掌握知识技能的经验和环境①。

高职教学体系的构建体现了重要的教学设计思想，即根据教学要素之间必然的联系，对教学体系的要素进行设计，并根据功能要求对结构进行调整，使教与学之间的信息与反馈正常地进行，以达到教学过程的优化控制。教学体系设计的最重要之处就是“要确保没有一个人是‘教育上的不利者’，并确保所有学生都有最充分地运用自己的潜能的平等机会”②，这是系统设计思想的核心，也是构建高职教育行动导向教学体系的关键所在。

（三）整体优化

前苏联教育家巴班斯基指出：“所谓教学教育过程的最优化，就是指教师有目的地选定一种建立教学过程的最佳方案，使能保证在规定时间内解决教育学生的任务，并取得尽可能最大的效果。”“最优化是跟教师劳动的合理化紧密地联系的，因而它不仅可以使完成教学任务的实际工作得到改善，而且也有助于减轻教师的工作负担。”③同时，他还提出了教学过程最优化的标准，能同时符合下列两条标准的教学过程是最优的：（1）教学过程的内容、结构和发挥作用的逻辑，都要根据国家教学大纲的要求，按照每个学生最大的学习可能性的水平，保证有效地和高质量地解决学生的教学、教育和发展

① 盛群力，李志强编著：《现代教学设计论》，浙江教育出版社 1998 年 12 月版，第 3-4页。

② R·M·加涅等著，皮连生等译：《教学设计原理》，华东师范大学出版社 1999 年 11 月版，第 4 页。

③ [苏]巴班斯基著，张定璋等译：《教学过程最优化——一般教学论方面》，人民教育出版社 1984 年 10 月版，第 2 页。

任务;(2) 保证达到既定的目的,既要不超过现行教学计划用于课堂作业的时间,也要不超过学校规定学生用于家庭作业的最高标准,同时还应防止师生疲劳过度的现象。[1] 这个标准可以简单地理解为"提高教学活动的效果和节省教学时间"。这个标准用于教学体系的构建,就是教学过程的整体优化,就是用整体性的观点来研究教学过程,综合考察教学过程中的各个要素之间的相互联系,完整有序地研究教学过程中各个要素之间的相互促进作用,力求使教学的全过程从整体上发挥其最优功能,即"从整体上考虑教学工作的改革,不追求某一局部的独特功能"[2]。因此,在教学过程中,教与学的最优结合,教师与学生相互关系的最佳协调,就能保证整个教学过程最优化,这正是高职行动导向教学体系构建的目的所在。

二、研究方法

本书采用系统理论及文献法、调查法、比较法、实验法等方法进行研究。

第一,文献法。通过查阅有关文献,收集与教学体系研究的有关信息,对教学体系的要素、结构和功能作深入的分析。

第二,调查法。通过对部分高等职业院校教学情况的调查,了解高职教学目前存在的主要问题,为本书的研究提供依据。

第三,比较法。通过对普通高等教育和高等职业教育在教师、学生和教学等方面的比较分析,弄清普通高等教育和高等职业教育两种教学体系结构的不同点,提出行动导向教学体系构建的原则与方法。

第四,实验法。通过实施行动导向教学体系,初步验证本书提出的假设,以完善高等职业教育行动导向教学体系。

---

① R·M·加涅等著,皮连生等译:《教学设计原理》,华东师范大学出版社 1999 年 11 月版,第 60-61 页。

② 黄济,王策三主编:《现代教育论》,人民教育出版社 1996 年 3 月版,第 374 页。

本章小结

通过对部分高职院校的教学调查，我们发现高职院校教学中主要存在4个方面的问题：教学理念陈旧，教学方法和教学评价单一，教师教学科研能力不强，教学条件薄弱。存在这些问题，使高职教学的特色难以彰显。构建行动导向教学体系是解决这些问题的有效办法。行动导向强调在行动中学习的理念，要求以学生为中心、以实践为中心、以能力培养为中心来构建教学体系，并用行动导向的理念来分析教学体系的要素，调整教学体系的结构，着力教学方式的转变、职业情境的构建和学习者中心地位的回归，从而发挥高职教育人才培养的整体功能。系统理论在构建高职行动导向教学体系中起着重要作用，系统论、信息论和控制论的观点贯穿于行动导向教学体系的设计、构建和优化的整个过程中。

第二章 行动导向教学体系的基本内涵

什么是行动导向高职教学体系？它应当由哪些要素构成？和其他模式的教学体系相比,其本质特征是什么？这是揭示行动导向教学体系基本内涵时必须回答的问题。本章将借助系统论的概念和思维方法努力回答这些问题。

第一节 体系与教学体系的内涵

一、体系的内涵

(一)"体系"与"系统"

与"体系"接近的概念是"系统"。我们研究的对象是教学体系,所采用的基本方法论是系统论。那么"体系"和"系统"这两个概念是什么关系？其内涵有无区别？按《辞海》的解释,体系是"由若干有关事物互相联系、互相制约而构成的一个整体"①。霍绍周认为,"系统"首先在于"系",就是组成系统的各要素之间的联系;其次在于"统",要素之间联系成为一个统一的有机整体②。由此可以认为,体系和系统的核心含义都是整体,它们是同一个意思的两种表达,体系只不过是系统的一种习惯用法。由于高职领域已习惯了"教学体

---

① 辞海编辑委员会编:《辞海》,上海辞书出版社2000年1月版,第274页。

② 霍绍周著:《系统论》,科学技术文献出版社1988年10月版,第24页。

系”这一概念,我们暂且沿用这一习惯用法。

既然如此,那么明确“体系”内涵从明确“系统”内涵入手。从词源上看,“系统”一词源于拉丁语“systema”,其中“sys”是“共同”的意思,“tema”是“放在……的位置”的意思,复合为一个词,是“群”与“集”的概念①。有关论著和工具书中,系统的表达主要有“集合”和“整体”两种。如霍绍周把“系统”定义为“具有特定功能的、相互间有机联系的许多要素所构成的一个整体”②。查有梁认为“系统”是“处在一定的相互联系中,与环境发生关系的各个组成部分的整体”③。贝塔朗菲把“系统”定义为“相互作用的诸要素的综合体”。这里“综合体”也可以理解为“整体”。在《韦氏大辞典》中,“系统”被明确表达为“结合着的整体所形成的各种概念和原理的综合;由有规则的互相作用、相互依存的形式组成的诸要素的集合”。美国学者阿柯夫认为“系统是由两个或两个以上相互联系的任何种类的要素所构成的集合”④。在日本工业标准(JIS)中,“系统”则被定义为“许多组成要素保持有机的秩序,向同一目标行动的东西”⑤,这一表达比较含糊。

综上所述,体系可以定义为:具有一定结构的、由若干要素组成的并体现一定功能的一个整体。

(二)要素、结构与功能

在一个系统中,要素意味着不可分的、终结的东西,它是构成系统最基本的单位,表现为系统的各个单元、因子、部分(也称子系统)。亚里士多德认为:“要素是物的组成中那个主要的东西,物由它组成,同时它(本身)在形式上不能(再)分……”⑥在一个系统中,

---

① 吴世宦著:《法治系统工程学》,湖南人民出版社1988年4月版,第2页。

② 霍绍周著:《系统论》,科学技术文献出版社1988年10月版,第1页。

③ 查有梁著:《系统科学与教育》,人民教育出版社1993年3月版,第49页。

④ 霍绍周著:《系统论》,科学技术文献出版社1988年10月版,第24-25页。

⑤ 霍绍周著:《系统论》,科学技术文献出版社1988年10月版,第24页。

⑥ [苏] B·T·阿法纳西耶夫著,贾泽林,苏国勋译:《系统与社会》,知识出版社1988年11月版,第77页。

要素回答系统是由什么构成的问题,结构揭示系统是如何构成的问题。学者们通常认为:“结构是物质系统各种要素内在的联系与组织方式。”[①]阿法纳西耶夫认为,揭示客体的结构,就是列举客体的各个部分和这些部分发生相互关系的方式。结构总是以关系为前提的[②]。这里涉及的主要是要素之间的组织和安排关系。如果说结构是组织系统的内部作用和机制,那么功能就是组织系统的外部作用和机制。“功能是指系统在和环境发生相互作用时表现出来的特性。”[③]系统发挥功能的过程,就是系统与周围环境协调互动的过程。正是这种过程,奠定了系统发展的基础和源泉,创造了系统发展的前提和条件。

一个系统的“要素”、“结构”与“功能”三者之间的关系可以作如下阐释。

第一,系统是由一些要素——系统的组成部分结合而成的。要素不能脱离整体而存在。系统的组成部分可以是元件、零件、个体,也可能是子系统。在整体中每一个要素的性质或行为都将影响到整体的性质或行为。例如在人体这个系统整体内,每一个器官的性质或行为都会影响人体这个整体的性质或行为。人体内有子系统,像神经系统、呼吸系统等。它们是互相影响的。但是,每个子系统都不是独立地影响整体的性能。也就是说,人体中任何一个子系统都不可能脱离人体而成为一个独立的子系统。“把人体中的眼睛、手、脚拆开,就不再成其为人了。”[④]现代课程理论不像传统课程理论那样认为课程只是教学内容(教学计划、教学大纲、教材),而认为课程是维系着教育内外环境的一个极为复杂的教育子系统,它是由 4 个领域所组成的一系列有序活动的庞大体系,即由课程开发、课程实施、

---

① 霍绍周著:《系统论》,科学技术文献出版社 1988 年 10 月版,第 37 页。

② [苏] B · T · 阿法纳西耶夫著,贾泽林,苏国勋译:《系统与社会》,知识出版社 1988 年 11 月版,第 77 页,第 134 页。

③ 霍绍周著:《系统论》,科学技术文献出版社 1988 年 10 月版,第 37 页。

④ 霍绍周著:《系统论》,科学技术文献出版社 1988 年 10 月版,第 25 页。

课程评价以及课程管理所组成的各种元素交互运动的系统[①]。

第二,系统是由各个组成部分按一定方式结合而成的。系统都有一定的结构。任何系统都有特定的功能。由人制造或改造的系统,总有一定的目的性。目的性就是要求系统必须具备一定的功能。

第三,结构和功能是对立而统一的关系。一方面,结构与功能是相互联系、相互依存的。系统的结构不同,系统的功能往往不同。如金刚石和石墨,化学成分都是由相同的碳元素构成的,但由于碳原子在空间排列组合的结构形式不同,两者的物理性质全然不同:金刚石为立方晶体,是自然界最硬的物质,硬度比石墨大十级,不导电,不易传热,透明;石墨是大方片状晶体,导电,不透明,几乎是自然界最软的固体。又如,同样的棋子和棋盘,由于棋子布局的方式不同,可以产生或胜或负两种截然不同的结果。同样的一队士兵,由于排列组合的方式不同,就会具有不同的战斗力[②]。可见,结构不同,可以产生不同的质变,从而使系统具有不同的功能。另一方面,结构与功能是相互区别的。结构与功能具有相对的独立性。自然界和人类社会中的大量事实表明,相同的功能,可以由不同的结构来实现。例如,人脑与电脑具有不同的结构,但在某些方面都具有相同的功能。结构和功能是相互区别的,但在一定的条件下,可以相互转化。结构发生变化并达到一定程度时,系统会出现新的功能。结构与功能相互制约,结构影响功能,功能反作用于结构。

总之,系统与要素是对立的统一。要素是结构、功能的基础,但要素不能直接形成系统的功能。它必须通过结构这个中介,才能变成系统的功能。因此,改变要素会影响系统的结构和功能。结构是系统范围内各要素间的联系形式,表现为系统内部规定的特性。不同的结构决定着系统不同的功能。系统的整体功能是由结构实现

---

① 黄克孝,郭扬:《优化职教课程改革的目标与原则》,《职教论坛》,1998 年第 11 期,第 18 页。

② 李金松编著:《系统论、信息论、控制论与教育改革》,湖北教育出版社 1989 年 9 月版,第 4 -5 页。

的。功能表现为系统的外部特性,可作用于结构,两者是对立统一的。系统的结构发生变化,到一定的程度,系统会出现新的功能,即结构转化为功能。系统的功能发挥到一定的程度,系统会出现新的结构,即功能转化为结构。

二、 教学体系的内涵

(一) 教学体系的定义及要素分析

对教学体系概念的阐述主要有以下 3 种。(1) 结构论。张伟江认为教学体系是指由高等学校中的教学思想、教学管理、师资队伍、教学环境等形成的一个完整而且能不断发展的综合结构[①]。(2) 过程论。刘长江等认为,教学是一种活动过程,构成教学活动的各要素,即教师、学生、课程(包括课程目标、课程内容、授课方法、评价方法等)和条件构成教学体系[②]。(3) 整体论。伍贻兆认为教学体系是由教育理念与构成教学系统的诸要素组成的一个整体,涵盖教育思想、师资队伍、教学内容与课程体系、教学方法与手段、教学管理与教育评估等[③]。

我们认为,教学体系是由组成教学活动的各个要素通过相互制约、相互影响构成的一个整体,是教师按照一定的教学理念,利用教学环境,通过课程与方法对学生施加影响并作出适当评价的过程。教学体系包括教学理念、教育者、学习者、课程、教学组织形式、教学方法、教学环境以及教学评价等 8 个要素。这里借用拉斯威尔的"五 W"来概括:"Who says What in Which channel to Whom with What effect"(谁,说了什么,通过何种通道,对谁说,产生了什么效果)。由此,教学过程至少涉及以下因素:谁——教师,说了什么——教学内容,利用什么——教学条件、教学组织形式和教学方法,对谁说——

① 张伟江:《构筑优秀的教学体系》,《上海高教研究》,1995 年第 5 期,第 56 页。

② 刘长江,马传普,王广忠:《实践教学体系的内涵与外延》,《辽宁高等教育研究》,1998 年第 4 期,第 49 页。

③ 伍贻兆:《高校创新人才培养关键在于教学体系创新》,《南京航空航天大学学报(社会科学版)》,2002 年第 2 期,第 70 页。

教学对象,产生什么效果——教学评价。教学评价还包含对教学理念的考察。因此,教学体系是在特定的教学目标的支配下,由上述各个要素组成一定结构并相互作用而发挥整体功能的一个有机整体。

（二）系统论视角下教学体系特点的分析

1. 教学体系是一个人造系统。

阿法纳西耶夫认为整体系统有 4 个基本类型:第一类系统是存在于客观现实、无生物界和生物界、社会中的系统;第二类系统是观念的、思想的系统,它们是对实在系统所做的完整程度和准确程度不同的反映;第三类系统是为了达到特定的、为人所需要的目的而由人设计、构造和创立的系统;第四类系统是"混成"系统,它把作为自然界和社会产物的要素同人"想像"和创造出来的要素有机地结合在一起[①]。

系统的分类主要回答了系统是物质的或者只是观念的,是自然的还是人工的问题。这些问题的答案是千差万别的。一种观点认为,系统是纯观念的,"对黑格尔来说是不存在任何疑问的,在他看来,只有绝对观念才具有真正的系统性、整体性。""系统性在黑格尔那里不是物质的整体性而是精神的整体性。""康德认为系统是观念的,用知识的系统性取代了现实的系统性。"另一种观点认为,系统是客观存在于自然界的,只是人们没有发现它、反映它,如马克思和恩格斯推翻了对一般系统、特别是对社会系统的唯心主义观点,认为要"在社会本身之中找出系统性并在思维中正确地反映它"[②]。

据此,可以认为,教学体系是客观存在于现实世界中的"人造"系统,它除了拥有一般系统的特性以外,教学体系因教学的特殊性而具有一些自己的特点。它既有观念的成分,又有物质的成分,观念和物质的要素共同构成教学体系。这些要素相互融合,相互影响,相互

---

① [苏]B·T·阿法纳西耶夫著,贾泽林,苏国勋译:《系统与社会》,知识出版社1988年11月版,第40页。

② [苏]B·T·阿法纳西耶夫著,贾泽林,苏国勋译:《系统与社会》,知识出版社1988年11月版,第38-40页。

作用,相互牵制,形成复杂的各具特色的教学过程。

人造教学体系被蒙上了一层神秘的面纱,但终究还是有规律可循的。首先,教学体系客观存在于教学过程中。它不仅拥有要素,而且不同的结构发挥不同的功能。其次,教学体系可以改变。要素是可以改变的。要素改变的情况分为两种:"一是要素的数量、性质不变,调整其比例,满足要素对结构的选择性,即在重组方式上的调节;二是改变要素的种类和素质。"[①]教学过程和教学管理过程都是可控过程,这是教育科学的自身特征决定的。教学体系各要素间的关系不是互不相干的平行关系,而是建立在教学规律和管理科学原则基础上的相互制约的层次从属关系。通过"构"的过程,通过人的努力,要理顺教学体系各要素之间的关系,使体系向预期的方向发展,也就是通过对体系要素和结构的改变使体系发挥不同的功能。

2. 教学体系是一个"灰色系统"。

黑色系统理论就是黑箱方法的延伸和扩展。它将研究对象作为一个系统,其内部结构和外部现象为未知或非确知,即均为"黑"。这样的系统就是黑色系统。例如遥远的某个不知名星球,将其看作一个系统,它距地球多远、年龄多大、体积多大、质量多少、结构如何等,这些信息全然不知,这就是黑色系统。与黑色系统相反,研究对象的内外部各种信息完全明确,这样的系统为白色系统。例如一个工厂,在人员、资金、原材料消耗、成品产量、销售、时间等信息完全明确的情况下,可算出其产品的成本、利润、库存数量,进而判定该厂成品的销售态势、资金周转速度、资金投向、经济效益等,这样的系统就是白色系统。

灰色系统(Grey System)的概念是1982年由邓聚龙提出来的。所谓灰色系统是指信息不完全的系统。不完全信息可以归纳为4种:一是元素(参数)信息不完全,如对思想素质的评估,就不能仅仅以党团员人数作为唯一的标准;二是结构信息不完全,如对工作成绩的评估,少数项目可量化,多数项目不可量化;三是"内"、"外"关系

---

① 赵文华著:《高等教育系统论》,广西师范大学出版社2001年2月版,第113-114页。

信息不完全，如对理论研究成果的评估，知道成果数目，但其政治、经济、军事、文化、社会等综合效益如何衡量，很难确定；四是运行的行为信息不完全，如对同一评估要素，不同单位可能会从不同的角度进行理解，从而得出不同的结论[①]。

黄甫全对教育灰色系统的表现和特点作了比较全面的分析。他认为教育灰色系统既具有一般灰色系统的共同点，又具有自身的特点。(1) 系统因素的多重性。教育系统既有大量的物质性因素，如校舍、教育设备等，又包括了大量的精神性因素，如知识、经验等，还包括了人性因素，即教育者和受教育者。以人为主，交织着物质性因素和精神性因素，这是教育灰色系统最突出的特点。(2) 系统特征的模糊性。教育者、受教育者和知识是已知因素，然而深入到这些因素中，课程包括哪些内容，不很清楚；哪些知识最有用，不太清楚；受教育者掌握知识过程的内在机理，受教育者发展的生化机理、生理机理和心理机理，都还是谜。这说明，教学系统虽然不是一个黑箱，却是一个灰度极大、模糊性极大的系统。(3) 数据指标的不确定性。教学系统是一个抽象系统，要对它的内容、性质、功能和效果等特征加以描述和评价，常用一组反映各类因素特征的数量指标所组成的指标体系来进行，而这些指标中的精确数据却很少[②]。因此，"教学作为一项人的活动，对其研究犹如对其他人文社会现象的研究一样，是难以形成像自然科学领域那样具有说服力的研究成果并且进行准确预测的。"[③]

尽管教学体系是一个灰色系统，但并非我们对教学体系就无所作为。毕竟有些要素是已知的，有些要素是可控的。以高职教育的培养目标为例，可以通过对职业岗位的分析，确定其具体的知识、素质、能力结构，以此为依据调整课程结构和内容，使培养目标具体化。

① 邓聚龙著：《灰色系统理论教程》，华中理工大学出版社 1990 年 11 月版，第 5 页。

② 黄甫全：《教育灰色系统刍论》，《首都师范大学学报（社会科学版）》，1995 年第 5 期，第 81 页。

③ 洪明，许明：《当代西方教学理念的格局与趋势》，《国外社会科学》，2003 年第 3 期，第 45 页。

这样,教学过程就由“黑”变“灰”。又如,把“常模参照”改为“标准参照”,通过对工作任务的完成情况来测定学生岗位能力的高低,实现教学体系局部的由“灰”到“白”的转变。教育部《高职高专人才培养水平工作评估指标体系》正是揭开教学过程这一“灰箱”的有益尝试。该《评估指标体系》共有6个一级指标、1个特色或创新项目,包含15个二级指标、36个观测点。概括来看,有8个方面的问题是评估特别关注的:关注院校高职教育的理念是不是新;关注发展的主线有没有明;关注办学条件是不是够;关注师资队伍是不是强;关注产学研结合的程度是不是高;关注课程体系有没有变;关注学生综合职业能力是不是强;关注院校发展后劲是不是足。从这些指标看,既有硬件指标,又有软件指标;既有结果考核,又有过程考察;既关注了院校静态指标的存在,又关注了院校动态指标的生成。

3. 教学体系是一个多样性系统。

第一,时间的多样性。电脑、网络及通讯卫星等信息技术的迅速发展,日益成为社会进步的基础,引起了教学方法、教学手段的巨大变革。现代化教学手段运用于教学过程,既解决了扩大教育对象、提高教学效率的问题,又能培养学生的个性。网上交互式教学方式的创立,个性化软件的开发,意味着人—机—人对话的“个性化”学习有了物质基础。信息技术从根本上改变了学生的学习方式,也改善了教师的劳动条件和工作方式,尤其使学习的时间变得不再固定。

第二,空间的多样性。从历史角度看,教学组织形式从原始的个别教学到班级授课制再到现代的个别教学,这是教学组织形式发展的主线。现代的个别教学不同于原始形式的个别教育。它是依靠现代教育技术和视听手段,向外界广泛传递信息的教育,在时间上具有可逆性,在空间上具有无边际性。传统的教学方法,在班级授课制的影响下,过分强调统一,强调集体,因而容易忽视学生的个别差异。学生的禀赋因人而异,学习的基础有好有坏,兴趣爱好也不尽相同。此外,情绪、智力、经验背景、特殊能力、社会适应能力等方面,也是千差万别的。因此,作为高职教育,应该考虑学生的实际情况,因“人”施教,采用个别化的教学方法。个别化教学对教学空间的多样性提出了较高的要求。

第三,师生交流的多样性。高职教学要注重学生自主学习、自主发展,突破以往师生交流的单向性,实现师生互动方式的多样性。教师在课堂上不仅是传授知识的“经师”,更应该是“人师”。教师应是学生尊敬的长者、合作的伙伴、学习讨论的对手、交心的挚友,应为学生创造宽松、和谐、民主的学习气氛。在这种教学氛围中,除师生互动之外,生生、师师之间也应进行多边互动。多边互动不仅仅出现在传统意义上的教学场所,还应出现在网络平台上。网上课程使师生交流在时空上得到了空前的扩展。

（三）教学体系与人才培养模式、教学模式的关系

“模式”亦称“范型”,一般指可以作为范本、模本、变本的式样①。美国比较政治学学者比尔和哈德格雷夫曾经界定:“模式是再现现实的一种理论性的简化形式。”②对模式可从 3 个方面理解:第一,模式是现实的,不是主观臆造的;第二,任何模式都有一定的理论做指导,不是纯粹的现实;第三,模式是一种简化的形式③。

在黄济等主编的《现代教育论》中,教学模式被界定为一种教学结构。某种教学活动在千百次演化过程中,具有稳定性、范型性,这种相对稳定的范型式的教学结构逐步成为教学模式④。杨近将教学模式界定为“人才培养目标、制度、过程等要素的特定的多样化组合”⑤。这是有道理的。乔伊斯认为:“教学模式就是学习模式。在帮助学生获取信息、思想、技能、价值、思维方式及表达方式时,我们也教他们如何学习。”⑥康礼志等认为人才培养模式“是为实现培养

① 辞海编辑委员会编:《辞海》,上海辞书出版社 2000 年 1 月版,第 1596 页。

② [美]沃纳西·赛弗林等著,陈韵昭译:《传播学的起源研究和应用》,福建人民出版社 1985 年 9 月版,第 14 页。

③ 李华:《高职人才培养目标模式探析》,《职教通讯》,2003 年第 11 期,第 6 页。

④ 黄济,王策三主编:《现代教育论》,人民教育出版社 1996 年 3 月版,第 417 页。

⑤ 杨近:《构建我国高等职教人才培养模式的理论与实践框架》,《职教论坛》,2004 年第 4 期(上),第 22 页。

⑥ [美]B·乔伊斯等著,荆建华等译:《教学模式》,中国轻工出版社 2002 年 1 月版,第 7 页。

目标而采取的培养过程的构造样式和运行方式，即回答怎样培养人才的问题”[①]。教育部文件指出，高职高专教育人才培养模式的基本特征是以培养高等技术应用性专门人才为根本任务；以适应社会需要为目标、以培养技术应用能力为主线设计学生的知识、能力、素质结构和培养方案，毕业生应具有基础理论知识适度、技术应用能力强、知识面较宽、素质高等特点；以“应用”为主旨和特征构建课程和教学内容体系；实践教学的主要目的是培养学生的技术应用能力，并在教学计划中占有较大比重；“双师型”（既是教师，又是工程师、会计师等）教师队伍建设是提高高职高专教育教学质量的关键；学校与社会用人部门结合、师生与实际劳动者结合、理论与实践结合是人才培养的基本途径。高职高专不同类型的院校都要按照培养高等技术应用型专门人才的共同宗旨和上述特征，相互学习、共同提高、协作攻关、各创特色[②]。这里虽然没有定义什么是人才培养模式，但从内涵上说明了高职高专教育人才培养模式的基本特征。

教学体系可以理解为人才培养模式的具体化。一个教学体系中，可以包含若干个教学模式。人才培养模式是第一层次的概念，教学体系是第二层次的概念，教学模式则是第三层次的概念。

三、 构建教学体系的原则

根据系统论的观点，构建教学体系一般要遵循以下原则。

（一）整体性原则

当若干要素依一定结构组成系统时，该系统所体现的功能不等于各组成要素的性能简单加和，而是大于这种简单加和，具有这个系统所独有的整体功能。“系统的整体性主要表现在系统的性质功能和运动规律上，只有整体上才能显示出来。系统的整体性呈现了各

---

① 康礼志，龚福生：《高等职业教育教学体系特色》，《中国冶金教育》，2004 年第 1 期，第 50 页。

② 教育部：《关于加强高职高专教育人才培养工作的意见》，教高［2000］2 号。

个组成要素所没有的新特性。”[①]比如,将手枪卸成零件堆放在桌子上。此时,就武器的功能来讲,其杀敌的能力充其量只是一堆可抛掷的铁块,失去了手枪作为火器系统的杀伤威力。手枪如果失去了发射子弹的性能,那么手枪作为系统的整体功能也就失去了。这就是系统的整体性要求。因此,“当我们讲到‘系统’时,我们指的是‘整体’或‘统一体’”[②]。从整体出发,从全局出发,研究整体的规律性,这就是整体性观念。钱学森强调:“系统就是由许多部分组成的整体,所以系统的概念就要强调整体。”[③]

教学体系整体性原则从系统观的角度出发,全面地、整体地分析构成教学系统的各要素及这些要素相互间的关系。在整体把握这些要素关系的基础上,构建最佳的教学结构,发挥最佳的教学功能。

（二）相关性原则

系统的整体功能不等于其组成要素性能的简单相加,这并不意味着单个要素对整体功能是无关紧要的。其实,无论在自然界还是社会领域,要素影响系统整体功能的实例是不胜枚举的。如果我们适当地改变要素的属性或调整其在整体结构中的状态,可以改善系统功能,使其达到预期的效果。顾明远主编的《教育大辞典》认为,“教学”是以课程内容为中介的师生双方教和学的共同活动。研究教育问题不能只在教育系统内将问题分割为一个个的部分再进行各个突破,因为这样的研究容易只突出细节,看不到内部各要素之间、教育系统与其环境之间的关系,即所谓只见芝麻,不见西瓜。“如果我们具有比较宽广的视野,站在社会的高度来研究,那么教育将作为社会系统中的一个子系统而存在,就能把握教育系统的整体的、有机的、发展的特性,就能发现教育的真正本质。”[④]因此,要将教学活动

---

① 霍绍周著:《系统论》,科学技术文献出版社 1988 年 10 月版,第 34 - 35 页。

② [美]冯·贝塔朗菲著,林康义,魏宏森译:《一般系统论:基础、发展和应用》,清华大学出版社 1987 年 6 月版,第 178 页。

③ 钱学森等著:《论系统工程》,湖南科学技术出版社 1982 年 12 月版,第 204 页。

④ 曹正善:《试论杜威教育思想的系统观》,《江西教育科研》,1998 年第 2 期,第 65 页。

作为一个系统来研究，要把教学体系与其外部的环境相联系，即用联系的观点看待教学体系。这就是教学体系的相关性。

（三）发展性原则

霍绍周在《系统论》一书中描述了一般系统在发展的不同阶段形成的4种类型。第一，直线式发展。这是最简单的一种发展方式。无机系统一般都是采取这种发展方式。如物质的液化、蒸发或凝固的过程。只要条件不变，过程将延续到底，形成新的稳定方式。细胞的繁殖也是这个过程。系统直线式发展只是一种趋势。如果各系统间的因果联系复杂，各系统的目的、利益不完全一致，系统就不可能直线式发展。如狼多，鹿少；反之，狼少，鹿多。但在和平环境下，鹿体质下降，大量死亡；引进狼群，追杀鹿，鹿运动后体质增加，鹿群扩大。这是一种动态平衡的系统。第二，阶段式发展。系统发展到一定阶段，就会失衡，促使系统聚集能量，打破旧制结构，建立新的结构，得到发展。这需要一个过程，系统的发展呈现阶段性。第三，飞跃式发展。系统的结构严重地阻碍系统的发展，新的成分聚集了足够力量，就会使系统产生飞跃式的发展。旧的结构被打破，新的结构会诞生。第四，震荡式发展。系统求稳，但不可能。要克服不稳，就要调整。调整时超过平衡位置就会造成震荡。另一方面，系统直接达到目的的方案，这不一定是最优的，总是试行后再择优，形成震荡。震荡对系统不利，但不可避免。只能研究震荡规律，采取措施，减少震荡幅度①。

高职教育不同于基础教育。社会和技术在发展，职业岗位在变化，教育内容也在变化，因而必须随时跟踪行业的发展，及时改革与区域经济或社会发展不相适应的专业结构、课程方案和教学方法，使整个课程体系具有动态发展的特性。行动导向教学体系是根据目前我国高等职业教育发展要求而作出的一种选择，随着形势的发展，教学体系将和其他系统一样，具有发展性的特征。

---

① 霍绍周著：《系统论》，科学技术文献出版社1988年10月版，第48页。

(四) 结构性原则

每个系统都有一定的层次结构。系统由多种要素组成,组成它的各要素又自成一个小系统,每一个小系统下又由许多要素组成。这一事物与其他事物一起构成更高一级的系统。这样,任一事物都身兼三重系统。这三重系统的各要素之间发生显著的或潜在的相互作用。系统基本结构的形式有机械的、物理的、化学的、生物的和社会的。这是人对复杂系统中元素组织形式的认识。有学者对教学过程作了结构性的分析,将教学过程划分为4个层层包含的过程:从学生进小学到大学毕业或接受完一定阶段的教育为止,是一个总的教学过程(第一教学过程);一门课程从开始到结束的教学是一个教学过程(第二教学过程);一门课中的一章或一个单元的教学是一个教学过程(第三教学过程);一点知识或一堂课的教学是一个教学过程(第四教学过程)。教学过程的每一层次都包含着相同的要素。这些要素的整合构成了完整的、统一的教学过程[①]。

因此,在认识和改造系统对象时,要遵循其层次特点,注意整体与层次、层次与层次之间的相互关系。在对教学体系进行研究和实施操作时,可以按特定关系(如从属关系、并列关系等)、同类性质(如共同属性)将它们区分出不同的层次(如子系统),依不同层次进行设计和处理,不仅要做到"由表及里",还要做到"井井有条",使同一层次中不同的层面井井有条,互为补充,以便系统的优化。

(五) 均衡性原则

系统的均衡性是指系统在运行过程中表现出来的质的相对不变性,即系统中各个部分要保持恰当的比例关系。维持动态的均衡,协调一致,这样,系统整体才能正常存在和发展。当然,系统的稳定是相对的,只能在一定范围和一定时间内保持稳定。当条件变化后,组成系统的要素或子系统发生局部变异。系统发展不稳,有两种情况:"一种是系统在外界交换物质、能量和信息的情况下,重新排序,而

---

① 吴立岗,夏惠贤编:《教学的原理、模式和活动》,广西教育出版社1998年3月版,第101页。

逐渐稳定;一种是周期震荡或由于干扰越来越大而走向瓦解。”①因此,构建高职教育行动导向教学体系,我们要考虑原有系统均衡性的特点,会遇到阻力,必须找准改变原有教学体系的突破口。

第二节　行动导向教学体系的要素、结构和功能

根据系统论的观点,要素是系统的最小组成部分;结构是系统诸要素相互联系、相互作用的方式或秩序,亦即诸要素在时空上相对稳定的排列组合方式;功能是系统与外部环境相互作用的特性。行动导向教学体系也不例外,它也是要素、结构和功能的统一体。

一、行动导向教学体系的要素

按照系统理论的观点,行动导向教学体系横向可分为驱动、受动、支持和控制等4个子系统(见表2-1)。这4个子系统纵向又可分为:驱动子系统,包含教学理念,教学理念包括教学观、知识观、学习观3个层次;受动子系统,由教育者和学生两个要素组成,包括决策层(领导)、管理层(教学管理人员)、操作层(教师和学生)3个层次;支持子系统,由课程、教学组织形式、教学方法、教学环境4个要素组成,包括硬件(建筑、设备、设施)、次硬件(教材)、软件(教学组织形式、教学方法)3个层次;控制子系统,包含教学管理与评价,包括管理、评价、反馈3个层次。

驱动子系统是教学体系的“龙头”。它不仅给整个体系注入活力,而且还决定着整个体系的性质和发展方向。受动子系统是整个教学体系的重点,其他系统都要围绕受动系统而展开,其中“以理论为主”还是“以实践为主”直接决定该教学体系的结构。支持子系统起着保障其他系统正常运转的作用。控制子系统主要对其他子系统的功能发挥进行监控、调节并把体系运转的情况反馈到驱动系统,使

① 霍绍周著:《系统论》,科学技术文献出版社1988年10月版,第49页。

整个体系运转达到"螺旋式上升"的目的(见图2-1)。

表2-1 行动导向教学体系要素层次表

子系统 / 要素 / 层次	驱动	受动	支持	控制
第一层次	教学观	决策层(领导)	硬件(教学环境)	管理
第二层次	知识观	管理层(教学管理人员)	次硬件(课程)	评价
第三层次	学习观	操作层(教师和学生)	软件(教学方式)	反馈

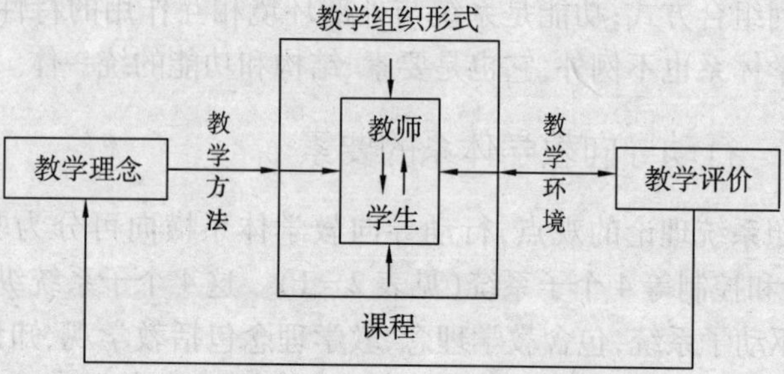

图2-1 行动导向教学体系子系统要素图

二、行动导向教学体系的结构

根据系统理论有关结构的内涵,教学体系按照目标的要求可以实现不同的组合。各要素的不同排列产生不同的教学体系结构。传统的知识传授型教学体系的结构是从理论展开的,各要素都是为知识传授和理论学习服务的,是"理论导向"的结构(见图2-2)。

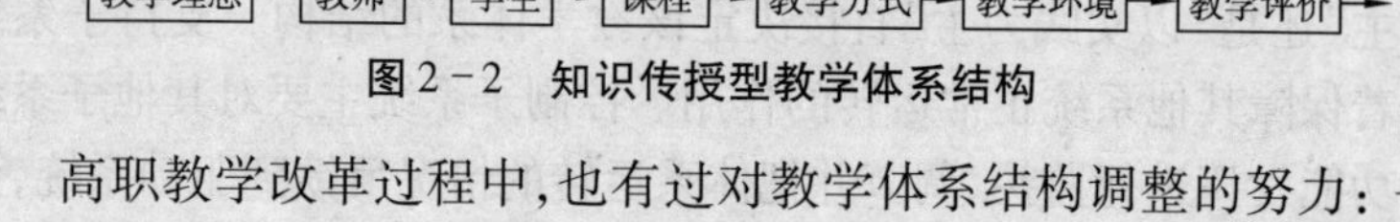

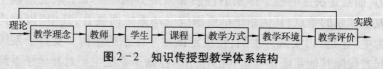

图2-2 知识传授型教学体系结构

高职教学改革过程中,也有过对教学体系结构调整的努力:一类是"硬件主导型"教学体系,就是通过添加实训设备、增加实训时数对体系局部调整;另一类是"课程改革主导型"教学体系,以课程改革为突破口,对教学内容进行重组,重新编写教材,引进一些先进的教学方法。这两种教学体系结构的调整,由于缺乏系统思维,都只停留在教学条件、课程及教学内容等要素进行局部的调整和量的增大上,对整个教学体系的结构没有根本性的改变。按照"结构不确定性原理"①,为实现某种功能,可以找到系统的多种结构。这种不确定性使我们探寻高职教育教学体系结构的多样性成为可能。如果我们把"实践与理论的比例关系"作为"变量"的话,那么,随着这个变量的变化,就会产生不同的教学体系结构,发挥不一样的教学功能。我们可以从"实践与理论的比例关系"这一变量在高职教学体系各要素中的变化看出教学体系结构的区别。

1. 对理论和实践的态度,即教学理念,反映不同的目的观:高职教育是以学科本位还是以能力本位。目的观主要涉及高职教育的主要任务是培养既有一定理论基础又有较强实践动手能力的技能型人才,还是有扎实理论基础的学术型人才。

2. 教师的理论和实践水平反映教师观:高职教育需要的是学术大师还是理论实践兼具的"双师"。教师观主要涉及对教学活动中教师的地位、特点、教学方式等的认识和看法。

3. 学生的理论和实践程度反映学生观:高职教育是按照学术型人才还是技能型人才的要求来培养。学生观主要涉及对教学活动中学生地位、特点、学习方式等的认识和看法。

4. 教学条件的理论性和实践性反映环境观:高职教育教学环境建设是依据知识导向还是实践导向。环境观主要涉及对有形教学环境和无形教学环境的认识和看法。

5. 课程和教学内容中理论和实践的比例反映课程观:高职教育是理论教学为主还是实践教学为主。课程观主要涉及对课程本质、内容及呈现形式的观点和看法。

6. 教学组织形式中理论和实践的方便程度反映不同的过程观:高职教育是在便于理论教学的教室还是在利于实践的专业教室开展

---

① 霍绍周著:《系统论》,科学技术文献出版社 1988 年 10 月版,第 38 页。

教学活动。过程观主要涉及对教学活动过程本身性质的认识和定位。

7. 教学方法中理论和实践的次序反映不同的方法观：高职教育是从理论切入还是从实践切入。方法观主要涉及对课内外各种教学方法、教学艺术、教学手段的认识。

8. 教学评价中对理论和实践的侧重点反映不同的评价观：高职教育是重理论知识的掌握还是实践能力的运用。评价观主要涉及对教学效果、教师、学生进行评价的方法、标准等。

行动导向教学体系中，每个要素都体现“实践到理论”、“实践先于理论”、“实践多于理论”的观念，是行动导向结构（见图2－3）。

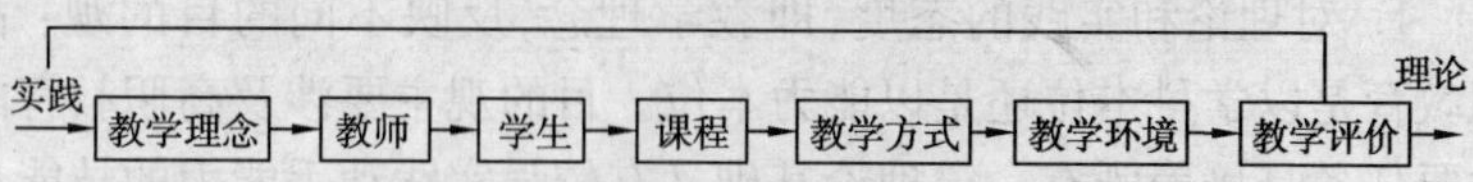

图2－3　行动导向教学体系结构

三、 行动导向教学体系的功能

系统的结构决定系统的功能，不同的结构可以发挥不同的功能。在要素已确定、环境影响不变的情况下，巧妙安排系统的时间结构和空间结构，是发挥系统功能的关键。阿法纳西耶夫认为系统功能的概念与目的的概念很接近，它们相互紧密地联系在一起，是社会系统力求达到的未来状态。行动导向教学体系要求教师在行动中引导教学，组织教学，要求学生通过任务来开展学习，在任务完成和问题解决过程中展开自我管理式的学习，以达到脑力劳动和体力劳动的统一。行动导向教学在培养学生的全面素质和综合职业能力方面应发挥以下功能。

（一）改变传统师生地位的功能

在行动导向教学中，教师和学生的地位发生了明显的改变。首先，教师的作用发生了变化。教师从知识的传授者成为学习行动的组织者、引导者、咨询者，从教学过程的主要承担者变成了参与者。在教学过程中，教师是一个中立者、客观的观察者，起着促进作用，其主要任务和职责是引导学生以更有效的方法思考问题，为学习营造一个有利于反思、有利于创新的学习氛围，通过头脑风暴法、小组讨论法、项目教学法、案例教学法、辩论法、卡片调研法等教学方法，指导学生完成学习任务。其次，学生的地位也发生了变化。学生从传统教学中被动的参与者变成了主动的参与者，变成了学习的行动者，也就是为了“行动”而学习并通过“行动”来学习。学生从信息的收集、计划的制订、方案的选择、目标的实施、信息的反馈到成果的评价来参与整个教学过程，从而实现学生回归学习中心的目的。

（二）转变传统教学方式的功能

传统的教学强调以教师为中心，以课堂知识传授为中心，偏重于系统的理论知识的传授。传统教学过程是一种单向的传递过程。在这一过程中，教师是信息的“发送者”，学生是信息的“接收者”；教师的主要任务是“讲”，学生的任务是“听”和“记”，学生的学习被看成仅是一种知识的“吸收”过程。行动导向的教学要“颠覆”以教为中心的教学方式，形成以学为中心的教学方式。因此行动导向教学不追求知识的系统性、完整性，而注重教学过程与工作过程的统一性。这种统一性把工作过程和学习过程整合起来，通过完成工作任务而达到学习目的。因此，传统的“准备、提示、联想、概括和运用”“五阶段教学”①被“确认工作任务、制订计划、实施、检查与评价”所替代，具体表现为：在教学目标上，不仅体现认知过程，更重要的是在培养学生动手能力、自学能力、分析解决问题能力的过程中，强调认知目标、情感目标、行为目标共同实现；在学习内容上，间接经验和直接经验并举，在某种程度上偏重于学生获得更多的直接经验；在教学形式上，以学生的活动为主，以学生为中心开展教学；在传递方式上，注重信息双向传递，教师直接根据学生活动的成功与否获悉其接受教师信息的多少和深浅；在参与程度上，激发学生参与教学的积极性，变“要我学”为“我要学”；在激励手段上，不以分数为主要激励手段，而以结果为标准，根据学生的智力类型，让学生充分享受完成任务和问

① 袁振国主编：《当代教育学》，教育科学出版社 1999 年 8 月版，第 162 页。

题解决后的成就感。

（三）提高学生综合职业能力的功能

行动导向教学将“用”作为主题，作为学习过程的主要环节，并将“用”与“学”整合在一个完整的过程中。原先的死记硬背不复存在，代之以自由的讨论、任务的完成和问题的解决，这给学生发挥潜能提供了广阔的空间。在学习过程中，答案可能不再是唯一的，而是多样化的；成果不再是静态的，而是动态的；产品没有最好的，只有更好的。所有需要学生解决的实际问题，由学生共同参与，共同讨论。学生在互相合作的过程中，利用集体的力量，使问题最终获得解决。在小组学习中，学生在组内担任不同的角色，面对不同的对象，面对不断出现的新情景，需不断作出准确的选择。通过一个个工作任务的完成，学生不再局限于学习某一门学科，也不再是掌握几个知识点，而是综合运用知识，从而实现在完成任务、解决问题的过程中提升职业能力的目标。完成任务、解决问题的过程，既是学生学会学习的过程，又是学生们获得经验的过程，更是学生学会合作共事的过程。

第三节　行动导向教学体系的目标与特征

行动导向教学体系的重点体现在学习方式的转变、职业情境的构建和学习者中心地位的转变上。与此相适应，其教学目标应该是开放式的、合作式的间接教学。

一、行动导向教学体系的目标

（一）变封闭式教学为开放式教学

教学过程一般分为3种。第一种是全开放性的教学过程。其特点是教师只提出题目和学习过程的原则性要求，完全由学生自己来组织学习，完成学习任务。第二种是半开放性的教学过程。其特点是教师不仅提出题目，而且还对学生进行一定的指导，提供一些关键的材料和实施要点，使学生按照教师预先设定的范围与程序开展学习活动。第三种是封闭性的教学过程。学生主要跟着教师的讲授学习专业知识,其思路和行为完全受教师操纵①。目前高职教育的教学主要还是封闭性的。

行动导向教学是一种开放式的教学,即把学习过程转变为工作过程,使学生能够在兴趣中学习,在轻松中学会。前苏联著名教育家苏霍姆林斯基建议教师要让学生感受到劳动的欢乐和学习成功的欢乐,从而在学生心中唤起自豪感和自尊感,认为这是教育的金科玉律。"知之者不如好之者,好之者不如乐之者",兴趣是最好的老师,这说明学习兴趣在整个学习过程中有重要作用。因此,有人提出,知识的形成要像游戏那样引人入胜。高职教学过程不能与游戏相提并论,但把工作过程与学习过程相结合,在完成工作任务和解决问题的过程中去学习,还是能够做到的。

(二) 变直接教学为间接教学

高职教育以培养各种职业岗位或岗位群所需的高层次的技能型、应用型技术人才和管理人才为目标,对学生的动手能力要求很高。这就决定了要运用有别于传统的教学方法来培养学生的综合职业能力,也就是要把传统的以直接教学为主的教学方式转变为以间接教学为主的教学方式。孔子说:"不愤不启,不悱不发,举一隅不以三隅反,则不复也。"(《论语·述而》)所谓"不愤不启",就是当学生还没有搞通问题时,教师要给予适当指导,帮助学生开启思路。所谓"不悱不发",就是当学生对问题尚未考虑成熟时,老师要帮助学生理清思路,用准确的语言表达出来。在西方,苏格拉底提出了"产婆术",就是通过问答、交谈、争辩的方法来宣传自己的观点,从而使学生在跟自己的交锋中"自我生成"正确的结论。间接教学就是以学生为中心设计教学组织形式和教学方法,强调以学生获取直接经验的形式来掌握融合于各项实践行动中的知识、技能和技巧,采用小组学习形式,采用以学生活动为主要特征的项目教学法、任务驱动

① 李悠:《论高等职业教育教学方法的实施策略》,《职教通讯》,2003 年第 10 期,第 39 - 40 页。

法、案例教学法、情境教学法、问题研讨法等开展教学。

（三）变竞争教学为合作教学

在传统教育中，尤其是在当今应试教育的压力下，竞争是学习中的普遍现象，而且是恶性竞争、无序竞争。学生都视学校是一个竞争的场所。每个人都想胜过他人，因此应试教育被称为竞争教育。在这样的学习氛围中，学生养成的是一种被扭曲了的竞争意识和与之相适应的利己行为。不少学生缺乏合作意识，缺乏利他行为，缺乏与他人相处和交往的基本技能。行动导向倡导合作学习，实现学生由独立完成学习任务到集体合作共同完成任务的转变。高职教学目标决定了高职教育中会安排大量的实训、实验和实习，这些接近或模仿现实职业活动的实习、实验、实训基本上都是通过合作性活动才能实现。合作学习要让学生在获得知识和技能的过程中学会交流、学会合作。合作学习侧重分工协作、共同学习、彼此促进、智慧互补的团体性学习行为，合作的过程是体验合作成功和形成正确的价值观的过程。对高职生来说，完成学业，要靠自主学习，要靠合作学习。通过合作学习，能够形成相互信赖、友善促进、各尽所能、互相学习、共同进步的良好氛围。良好的合作能力是高职学生立于职场不败之地的重要因素。

二、行动导向教学体系的特征

行动导向教学体系与“知识传授型”教学体系有着明显的不同。其教学过程中各要素都将发生明显的变化。这些变化主要反映在“为什么学”、“学什么”、“怎么学”、“学得怎样”4个方面。行动导向教学体系的特征主要包括教学目标特征、教学内容特征、教学方法特征、教学环境特征和教学评价特征。

（一）以能力为本位的教学目标特征

能力本位（Competency-Based Education，简称CBE）教育于20世纪70年代萌芽于美国，80年代初传入加拿大等欧美国家，英国于80年代初、澳大利亚于80年代后期积极引进并予以推行。90年代以来，我国引进了“以能力为本教育”，得到了有力推广并被广泛应用于课程改革方面。“以能力为本与其说是一种课程模式，不如说是一种教育思想。”[①]它最突出的特点是从职业能力要求入手，通过分析职业岗位的要求，开发相应的课程，与就业的要求容易取得一致，有利于技术型和技能型人力资源的开发和职业人才的培养。教育部在《关于加强高职高专教育人才培养工作的意见》（教高[2000]2号）中指出，“高职高专教育是我国高等教育的重要组成部分，培养拥护党的基本路线，适应生产、建设、管理、服务第一线需要的，德、智、体、美等方面全面发展的高等技术应用性专门人才；学生应在具有必备的基础理论知识和专门知识的基础上，重点掌握从事本专业领域实际工作的基本能力和基本技能，具有良好的职业道德和敬业精神”，并要求“毕业生应具有基础理论知识适度、技术应用能力强、知识面较宽、素质高等特点；以应用为主旨和特征构建课程和教学内容体系；实践教学的主要目的是培养学生的技术应用能力，并在教学计划中占有较大比重”。

高等职业教育要培养“为明天工作的人”[②]，就必须使这些准劳动者具备适应未来劳动市场变化并在产业结构调整中适应多种岗位要求的关键能力。关键能力指的是要培养学生的综合职业能力，是劳动者知识、技能和态度等素质的整合，也就是要“同时兼顾学生的职业能力与继续发展能力、创新能力的养成”[③]。能力本位在高等职业教育中的基本要求有2个方面。（1）体现在目标追求上，强调知识、技能和素质三位一体的综合要求。这一结构主要由4个要素构成：一是完成职业任务所必需的基本技能或动手能力，如知识运用能力、技术应用能力；二是完成职业任务应具备的基本职业素质，即“关键能力”，如合作能力、公关能力、解决矛盾的能力、心理承受能力等；三是职业岗位变动的应变能力和岗位迁移能力；四是在技术应

---

① 杨金土，孟广平等：《对高等技术教育课程设计的若干理论认识》，《职教论坛》，2002年第19期，第23页。

② 马庆发：《德国高等职业教育面面观》，《外国教育资料》，1998年第3期，第16-17页。

③ 黄克孝：《当前职教课程改革中值得关注的倾向》，《职教论坛》，2004年第10期（下），第6页。

用领域中的创新精神和开拓能力,如工艺流程的革新、加工方法的创造、管理方式的变革等。(2) 体现在人才规格上,强调综合职业能力培养,同时,着力"人"的全面发展,即人的思想品德、职业道德、科学文化基础、人文素养、专业能力、身心健康等都要得到充分的发展,也就是联合国教科文组织提出的"认知"、"做事"、"共同生活"和"生存"四大支柱的要求。

因此,就高职教育而言,高职学生的能力结构就是职业能力结构,即高职学生通过接受教育和培训所具备的各能力要素之间的联系方式和比例关系。每一种职业所需要的能力结构是不尽相同的,或者是组成要素不同,或者是比例关系不同。但不管从事什么职业,其职业能力结构的形式都是相同的。石伟平明确提出,高职学生的综合职业能力包括 3 个部分:通用能力、行业能力和岗位能力。

1. 通用能力。

通用能力就是通常所称的一般能力,它是所有职业活动中都需要的基本能力。不管是从事职业活动还是参加其他活动,都需要一般能力,一般能力包括观察力、记忆力、思维能力、想像力和注意力,其中核心是思维能力。

随着社会经济的发展,社会用人单位在选择人才时,不仅看重专业素质,而且更看重其非专业素质。大学生成功就业需要具备哪些素质和能力?中外雇主的择才标准清楚地给出了答案。资料显示,进入 21 世纪,美国雇主接受大学毕业生所考虑的因素主要包括:态度、以前的工作经历、现任雇主的推荐、前任雇主的推荐、基于行业的专业技能证书、上学年限、面试时的分数、学校学习成绩、求职人学校的声望和教师的推荐等。当然,基本的计算机技能、高度合作技能、基本的性格因素如勤奋、守时、负责、值得信赖等,是必须具备的。同时,自我导向的快速学习能力、处理抽象概念的能力及轻易解决广泛范围问题的能力,也不可忽视。英国 32 家企业认定大学生必须具备承诺、胜任能力、信心、创造力、奉献、热情等 15 种素质。随着社会经济的发展,国内用人单位的择才理念也越来越接近外国雇主。不久前,由团中央学校部和北大公共政策研究所联合发布的《2006 年大学生求职与就业状况的调查报告》显示,企业对大学生基本能力要求依次为:环境适应能力占65.9%,人际交往能力占56.8%,自我表达能力占54.5%,专业能力占47.7%,外语能力占47.7%[①]。

杨金土认为,高职教育的基本功能不是培养"通才",也不是培养"专而深"的科学研究人员,而是培养处于生产或服务的第一线的技术型人才。技术型人才需要有手脑并重的综合能力,不能仅以知识量为准;既要重视认知能力、专业技术能力的培养,又要重视"态度"和非专业能力的养成教育,特别是"做人"的教育。良好素质的形成和实际能力的增强相辅相成,素质是能力的内在基础,能力是素质的外在表现[②]。

对非专业能力,也就是通用能力的认识,可谓仁者见仁,智者见智。但不外乎这么几条:信息交流能力、持续学习的能力、人际交往和工作中的合作能力、处理问题的方法能力和社会活动能力等。这些能力基本上能涵盖通用能力的要求。

2. 行业能力。

行业能力也称专业基础能力,是为适应某一职业领域或岗位群的工作需要而应具备的基本能力。行业能力具有行业基础性、通用性特征,行业内迁移性比较强。

岗位群是根据广泛的产业基础或职业类型而划分出的职业组合,并细分为具体的岗位。一种职业由许许多多岗位构成。行业能力对于不同职业来说是千差万别的,但在同一职业领域,是相对稳定的。如数控技术应用专业的工艺能力就属于行业能力。具备较强的数控工艺能力,就能适应这一专业的岗位群,就具备了在数控编程、操作、检测和数控机床维护等岗位上迁移的能力。

高职教育培养的是适应生产、服务等第一线所需要的技术、技能

---

① 施宏开:《从用人单位的择才标准看大学生就业》,《中国教育报》,2006年11月8日,第5版。

② 杨金土,孟广平等:《对高等技术教育课程设计的若干理论认识》,《职教论坛》,2002年第19期,第23-24页。

应用型人才。由于一线岗位随科技的进步、产业结构的调整、生产和服务水平的提高而不断变化，高职院校在注重培养学生通用能力和岗位能力的同时，不能忽视学生行业能力的培养。学生具备了较强的行业能力，就具备了在行业内迁移的条件，将来在某一职业范围内的转岗、专业技能的提升，就有了一个知识和技能的基础平台。

3. 岗位能力。

岗位能力就是胜任某种岗位所需的能力。高职院校设置了不同的专业，这些专业所要培养的就是符合生产、技术、管理或服务所需要的一线人员，因而岗位能力可称为专业能力。岗位能力是由具体职业岗位的工艺流程、技术标准、劳动对象和生产工具的特点所决定的，通常具有针对性。岗位不同，能力要求不同。在某一专业能力培养目标中，岗位能力是学生贴近职场、直接适应企业需要的优势。

中国是世界上制造业发展最快的国家。制造业成为国民经济增长最为重要的推动力量。目前制造业已成为我国国民经济最为重要的组成部分，是中国国家财政收入的重要来源、出口创汇的主力军、提供就业机会的重要场所。但我国制造业的劳动生产率仅仅是制造强国的5%，我国还没有一家制造业企业进入世界500强。我国要想建立强大的制造业，必须向“自主创新型”模式转变。有两个问题必须靠我们自己的力量解决，即技术创新和培养高素质人才。据统计，目前我国企业产品平均合格率只有70%，不良产品每年损失近2 000亿元。在近几年企业的各种事故中，有一半以上是因为职工岗位意识不强、技能不高造成的①。

因此，在高职学生就业形势严峻的情况下，必须以就业为导向，在培养学生行业能力的基础上，有针对性地培养他们的岗位能力。岗位能力是针对某一职业领域里某一具体岗位的应用能力，学生具备这种能力就可直接上岗工作，就满足了他们生存的需要。企业也希望毕业生能很快适应岗位需要，“零距离”上岗。高职院校学生较强的岗位能力，是他们在就业竞争中立于不败之地的重要保证。

---

① 赵志群著：《职业教育与培训学习新概念》，科学出版社2003年6月版，第2-4页。

高职学生应具备的能力结构实际上就是综合职业能力结构，即高职学生通过接受教育和培训所具备的通用能力、行业能力和岗位能力之间的联系方式和比例关系。每一种职业所需要的能力结构是不尽相同的，一般表现在它们的比例关系不同。不管从事什么职业，其职业能力结构的内涵是相同的，均由这3个部分组成。以数控技术应用专业为例，如果把一台数控加工中心比作岗位的话，那么岗位能力就是在这一岗位上，学生具备从事专业范围内、符合专门工作要求的职业能力，熟练操作好加工中心，生产出符合要求的产品。行业能力是某种职业领域一般应有的、具有共性的职业能力，如数控技术应用专业的工艺能力。通用能力是在一个企业中无论是管理人员还是技术人员都要具备的能力。如数控技术应用专业的交流表达能力、自我管理能力、与前后道工序和检测之间的合作配合能力等。以两年制数控技术应用专业为例，该专业总学时数为2 194学时，岗位能力课程占总时数的61%，行业能力占总时数的23%，通用能力占总时数的16%①。

英国教学理论家罗米索斯基（A. J. Romisowski）将技能分为再生性技能（reproductive skill）和创造性技能（productive skill）。再生性技能的特征在技能活动中具有重复性质，在各种情景中运用时没有较大变化，体现的是一种固定的程序或运行方式，如做加减法、打字、跑步、钻孔、刨平面等。创造性技能的特征是在技能活动中，要制订一定计划并运用某种理论或策略做出决定，在执行任务过程中表现出相当的灵活性和变通性，如工艺流程设计、产品营销、艺术创作、球类比赛等②。

高职教育的培养目标强调高职教育主要应针对创造性智力技能的培养，但鉴于目前生源的状况和就业岗位的多元性，应把培养再生性技能和创造性技能有机结合，并根据个体差异，做到有所侧重。首先，高职学生应具备较强的岗位能力。随着经济社会的发展，不仅要

---

① 常州机电职业技术学院《2004级两年制数控技术应用专业课程方案》。

② 吕鑫祥：《高等职业教育课程编制探讨》，《机械职业教育》，2004年第5期，第4-5页。

求生产者具有扎实的专业知识和专业技能，还要具备适应现代生产岗位的各种素质和能力。培养胜任岗位工作的职业能力，是高职教育的培养目标所决定的。其次，高职学生在工作过程中要具备提高工作水准和实现转换新工作的职业能力。面对未来科技的飞速发展，人类社会经济的巨大变迁，学生为适应主观愿望和客观变化要求，对获取新的岗位能力的需求越来越多样化、经常化。在这一过程中，行业能力将起重要作用。再次，随着科学技术的发展，纯体力的劳动将逐步被机器大生产所代替，使用和操纵这些机器设备要求劳动者具有一定的文化教育基础，具有良好的理性思维、分析判断、经营管理等智力因素。现代社会生产过程中，集体活动的作用越来越明显。个人只有在集体中与他人共同合作，发挥团队精神，才能创造出更大的价值。这些都是作为一线生产、建设、服务和管理人才所应该具备的通用能力。

（二）以工作任务为导向的教学内容特征

课程对于各类教育的界定和发展有着十分重要的意义。各种教育活动的性质或类别的区分以及不同层次级别的划分，实质上是课程内容不同类型和不同成分的比例的区别。也就是说，不同特质的课程形成了不同类型的教育①。高职教育作为不同于普通本科教育的一种教育类型，对课程和教学内容的选择有特殊的要求。

职业能力存在于具体的职业行动中，因此仅仅传授基本的、原则性的知识是不够的。要想全面培养和促进综合职业能力的提高，只能通过符合职业活动规律的课程内容来实现。从目前高职教育的情况来看，教学内容明显滞后于时代的发展，滞后于现代技术的发展。这与高职教育紧密联系生产、建设、服务、管理的实际要求是不相适应的。教学内容要与企业、社会现状基本相符，做到理论联系实际，重点介绍具有实用价值的对培养学生职业能力和再学习能力有用的基本知识、基本理论、基本分析方法，学生学了有用、学了会用，同时吸收现代生产中所需要的新知识、新技术、新材料、新工艺和新方法，

---

① 黄克孝：《论高职院校课程的技术性特质》，《职教通讯》，2003 年第 8 期，第 14 页。

剔除过时的内容。

（三）"知行并进"的教学方法特征

在传统的学习中，学生是一个知识学习者，长期被动学习使得学生丧失了学习的兴趣和主动探索的精神。在实践活动中，为完成一项工作任务或解决某个实际问题，需要学生积极地观察、模仿、思考、感悟，并反复操作，才能达到目标或解决问题。在这种开放式的实践活动中，真实的情境提供了丰富多样的刺激。学生正是在解决来自真实情境的不可预知的各种问题时，才激发起学习的热情和探求知识的欲望。因此，教师要转变角色，不再作为知识的权威出现，而要成为学生的学习伙伴、观察者、鼓励者和指导者。鼓励学生讨论和质疑，引导学生思考并归纳、整理在实践中的经验体会。学生只有成为学习的主体，将知识的螺旋推动起来，才能够获取实践意义上的个人知识并实现能力的提升。

在知识的转化模式中，无论是显性知识的内化，还是默会知识的外化，都离不开学习者的实践活动。在实践中，学习者不是盲目的模仿、机械的重复，而是以相关的理论知识为指导，在反复练习的过程中进行积极思考、对比和体验，以实现默会知识的外化和显性知识的内化。因此对默会知识的螺旋运动来说，没有"学"的做和没有"做"的学都是行不通的，"做"和"学"是不可分的一个整体。桑代克认为，在医学院里，让学生进行实际观察，参与各种治疗过程或外科手术，比只读教科书上的病例更有意义①。

建构主义倡导新的学习方式，以学生自主、合作和探究为主，教师不应充当"主角"。教师要以学论教，从以往"只见教材，不见学生"的模式中转变过来，花时间去琢磨学生，琢磨课堂，关注学生，了解学生的需要，思考相应的对策，促进学生"学会"和"会学"。这才是教师的主要工作。袁江认为，学生之间智力没有高低之分，只有智能结构的类型不同。高职院校学生的数理逻辑等智能不如本科院校

① ［美］戴尔·H·申克著，韦小满等译：《学习理论：教育的视角》，江苏教育出版社2003年1月版，第35页。

的学生，但他们的形象思维能力却很强。这是他们的弱势，但也是他们的优势①。陆素菊认为，学校教育应帮助学生直面职业世界，引导学生在学习期间进行职业探索，培养学生对职业和劳动的适应能力②。行动导向教学特别重视学生的智能倾向和他们的兴趣，特别强调"做中学"的教学方法，即通过行动获得知识，强调以学生获取直接经验的形式来掌握融合于各项实践中的知识、技能和技巧，因为"只有在职业实践活动中才能学会'做'，并能符合社会经济和技术发展的需要"③。"知行并进"的教学方法有以下4个特点。(1) 学习的行动性。行动导向教学通过教师引导、师生互动，突出教学过程中的"行动性"，即参与性、实践性和互动性。强调从职业活动中取材，面向典型职业活动中的实际问题，注重学生将知识转化为应用的能力和解决问题的能力，强调知识的实现方式，注重解决实际问题的过程。(2) 方法的多样性。行动导向教学要求教师精心设计教学案例，通过头脑风暴法、小组讨论法、项目教学法、案例教学法、辩论法、卡片调研法等教学方法，指导学生完成学习任务。(3) 过程的合作性。行动导向教学以学生兴趣为出发点，重视关键能力的培养，不仅强调对知识的学习，而且强调对学生学习方法、思维方法和学习态度的培养，强调合作式学习，强调师生之间以及学生之间的交流，改变了传统教学中的师生关系、生生关系，从而有利于构建师生与生生之间新型的互动协调关系，有利于培养学生与他人合作共事的能力，在提高自己岗位能力的同时提高其行业能力和通用能力。(4) 任务的真实性。行动导向教学强调动手实践，不追求知识的系统性、完整性，强调企业工作流程的重现。教学过程在一定程度上就是企业实际工作过程，从而实现教学与工作的"零距离对接"。

---

① 袁江:《基于多元智能的人才观》,《中国职业技术教育》,2005年第1期,第1页。

② 陆素菊:《高等教育大众化中的就业问题及其出路——透视日本高等教育发展中的政策选择》,《江苏高教》,2005年第1期,第129页。

③ 黄克孝:《当前职教课程改革中值得关注的倾向》,《职教论坛》,2004年第10期(下),第5页。

(四) 真实和模拟相结合的教学环境特征

建构主义认为,学习者与周围环境的交互作用对于学习内容的理解起着关键性的作用。这是建构主义的核心概念之一。学生在教师的组织和引导下一起讨论和交流,共同建立起学习群体并成为其中的一员。在这样的群体中,学生共同考察各种理论、观点、信仰和假说:进行协商和辩论,先内部协商(即和自身争辩,到底哪一种观点正确),然后再相互协商(即对当前问题摆出各自的看法、论据及有关材料并对别人的观点做出分析和评论)。通过这样的协作学习环境,学习者群体(包括教师和每位学生)的思维与智慧就可以被整个群体所共享,即整个学习群体共同完成对所学知识的意义建构,而不是其中的某一位或某几位学生完成意义建构。因此,要建立起知识与工作环境之间的联系,需要根据高职教学不同专业与课程的实际情况,构建真实和模拟的教学环境。

真实的职业情境主要是创设实习场,建立稳定的校办企业和校外实践基地,提供学生真实情境下岗位能力训练的场所;还可通过校内实训基地建设,缩短学校与企业之间的距离。学生职业技能、职业意识、职业素质的培养,离不开职业环境的熏陶,离不开从事职业工作的专业人员和管理者的言传身教。

1. 模拟环境。

模拟是对原始情境进行分析、提炼、重组与优化等一系列行为下形成的一种假真实。利用电脑三维图形生成技术、多传感交互技术以及高分辨显示技术,生成三维逼真的虚拟环境,通过实时交动,让学生感知和操作虚拟世界中的各种对象,从而让学生获得身临其境的感受和体会。模拟技术可广泛应用于航空航天、医学实习、建筑设计、船舶驾驶、电力控制等专业。仿真模拟训练或仿真模拟实验对有些专业是十分重要的。例如,飞机、轮船、火车驾驶应急处理训练,电厂值班管理的故障紧急判断和处理训练,都不可能在实地实时进行,只能通过模拟装置进行培训。现代化的科学技术使这类仿真模拟装置逼真、有效①。

2. 模拟操作。

创设接近真实情境的学习环境,使学生在交互过程中完成问题的理解、知识的应用和意义的建构,以培养学生的综合职业能力。如商务类专业,可以设立学生模拟商场或公司,由学生自主经营、自负盈亏、自我发展。学生在教师的指导下设计商场和公司的组织结构,各职业岗位竞聘上岗,并实行岗位的定期轮换,为学生创造全面锻炼职业能力的机会。工科类专业可根据生产现场的工艺和设备,运用教学模型的形式,在实训场所再现生产现场的生产工艺、主要设备的仿真性运转,从而展示机械、工艺原理和生产流程,使学生通过模拟实践的活动培养解决实际问题的能力。

3. 真实训练。

在模拟环境训练之后,还要提供真实情境让学生通过具体操作来进行知识和技能的应用。如工科类专业可在校内复制某企业或生产单位的实际生产现场(车间)或工程现场,对学生进行与生产岗位"零距离"的实际训练。如金工车间、焊接车间的实训。

(五)标准参照为主的教学评价特征

教学评价指按照一定的价值标准,对受教育者通过学习而产生的发展变化及构成其变化的各种要素所进行的价值判断。传统评价方式是常模参照的评价方式,主要用来比较学生所达到的水准,然后根据这种比较来划分等级。这是非常主观性的测试,有诸多的不合理之处。第一,评价仅指向所要求掌握的学习目标中少数的一些目标,不能覆盖所有的学习内容,因此评价的效度值得怀疑。第二,学生的学业成绩与等第完全取决于课程学习结束时的一次测验,这也导致人们对评价效度的怀疑。第三,这种评价或考核通常是在人为特定设置的环境(即考场)中进行的。这种人为评价情境不仅脱离于实际工作情境甚远,而且会对被评价者产生许多人为的压力,从而

① 国家教育委员会职业技术教育司编:《中国职业技术教育概论》,北京师范大学出版社1994年12月版,第130页。

使评价失真[①]。杨金土等认为，教育的本义不是通过竞争排出名次进而优胜劣汰，而是帮助每位学习者充分开发潜能，犹如倡导全民健身运动而不是竞技运动。这二者对人类发展的意义是不可类比的，它们的目的和标准不尽相同。虽然健身运动过程也有竞技，但这种竞技的目的不在于选拔优秀选手而是推动健身运动。实施职业技术教育的基本目标是“学会”，而不是排出“名次”进行选拔和淘汰[②]。

前苏联教育家阿莫纳什维利认为，分数与评价是两个不同的概念。分数并不能反映学生的学习态度、动机、目的和独立工作的能力等学习过程的本质。他主张采用实质法评价，就是把学生的学习和认识活动的进程与结果，跟拟定的学习任务要达到的目的相对比，以便确定下一步的学习任务[③]。“在这种评价形式中，由于对一般的或特殊的学习以明确界定，使得评价人员、学生自身，或任何感兴趣的第三者，对学生是否达到这些结果均有一个相当客观的判断。对于学生学习进步的判断，是完全基于学生个人对这些结果的达成情况，而不是基于学生在正规教育情境中所花费时间的多少。”“如果说能力本位是以确定能力标准开始的，那么其运行的终点便是以这些能力标准为参照去判断学习者是否具备了相应的能力。”[④]标准参照测验与传统的常模参照测验形成显明的对照。在标准参照测验中，学生的成绩是由任务本身决定，学生能力比照标准后分出等级。评定标准事先要公开明示。学生参与这一学习过程之前就让师生双方了解评定标准。

美国学者卡宁汉姆(Donald J. Cunningham)认为：建构主义的有效原则之一就是放弃了线性排列的评价模式，强调要把评价嵌入学习过程之中，使评价更为有效[⑤]。这种“嵌入式”的评价体现了评价

---

① 石伟平著：《比较职业技术教育》，华东师范大学出版社2001年3月版，第319页。

② 杨金土等：《对高等技术教育课程设计的若干理论认识》，《中国高等教育》，2002年第21期，第16页。

③ 单中惠主编：《外国教育思想史》，高等教育出版社2000年8月版，第414页。

④ 石伟平著：《比较职业技术教育》，华东师范大学出版社2001年3月版，第316页。

⑤ Donald J. Cunningham (1991), Assessing Constructions and Construction Assessment: A Dialogue. Educational Technology. 5.

的开放性，与“能力本位”的教育理念是一致的。行动导向教学评价以标准参照为主导，具体表现如下。

1. 评价过程的动态性。

强调对学习过程进行评价，评价不能游离于教学活动之外。考核应体现过程，让学生能从中看到自己进步的轨迹，从而激发他们学习的兴趣，鼓起他们克服困难的勇气，使评价结果与评价过程相结合。通过对学生学习结果的观测与评判，可以评价学生获得的知识技能和对知识技能的应用能力。评价过程，关注的是学生参加协作活动或探索活动的积极性、态度、合作精神、解决问题的能力以及所获得的经验教训，可以发现学生的行为所反映出的知识结构是否合理，是否可以再行优化。动态性评价对学生学习效果的评价更客观。

2. 评价标准的真实性。

“职业学习的主要目标，不是通过各种理论考试，而是胜任职业实践任务，通过职业实践的检验。即使是理论性学习内容，也要尽可能通过实践的方式来鉴定。”[①]对学生的评价应当在真实的工作情境中进行，从而考核学生是否从课程与教学活动中确实达到职业教育教学目标并具有相应的工作能力。真实性评价的目的在于促进学生应用技术和知识去解决“真实世界”中问题的能力。

3. 评价内容的全面性。

评价中，既要关注知识的掌握、智力的发展等认知领域的素质，也要关注学生职业道德、个性、人格等情感领域和创新精神与实践能力的素质。随着社会对人的素质要求的不断提高，企业非常重视人的创造能力，非常希望得到有创造能力的人才，对学生评价的内容包括：知识技能、情感、职业态度、敬业精神及学习过程和方法，收集信息、分析信息、发现问题、解决问题的能力，探究精神与创新能力，与他人的交流和合作、团队精神和责任感、健康体魄与良好心理的素质。

4. 评价方法的多样性。

采用单一的方法评价复杂的教育现象，会影响评价结果的客观

---

① 刘德恩：《职业学习理论初探》，《职教通讯》，2005 年第 3 期，第 9 页。

性、科学性。因此需要把各种评价方法结合起来，把定性方法与定量方法、自评与他评、结果评价与过程评价、形成性评价与终结性评价结合起来，用工作现场考核代替传统的考场考试，用实际工作成果代替传统的试卷试题，用全面评估代替抽样检测，用持续考查代替突击式的、限定时间和范围的考试。这样既可以充分发挥各种评价方法的优势和特长，又可以弥补其不足，从而使评价的结果客观、公正。

5. 评价主体的主动性。

在行动导向教学评价中，评价主体发生了一定的变化。学生从评价的客体在一定程度上变成了评价的主体。在教学评价中，允许学生根据评价标准检查自身的学习效果，使学生从评价的"旁观者"成为评价的"评判人"，学生不再处于过去单纯的被动状态而是处于一种主动的积极参与状态。一方面，学生不断地对自己的学习活动进行反思，在反思的基础上对自己的活动进行自我调控、自我完善、自我修正；另一方面，学生对教师的教学也可以进行评价，评价的重点是教学是否有利于学生的学，是否为学生创设了有利于学习的环境，是否能引导学生自主地学习等。

"职业教育评价体系的重心旨在阐明任何有效的评价都应贯穿一条主线，即将评价作为学生主动学习的一部分，从而在评价目的上促进学生学习潜能的开发，促进学生终身发展。"①这里强调了教学评价的导向作用和激励作用。教学评价不仅对学生的学习作合格或不合格这样的结论性评价，更重要的是为学生提供建设性的善意的帮助，通过"诊断"、比较、促进，最终目的是发挥学生的主观能动性，挖掘学生的个体潜能，激发他们的创造力。评价的激励作用也是一种增值式的评价，强调从起点看变化，不断确定新的起点，不断评价新的变化，不断地肯定进步、促进发展，鼓励学生逐步提高自己的能力。

---

①　马庆发：《借鉴多元智能理论开发职校生学习潜能》，《吉林工程技术师范学院学报(教育研究版)》，2004 年第 7 期，第 9 页。

本章小结

体系是具有一定结构的、由若干要素组成的、体现一定功能的一个整体。教学体系是由组成教学活动的各个要素通过相互制约、相互影响构成的一个整体。按照系统理论的观点，教学体系是一个人造系统、灰色系统和多样性系统。构建教学体系一般要遵循整体性原则、相关性原则、发展性原则、结构性原则和均衡性原则。构建行动导向教学体系的目标是变封闭式教学为开放式教学、变直接教学为间接教学、从竞争走向合作。行动导向教学体系也是要素、结构和功能的统一体。行动导向教学体系可分为驱动、受动、支持和控制等4个子系统，具体包括教学理念、教育者、学习者、课程、教学组织形式、教学方法、教学环境以及教学评价等8个要素。行动导向教学体系的结构，有利于高职教育人才培养整体功能的发挥，有利于师生地位的改变，有利于教学方式的改变，有利于学生综合职业能力的提高。行动导向教学体系具备以能力为本位的教学目标特征、以工作任务为导向的教学内容特征、“知行并进”的教学方法特征、真实和模拟相结合的教学环境特征和以标准参照为主的教学评价特征。

第三章　行动导向教学体系的理论基础

行动导向教学体系是以当代知识论、学习论和教学论成果为理论基础的。知识论指明了职业知识的性质,学习论指明了这些知识要按照什么方式去学习,教学论则指明了这种学习方式的教学目的是什么。它们共同为行动导向教学体系的建构提供重要理论支持,系统地阐述这些理论对于进一步理解行动导向教学体系的本质具有重要意义。

第一节　行动导向教学体系的知识论基础

高等职业教育教学的根本目标是发展学生的职业实践能力,而理论知识则要求以“够用”为度,不要求学生掌握系统的理论知识,尤其是这些知识的来龙去脉。不要求学生掌握系统的理论知识并不是否定理论知识的重要性,一定的理论知识是高职教育“高等性”的内在要求,关键是如何处理这些知识。正如伯顿·克拉克所强调的:“当人们把高等教育作为一种有组织的系统来看待时,首先会注意到知识。知识是高等教育的核心概念,是包含在高等教育系统的各种活动之中的共同要素:科研创造它;学术工作保存、提炼和完善它;教学和服务传播它。自高等教育产生以来,处理各门高深知识就是其主要任务,并一直是各国高等教育的共同领域。”[①]在高职教育中,

---

① 伯顿·克拉克著,王承绪等译:《高等教育新论——多学科的研究》,浙江教育出版社 2001 年 6 月版,第 107 页。

行动导向教学体系的知识论需要回答"知识如何选择"、"知识如何组织"、"知识怎样获取"3个基本问题。

一、工作过程知识的选择

知识是个非常复杂的概念,常见的定义有:(1)知识是人类积累起来的历史经验和当前所能达到的科学新成就的总和;(2)知识是人的观念的总和;(3)知识是人类对于经验中蕴涵的法则并赋予意义而结构化了的认识;(4)知识是智慧和经验的结晶[①]。高职教学规律的特殊性,首先取决于作为其课程内容的知识的性质的不同。尽管高职课程内容也可划分为理论知识、技能等要素,但这些知识的特殊性在于其与工作任务的联系,因此在更为准确的意义上,这些知识应当被称为工作过程知识。要明了这类知识的性质,有必要考察知识分类理论。

(一)多学科视角下的知识分类理论

1. 哲学的解释。

知识论是哲学中最古老、最发达的分支。正如皮连生所说:"由于心理学研究滞后,我国教育学一直沿用哲学的知识定义。"[②]哲学中最常见的观点是把知识划分为理论知识和经验知识。如《辞海》解释:"人类认识的成果或结晶。依反映对象的深刻性,可分为生活常识和科学知识;依反映层次的系统性,可分为经验知识和理论知识。经验知识是知识的初级形态,系统的科学理论是知识的高级形态。"[③]德国哲学家伽达默尔区分了3种基本知识:理论知识、实践知识和技术知识。技术知识的用词是Techne,这是某种工匠手艺的知识,是一种技艺能力,是直接针对某种活动经验而言的,具有特殊性、

---

① 张晋:《当代知识观视野中的职教改革价值取向》,《职教通讯》,2006年第9期,第22页。

② 皮连生主编:《教育心理学》,上海教育出版社2004年8月版,第118-119页。

③ 辞海编辑委员会编:《辞海》,上海辞书出版社2000年1月版,第2094页。

具体性、局限性,这也是一种可教可学的知识[①]。这一分类与亚里士多德的观点相似。与上面从知识的来源区分知识类型不同,这一观点是从知识功用的角度对知识做出的区分。它对于探索工作过程知识的性质具有重要意义。

2. 教育心理学的解释。

杜威提出了4种类型的知识——如何做的知识、熟悉的知识、从别人那里间接得到的知识和理性的知识。其中,前两种知识是直接经验,受到个体直接认识范围的限制;后两种知识属于间接经验,突破了个体直接认识范围的限制,但又不同于理性主义知识观所指涉的绝对的、客观的真理[②]。

针对把知识简单化、绝对化了的传统看法,建构主义理论认为,“知识产生于人与环境的交互作用”[③]。知识是“人对世界的理解和意义建构的结果,具有情境性、社会性、不确定性、复杂性、开放性和发展性等特点,是价值与意义负载的。知识包括结构性知识和非结构性知识或经验。结构性知识是指规范的、拥有内在逻辑系统的、从多种情境中抽象出来的、结构相对稳定的基本概念和原理。非结构性知识是指在具体情境中形成的与具体情境直接关联的、不规范的、结构不稳定的直接经验或个人的生活经历等等”[④]。建构主义特别重视非结构性知识、经验在认识事物或人的发展中的作用。所以,相比之下,建构主义的知识观内涵更丰富、外延更宽广,体现了学习者的主体性。建构主义主要分为教育学建构主义、哲学建构主义和社会学建构主义。教育学建构主义又分为个人建构主义、激进建构主义和社会建构主义3小类。但“不论哪种建构主义,他们在关于知识是个体自主建构的这一基本观

① 张能为著:《理解的实践——伽达默尔实践哲学研究》,人民教育出版社2002年11月版,第147-148页。

② 王攀峰:《当代国外课程知识观的新发展及其对我国课程改革的启示》,《教育理论与实践》,2003年第8期,第33页。

③ John D. Mcneil(1994) Curriculum: the teacher's initiative. Prentice-Hall, Inc. 14.

④ 赵蒙成:《建构主义教学的条件》,《高等教育研究》,2002年第3期,第73页。

点上是一致的”[①]。

安德森(Anderson,1982)、史蒂芬森(Stevenson,1994)、皮肯思(Perkins,1993)等人根据知识的内化程度和知识的功能,把知识划分为3类:陈述性知识(Prepositonal or declarative or conceptual knowledge)、程序性知识(Procedural knowledge)、倾向性知识(dispositional knowledge)[②]。陈述性知识来源于外部世界,是客观事物及其联系在人脑中的反映,因而是能够直接陈述的知识。这类知识主要用来回答世界是什么的问题。比如合同是指当事人之间设立、变更、终止民事关系的协议。这类知识一般依靠理解和记忆获得,又称之为记忆性知识。程序性知识主要来源于主体的活动,是借助于某种作业形式间接推测其存在的知识,是多次实践的结果,主要用来解决怎么办的问题。比如学生利用有关合同方面的概念、规则与用户签订一份销售合同。程序性知识具体又可分为两类:学习者通过练习,习得了按某种规则顺利完成智慧任务的能力,则表明他获得了认知技能;学习者通过练习习得了按某种规则胜利完成身体协调任务的能力,则表明他获得了动作技能。在认知技能的学习过程中,由于运用概念和规则办事的指向性不同,又可细分为对外办事的智慧技能和对内调控的认知策略。倾向性知识决定前两类知识的创造、学习和运用,主要通过个人长期的经验积累和情感体验而获得。我们平常所说的知识就是指陈述性知识,技能就是指程序性知识。

美国当代教育家、哲学家唐纳德·舍恩(Donald Schon)把大学中那些理论性的知识称为“学校知识”(school knowledge),认为这类知识的特征之一就是把知识当作成品来看待,是知识化、定论化的,并把隐藏在“学校知识”背后的认识论逻辑称作为“技术理性”。在专科教育领域中,它表现为要求先学得原则或理论,再将之运用于实

---

① 刘志华,张军征:《学习理论对教学设计理论的影响》,《电化教育研究》,2004年第9期,第13页。

② 雷正光:《高职课程及其体系和目标研究》,《职教论坛》,2005年第6期(下),第5页。

践。舍恩认为，“技术理性”的一个重大不足就在于它仅承认理论对行动的指导，忽视了理论也来自于行动，准确地说，忽略了来自于行动中的反思。因此，“学校知识”造成了“教学”(teaching)和“做”(doing)的分裂，使教师们认为所教并非所做、所做并非所教①。舍恩曾把专业实践分作两大层次：一是属于“高硬之地”(high hard ground)的层次，这里，情境和目标都是清晰的，实践者能够有效地运用科学理论和技术去解决问题；二是“低湿之地”(a swampy lowland)，充满着“复杂性、模糊性、不稳定性、独特性和价值冲突”②，是实践的“不确定地带”(indeterminate zones)，处于这一地带中的问题，书本的知识、技术的手段都是无力解决的，科学知识和手段不起作用，所要借助的只能是“行动中的知识”(knowledge-in-action)。所谓“行动中的知识”是指实践者在专业实践活动中对活动进行反思而形成的知识，它不是建立在“技术理性”基础上，而是由“反思实践”活动来澄清、验证和发展的，常常是隐含在实践者在面临不确定、不稳定、独特而又充满价值冲突的情境时所表现出来的那种艺术和直觉过程中，借助艺术性在行动中生成的直觉而有效地解决问题的能力来实现，“由‘现场的实验’来推动和检验”的③。

以上这些知识分类理论为高职行动导向教学体系的建构提供了两个最为重要的理论支持：首先，知识是有多种类型的，不仅有概念的、理论的知识，也有经验的、行动的知识，且后者对行动的价值可能还要高于前者；其次，知识是多层面的，既有外在于个体的知识，也有内化于个体的知识，而知识只有达到后一层面，才能真正构成个体职业能力的一个要素。现有高职教学体系中，这两点恰恰是忽视了，这正是现有高职教学体系的本质问题。

---

① 洪明：《反思实践取向的教学理念——舍恩教学思想探析》，《外国教育研究》，2003 年第 8 期，第 14 页。

② D. A. Schon (1983), The reflective practitioner: How professionals think in action. New York: Basic Books. 39.

③ D. A. Schon (1983), The reflective practitioner: How professionals think in action. New York: Basic Books. 141.

（二）重构高职教学的内容体系

教学是教师引起、维持、促进学生学习的所有的行为方式。在我国长期流行的是赫尔巴特-凯洛夫的教学理论。这些教学理论，与我国注重知识传授的应试教育传统相结合，形成了我国流行的教学理论和教学模式[①]它的主要特征是：过分强调以书本知识为主，以讲授间接经验为主；学科或分科课程占主导地位；以学科逻辑来组织教材，强调教材的系统性；课程的规范程度较高，习惯以教科书为课程的范本；教学方法以课堂讲授法占主导地位；教学过程以赫尔巴特的五步法为基础，形成了从组织教学、复习旧知识、讲授新知识、巩固新知识、布置作业或启发学生的学习积极性、提供学生必要的感性认识等等到对学生知识、技能和技巧的检验阶段[②]。佐藤学把这种模式称作“模仿模式”，即有效地传递百科全书式的知识和技能，以死记硬背为中心组织教学。它是在划一的教学之中借助竞争，组织个人主义式的学习[③]。

我国高等职业教育一直沿袭普通高等教育的教学体系，也就是在“模仿模式”下展开学习，重“学”轻“术”的倾向比较严重，表现如下：在教学理念上，重视扎实的理论基础，以培养学术型人才为目标；在教学内容上，强调学科体系的系统性和完整性，并根据教学课时数去编制学科知识的教学计划；在教学方式上，按班级群体安排学习进度，教师作为知识的传授者、演讲者而成为教学的主体；在教学评价上，常常以主观参照为标准，强调对知识掌握的评定。总之，“知识传授型”教学体系的重心放在知识上，是教学取向，是学科导向，重应知轻应会。保罗·弗莱雷把这种教育称为“压迫”教育，认为“在灌输式教育中，知识是那些自以为知识渊博的人赐予在他们看来一无所知的人的一种恩赐。把他人想像成绝对的无知者，这是压迫意

---

① 袁振国主编：《当代教育学》，教育科学出版社 1999 年 8 月版，第 160 页。

② 周明星等编：《职业教育通论》，天津人民出版社 2002 年 2 月版，第 160 页。

③ 佐藤学著，钟启泉译：《课堂改革：学校改革的中心课题》，《上海教育科研》，2005 年第 11 期，第 4 页。

识的一个特征，它否认了教育与知识是探究的过程”[①]，从而“导致职业教育课程存在的主要问题是学问化倾向”[②]。

对“知识传授型”教学体系的批判，自上世纪初就开始了。张伯苓指出：“学生最大之缺点，即平日除获得书本上知识外，鲜谙社会真正情状，故一旦出校执业，常觉与社会隔阂，诸事束手。”[③]教育教学方法亦无多大改变，学生在教师的心灵中并非鲜活的生命体，教师对待学生就像蔡元培先生所指出的如同处之无机物，“是教育预定一目的，而强受教者以就之；故不问其性质之动静，资禀之锐钝，教之止有一法，能者奖之，不能者罚之，如合人之处置无机物然。石之凸者平之，铁之脆者锻之；如花匠编松柏为鹤鹿焉；如技者教狗马以舞蹈焉；如凶汉之割折幼童，而使为奇形怪状焉；追想及之，令人不寒而栗”[④]。陶行知则认为，“中国传统教育是展开了许多幕的滑稽的悲剧。学生是学会考，教师是教会考，学校是变成了会考的筹备处。会考所不要的不必教，甚而至于必不教。于是唱歌不教了，图画不教了，体操不教了，家事不教了，农艺不教了，工艺不教了，科学的实验不教了，所谓课内课外的活动都不教了，所要教的只是书，只是考的书，只是会考指南”[⑤]。

郑太年对在“知识传授式”教学中学习的学生表示了同情，“我们辛辛苦苦精心设计的教学情境竟然成了难以忍受的东西！实际上，当我们将目光投向我们的课堂时，我们发现要如此辛苦的课业劳作确实难以忍受，也难怪我们一直要以‘学海无涯苦作舟’来勉励学

---

① 保罗·弗莱雷著，顾建新等译：《被压迫者教育学》，华东师范大学出版社 2001 年 11 月版，第 25 页。

② 徐国庆著：《实践导向职业教育课程研究：技术学范式》，上海教育出版社 2005 年 7 月版，第 1 页。

③ 张伯苓著，王文俊等编：《张伯苓教育言论选集》，南开大学出版社 1984 年 9 月版，第 152 - 153 页。

④ 高平叔编：《蔡元培教育文选》，人民教育出版社 1980 年 5 月版，第 48 页。

⑤ 中央教育科学研究所编：《陶行知教育文选》，教育科学出版社 1981 年 3 月版，第 144 页。

生了”[①]。前苏联著名教育家阿莫纳什维利对知识传授表示强烈的不满:“我讨厌‘传授知识’这个死气沉沉的术语。若是能够做到的话,我要拿来所有的教育学和教学法教科书,从中删去每处有这几个字眼的地方。‘传授知识’这个术语有意使教师对教学持这样的态度:站在教室里最显要的地方,环顾自己的学生,让他们的视线应该指向知识的源泉——教师的嘴唇,接着就着手传授人类的经验和文化。”[②]贝塔朗菲引用学生的话对当时美国的普通教育提出了批评,这些学生说:“我们的教授已经把我们填得满满的,但是,所有这些东西又有什么用呢?”[③]这是1951年的话,现在用来形容我们的高职教育“知识传授型”教学体系,似乎一点也不过时!因为“知识传授型”教学的“严重后果就是学生丧失了对于学习的兴趣和习得自主学习能力的机会”[④]。这里的情况并非特指高等职业教育的情况,但是,如果熟悉高职教育基层情况的人,谁又能否认这种情况在高职院校不是普遍存在的呢?

“知识传授型”教学体系的这些缺陷和不足,使高等职业教育背离了“以就业为导向”的目标,忽视了“能力本位”的职业教育理念,因此,对高职教育不适用。“在一个相当长的时间内学校本位职业教育仍将在我国占主体地位”[⑤],因此在高职教育中,必须改变传统知识观,确立行动导向的知识观,重构高职教学的内容体系。“一切真正的知识具有活动的、实践的性质,应当原原本本地看待‘认知活动’。就是说,‘认知活动’不是单纯地吸收知识或是消极地接受知

---

① 戴维·H·乔纳森主编,郑太年,任友群译:《学习环境的理论基础》,华东师范大学出版社2002年9月版,第1-2页。

② [苏]阿莫纳什维利著,朱佩荣译:《孩子们,祝你们一路平安》,教育科学出版社2002年2月版,第71页。

③ [美]冯·贝塔朗菲著,林康义,魏宏森译:《一般系统论:基础、发展和应用》,清华大学出版社1987年6月版,第46页。

④ 戴维·H·乔纳森主编,郑太年,任友群译:《学习环境的理论基础》,华东师范大学出版社2002年9月版,第1-2页。

⑤ 石伟平,徐国庆:《世界职业教育体系比较研究》,《职业技术教育(教科版)》,2004年第1期,第21页。

识,而应当是一种活动。"[①]行动导向的知识观认为,默会知识,也就是工作过程知识,在职业活动中具有重要作用,但这并不否认显性知识的重要性,而要根据高职教育的培养目标,使学生如何掌握工作过程知识,即默会知识。这是行动导向教学体系构建中的关键之一。

（三）默会知识与高职教育目标的契合

默会知识这一概念是匈牙利裔英国著名物理化学家、哲学家波兰尼(M. Polanyi)首先提出来的。他从 20 世纪 40 年代开始研究知识、知识的缄默性、知识的个体性和知识的社会性等问题。在《人的研究》一书中他写道:"人类有两种知识,通常所说的知识是用书面文字或地图、数学公式来表述的,这只是知识的一种形式,还有一种知识是不能系统表述的,例如我们有关自己行为的某种知识,如果我们将前一种知识称为显性知识的话,那么我们就可以将后一种知识称为默会知识。"

波兰尼认为,无论是在日常生活还是在科学活动中,默会知识(tacit knowledge)都与显性知识(explicit knowledge)一样普遍存在,而且默会知识从数量上说比显性知识更多,默会知识甚至不可计数,在人们生活、工作中大量存在。"我们所知的多于我们所能言语的。"显性知识是容易获得、容易理解和容易交流的知识。它能通过语言、文字或符号等方式表达,通过教材、大众媒体进行传递,同时为不同的人们所分享,具有一种"公共性"特征,能通过逻辑进行批判性反思。默会知识则是不能用符号编码的、高度个人化的、难以言传的知识。

默会知识是人类非常重要的一种知识类型。它在职业能力形成中具有显性知识无法替代的作用。在波兰尼看来,默会知识是职业能力中最为重要也是最难获得的部分。它物化在产品的生产过程和服务中,根本无法在书本中找到。学校教室中进行的理论课教学,只能使学生获得构成职业能力的一部分显性知识,而更为重要的默会知识却只能通过实践环节来培养,靠个体在实践中摸索、顿悟以及同

① 钟启泉:《知识隐喻与教学转型》,《教育研究》,2006 年第 5 期,第 21 页。

行之间在工作过程中随机的交流和切磋来获得。这就好像是学习开汽车,一个学开汽车的人尽管可以掌握许多别人告诉他的显性规则,但这无论如何对他来说都是不充分的,他必须在学习开车的过程中个性化地、真正地理解和应用这些规则。没有这种个性化理解、应用所获得的个人难以言传的新规则,一个人就不可能学会开车。虽然默会知识难于传递也难于反思,但这并不能说明默会知识在人类实践活动中没有价值或微不足道。相反,默会知识事实上支配着人的认识活动的整个过程,是人们获得显性知识的"向导"。所有的显性知识都植根于默会知识。显性知识的增长、应用和理解都依赖于默会知识。

但令人遗憾的是,无论在古代还是在近现代,默会知识都始终处在显性知识的压制下,被迫保持沉默,直到20世纪50年代才开始受到西方学术界的关注。维纳·艾莉(Verna Allee)把企业所需的知识比成巨大的冰山,书本知识只是露出水面的那部分,甚至更少,大量的非书本知识则潜在水面之下。美国为2000年后教育的社会目标制订了一系列报告,这些教育目标包括:(1)应该训练学生,使他们能够在技术化世界中生活和工作;(2)学生应该在阅读、写作和数学等方面具有最低限度的能力;(3)学生应该具有高层次思考、形成概念和解决问题的技能;(4)应该要求学生尽其所能,在每个学年都学习所有的核心学科;(5)应该训练学生独立工作,在没有直接指导的情况下完成作业;(6)学生应该改善到校情况,每一天和每一年能够在学校呆得更久;(7)应该给学生提供更多机会,向他们提出解决问题和高层次思考的要求①。从这些报告可以看到,美国教育对知识的认识已经达到了一定的高度,他们对学生已不仅仅限于知识的传授上了。

我国各类教育对于学生获取显性知识的能力通常比较关注,途径也比获得默会知识多。高职教育是以就业为导向的教育。这就要

① Gary D. Borich (2000), Effective Teaching Methods [4th Edition], by Prentice-Hall, Inc. Pearson Education. Upper Saddle River, New Jersey. 83.

使学生在掌握显性知识的同时，更加注重默会知识的习得。除了学习学校里书本知识外，还要掌握关于认知技能和动作技能的知识，以及在此基础上形成的动机、态度等非智力因素。之所以要把知识扩大到书本以外，是因为职业世界绝不仅仅需要书本知识[①]。比如爱因斯坦的相对论，对社会来说，是富有意义的知识，但如果一个人仅仅记住其中的数学符号，而不了解其中的含义和适合的情景，那么对他来说，这并不是完全的知识。同样，一个学生仅仅知道实验的方法与步骤，从未做过这种实验，那么也算不上掌握了实验的程序性知识。如果一个人学到了一些书本知识，但却因为学习而惧怕学习或讨厌学习，那么这种学习就是残缺的、畸形的[②]。因此，知识不是一种静态的"实物"，而是一种过程。

工作过程知识不能简单地理解为工作过程需要的知识。工作过程的完成当然需要许多类型的知识，但这些知识如果仅仅处于静态层面，那么其实践功能是有限的。各种类型的知识只有以工作任务完成为中心组成一个动态关系时，才能称之为工作过程知识，而默会知识在其中起着关键作用。高职课程内容的选择要充分考虑这一点。精英教育时代的课程知识只认可作为社会精英所必须掌握的学问知识。大众教育时代，正如杜威深刻地看到的，职业知识、生活知识、经验等实用知识，应当纳入学校知识体系中去，用这些知识来充实学校课程的内容，赋予这些知识与学问知识平等的地位[③]。

二、工作过程知识的组织

对知识的不同认识，反映在教学上，是如何处理理论知识和实践知识、显性知识和默会知识的关系问题，是如何组织这两类知识。

---

① 刘德恩:《知识论视野的职教课程改革》,《外国教育资料》,2000 年第 2 期,第 77 页。

② 刘德恩:《知识论视野的职教课程改革》,《外国教育资料》,2000 年第 2 期,第 80 页。

③ 徐国庆:《作为意识形态的学校与职业教育课程的学问化》,《职业技术教育(教科版)》,2002 年第 34 期,第 17 页。

（一）理论知识与实践知识的组织

在教学论的发展中，主知主义和行动主义在教学目的、内容、方法、形式等方面始终存在着分歧。主知主义强调知识学习的重要性，教学就是传授知识，要依据学科结构组织教学内容，注重通过书本、课堂讲授来获得知识，重视教师的领导，认为教师具有绝对权威。行动主义则认为，教学是一种生活，要通过教学使学生学会如何行动以适应环境，要通过活动来组织教学内容，主张通过在具体的情景中操作、探索、实践来获得经验[①]。

长期以来，受科学知识观的影响，人们始终把知识狭隘地理解为显性的学科知识，实验、实训只是对知识的验证和应用。在这种理念下，高职院校的教学计划都是先安排理论课教学，后安排实训教学。这种教学安排的弊端是，学生在学习理论时没有必要的感性经验作支撑，对所学的理论食而不化，实训后又因缺少理论反思使实践经验难以转化为职业能力。如果以未来工作岗位所需职业能力为主线，让学生入学后先到实践中去体验，待获得一定的感性认识后再进行理论学习，并使后续的理论学习与见习实训交替进行，则可以有效克服上述弊端。

工作过程知识观与杜威的"经验性"知识观有一定的共通之处。杜威认为"学校科目互相联系的真正中心，不是科学、文学、地理、历史，而是儿童本身的社会活动"[②]。他说："他们应当知道怎样利用现有的自然的和社会的环境，并从中抽取一切有利于建立有价值的经验的东西。"[③]因此学校课程不仅要致力于培养学生对某个问题进行反复的、严肃的、持续不断的思考，而且应注重培养学生发现和探究

① 黄济，王策三主编：《现代教育论》，人民教育出版社1996年3月版，第371页。

② 赵祥麟，王承绪编译：《杜威教育论著选》，华东师范大学出版社1981年1月版，第7页。

③ ［美］杜威著，姜文闽译：《我们怎样思维——经验与教育》，人民教育出版社1991年3月版，第256页。

的能力,使学生形成在实际问题中独立发现问题和解决问题的能力[①]。“知识的类型决定着教育的目标及其结构,而知识的来源则影响着课程内容与教学方式的选择,个人的知识是社会文化积累、工作情境和个人经历共同作用的结果。”[②]只有针对不同类型的知识来选择、组织课程,才能把有价值的知识转化为学生的内在素质,并转化成能力,这主要涉及知识的组织问题。

(二)显性知识与默会知识的组织

显性知识与默会知识的主要区别在于:一是在表现形式方面,显性知识多为可量化、可文字化、可符号化并可通过书面形式表达的知识,而默会知识则多为很难或无法量化、文字化、符号化的或很难通过书面形式表现的极具个性化的知识;二是在本质属性方面,显性知识具有系统化、稳定性强和知识构建周期较长的特点,而默会知识则往往是非系统化的并具有非固化的、灵活的和开放性的特征,其构建周期与个体在实践活动中体现出的能力水平紧密相关;三是在传播途径方面,显性知识一般可通过传统教学、自学或其他有形媒体的传播等方式获得,而默会知识的获取必须建立在掌握某类型的和一定量的相关显性知识的基础上,并且必须经过个体的实践活动而获得;四是在功能作用方面,显性知识构建了个体对于事物的系统化认知,而默会知识则构建了个体在具体实践活动中显现出的方法能力、知识更新能力和自身的可持续发展能力。

工作过程知识结构中,尽管我们所见的都是显性知识,然而与显性知识相联系、相匹配的默会知识却是非常重要的。技术上的加工工艺、装配工艺等都有丰富的默会知识。同样一套汽车零件,由不同的人组装起来,汽车的性能、车况有迥然的差异,往往就是因为默会知识上的差异所致。职业技术教育中应当重视默会的技术知识,并

---

① 王攀峰:《当代国外课程知识观的新发展及其对我国课程改革的启示》,《教育理论与实践》,2003年第8期,第33-34页。

② Billet Stephen(1996), Constructing Vocational Knowledge: History communities and ontogeny. In Journal of Vocational Education and Training, Vol.48, No.2.

注意采取各种方法研究学生获得默会知识的路径和诀窍，从而使学生的学习能力更加完备，使学生所获得的职业能力更加完备。显性知识与默会知识的有机结合，是学生技术学习成功的秘诀所在。它对于发展学生技术上的协调性和适应性，在形成技能技巧中具有独特的作用。因此仅仅依靠显性知识是很难形成真正的职业能力的。

目前，我国高职教育的课程内容主要还是学科知识，都是显性知识，工作过程知识还没有构成课程内容的主体。“目前在职业教育课程中有一种普遍的趋势，那就是低估了默会知识的范围和重要性。”①工作过程知识不是从理论知识中引导出来的，它与反映的工作经验相适应，并指导实际的职业劳动。工作过程知识是隐含在实际工作中的知识，不仅包括显现的指导行为的知识，如程序化知识，也包括相联系的默会知识，那些物化在工作过程中及产品和服务中的诀窍、手艺、技巧和技能等是最宝贵和最昂贵的工作过程知识。它们不像显性知识那样容易被模仿、复制和传递，但是它们对工作过程的进程是非常重要的，不仅是个人在实践和工作中取得成功的重要因素，而且已成为现代企业核心竞争力的重要基础和源泉。“在编制职业教育课程时，就应当以工作任务为核心来组织技术知识。也只有按照这一模式来组织课程内容，才能通过对课程的学习有效地发展学生的技术实践能力。”②以工作任务为核心，就是将工作任务作为一个整体的目标，把以获取技术要素为主的默会知识学习与相关的显性知识学习有机地结合起来，突出学习默会知识，加强实践课程建设，明确实践课程在新课程体系中的主导地位，使基于实践和工作过程的学习成为学生的主要学习方式；就是削减目前理论课程的比重，职业院校学生学习理论知识不是以学术研究为目的，而是为了更好地实现默会知识的转化，即能力的提高，理论学习要服从、服务

① 徐国庆：《职业知识的工作逻辑与职业教育课程内容的组织》，《吉林工程职业技术学院学报（教育研究版）》，2003 年第 8 期，第 23 页。

② 徐国庆：《职业知识的工作逻辑与职业教育课程内容的组织》，《吉林工程职业技术学院学报（教育研究版）》，2003 年第 8 期，第 24 页。

于默会知识学习。高职院校要权衡两类课程的比重,使默会知识的随机性和显性知识的系统性之间能够保持一定的张力和平衡,把工作过程知识作为教学的核心,把典型的工作任务作为工作过程知识的载体,并按照职业能力发展规律构建教学内容,培养学生的综合职业能力。

三、工作过程知识的获取

学校的教学是为学生的学习提供一种环境。这个看似简单的道理往往为教育研究者和实践者所忽略:太多的教育理论和与教育相关的理论以及教育实践学生的学习方式,将太多的精力投入于将“客观”的、“现存”的知识输入到学生的头脑中。乔纳森和兰德认为:“传统教学坚持先提供所有的概念和理论,然后再通过解决问题而将它们付诸应用。”①但是正如皮亚杰所主张的,学习是一种能动建构的过程。他把研究重点放在学习者在解决问题时,认知是如何发生变化的上面。他通过实践证明,儿童学到的是一种解决问题的程序。也就是说,学习是通过具体到抽象而创造的过程,在原有图式的基础上构建新的认知图式的过程。高职教育如何构建学生获取工作过程知识的情境是行动导向教学体系构建的关键。

(一)创设情境的不同理论基础

1. 情境理论的观点。

要使高职学生获取在职业活动中最有用的默会知识——工作过程知识,应以情境理论为指导,构建获取工作过程知识的情境,即创设与真实的职业活动情境相同的职业教育情境,打通获取工作过程知识的途径。情境理论主要包括以莱夫、温格为代表的人类学研究成果,以布朗、柯林斯和杜吉德为代表的心理学研究成果以及以格里诺等为代表的知识情境研究成果。

情境认知理论认为“知识存在于个人和群体的行动中,随着个

---

① David H. Jonassen & Susan M. Land (2002), Theoretical Foundations of Learning Environments, Lawrence Erlbaum Associates, Publishers, Mahwah, New Jersey. 95.

人参与到新的情境中并在新情境中进行协商,知识产生了。知识和能力的发展,就像语言的发展,发生于真实情境中不断进行的利用知识的活动中”。情境认知理论很重视认知与行动的关系,认为“认识、学习和认知是社会建构,并表现在人们的行动中和共同体的互动中。通过这些行动,认知得以进行,或得以展开,或得以建构。没有行动,就没有认识,没有认知”①。学习者首先面临某种实际的疑难情境,他们通过反省性思维来分析、思考问题,提出可能的解决方案,运用理智对各种假设进行推敲,用行动进行实际检验。这种探索活动的最主要的收益不在于问题解决本身,而在于发现问题中所隐含的各种关系以及对问题情境的某些侧面的更深的理解。知识是问题解决活动的结果,活动则是学习的载体。

以布郎、柯林斯和杜吉德为代表的心理学取向的情境理论十分关注改革学校情境下的学习,其研究的重点是真实的学习活动中的情境化内容。

以格里纳等人为代表的知识情境观把关注点放在实践上,主张“以情境原则为基础,注重学生学会参与探究和意义形成”②。在这些情境中,学生遇到的问题和进行的实践与今后校外所遇到的是一样的。布兰思福特则认为“要创造一种能够让学生在做中学,能够及时得到反馈和不断地提炼个人理解的学习环境”③。鲍里奇认为“在日常生活中你怎样运用一种行为,你就应该怎样来教这种行为,使它能够真实”④。

无论是知识情境观还是心理学取向的情境理论,都强调情境的

---

① David H. Jonassen & Susan M. Land (2002), Theoretical Foundations of Learning Environments, Lawrence Erlbaum Associates, Publishers, Mahwah, New Jersey. 59.

② J. G. Greeno & the Middle School Mathematics Through Applications Projects Group (1998), The situativity of knowing, learning and research. American Psychologist, 53. 1. 14 - 15.

③ 约翰·D·布兰思福特等著,程可拉等译:《人是如何学习的——大脑、心理、经验及学校》,华东师范大学出版社 2002 年版,第 5 页。

④ Gary D. Borich (2000), Effective Teaching Methods [4th Edition], by Prentice-Hall, Inc. Pearson Education. Upper Saddle River, New Jersey. 142.

重要性。人类学视角的情境理论则强调参与的重要性。这些都是获取工作过程知识不可或缺的重要方面,不过它们的结合才是获取工作过程知识更恰当的途径:既强调学习者的参与,又注重情境的构建,也就是钟启泉提出的教学环境的"智能化",即"如何扩大和丰富教学环境"①。

2. 成人教育学的观点。

成人教育学理论认为,成人的行为在很大程度上随来自内部和外部的压力而变化,因此成人可以不断地从自己的生活经历中学习;成人的认知结构(或对事物的看法)对其自身的学习有很大的影响,这种认知结构主要来自于他们过去的经验以及他们自己对所获经验的总结;成人的学习效果来自他们对问题的理解和分析,而这种理解和分析离不开他们自己的生活经历、工作经验和已获得的知识水平,成人需要在一个安全的、被接纳的、具有支持力的环境中学习,他们过去所获得的经验需要认可,并能够在学习过程中得以充分利用;成人的学习目的往往是为了解决个人当前的问题,满足自己的需求,成人喜欢看到自己的工作成果,成人学习更具异质性②。由此可以看出,成人教育学理论支持通过创设情境来学习。从一定程度上说,高职学生的学习具有成人学习的某些特点。

3. 活动理论的观点。

在教育领域中,人们一般习惯于将获得知识和应用知识看做是两种不同的活动过程:学生首先获得知识,理解它,记忆它,而后才可能去应用这些知识,完成一定的任务(如习题、课题)。活动理论关注的不是知识状态,而是人们参与的活动、在活动中使用的工具、合作者的社会关系、活动的目的和结果。活动理论强调不要脱离这些实体来分析知识状态,不和活动联系的概念、法则和理论是没有意义

① 钟启泉:《"个性差异"与素质教育》,《教育理论与实践》,1997年第4期,第11页。

② 陈向明编著:《在参与中学习与行动——参与式方法培训指南》,教育科学出版社2003年4月版,第148页。

的。夸美纽斯认为要"经常通过实践去把知识固定在记忆里面"①,并以学习解剖学的例子来说明实践的重要性。他认为"一个人如果看见过一次人体解剖,较之读完了最详尽的解剖学,对于人体各部分的关系一定知道并记得准确得多"②。心理学研究也证明:通常一个人的学习途径包括听觉、视觉、视听和自己动手或实践等,学习效果分别为:听觉20%,视觉30%,视和听50%,自己动手90%③。

4. "做中学"的思想。

活动理论的观点与杜威"做中学"的思想有相似之处。杜威反对以传统课堂为基础、以知识灌输为形式的教育教学。他认为,"通过作业进行的训练,是为职业进行的惟一适当的训练",这是他"做中学"思想的具体体现。当然,杜威这里所说的"做",不是我们通常所理解的重复的、机械的训练。他的"做"只是教学的起点和手段,其目的是激发学生的学习兴趣,整合知识与经验并通过解决实践问题来训练学生的智慧④。

陶行知是杜威的学生,特别强调行动的重要性。他认为如果教师仅仅知识的传授者,是不现实的,重要的还是"教学生学"。"因为先生不能一生一世跟着学生。热心的先生,固想将他所有的传给学生,然而世界上新理无穷,先生安能把天地间的奥妙为学生一齐发明?既然不能一齐发明,那他所能给学生的,也是有限的,其余的还是要学生去找出来的。况且事事要先生传授,既有先生,又何必要有学生呢。所以专拿现成的材料来教学生,总归还是不妥当的。"⑤陶行知一贯反对传统教学中的主观主义、填鸭式、被动的教学法。他认

---

① [捷]夸美纽斯著,傅任敢译:《大教学论》,教育科学出版社1999年5月版,第105页。

② [捷]夸美纽斯著,傅任敢译:《大教学论》,教育科学出版社1999年5月版,第142页。

③ 马庆发:《行为导向:职业教育教学的新取向——职业教育教学论研究之二》,《外国教育资料》,1997年第2期,第67页。

④ 徐国庆:《杜威职业教育思想论介》,《河南职业技术师范学院学报(职业教育版)》,2003年第2期,第73页。

⑤ 陶行知著:《陶行知全集·第一卷》,湖南教育出版社1984年1月版,第88页。

为教育应当不是灌输知识，而是将开发文化宝库的钥匙教给学生。他在1946年发表的《小学教师与民主运动》中指出，教育必须是创造的教育，创造的教育需要创造的教学方法，“采用自动的方法、启发的方法、手脑并用的方法、教学做合一的方法”。自动、启发、手脑并用强调了教师通过启发学生，引导学生积极自主地动脑动手，在探索与实践中获得知识。陶行知认为教学生“学”要让学生“学”得生动，“学”得活泼，注重学生学习能力、实践能力的提高。他指出教学做合一的含义是：“教的方法依据学的方法，学的方法依据做的方法，事怎样做便怎样学，怎样学须怎样教。教与学都以做为中心。”① 陶行知要求教师必须根据学生的年龄特点、性别差异、兴趣爱好的不同来指导、安排教学和教育工作，使学生各得其所。他说：“教什么和怎样教，决不是凌空可以规定的。他们都包含人的问题”，“人不同，则教的东西、教的方法、教的分量、教的次序都跟着不同了”②。他认为儿童不但有需要，还有能力，“男女生下来的生理不能一样，他们的能力亦不能一样”，所以“我们教育儿童，就要顺导其能力去做”③。他认为培养青少年和培养作物一样，首先要认识他们，发现他们的特点，然后给以适当的阳光、水分、肥料。“需要因材施教。松树和牡丹花需要的肥料不同。你用松树的肥料培养牡丹，牡丹会瘦死；反之，你用牡丹的肥料培养松树，松树受不了，会被烧死。”④

（二）创建获取工作知识的途径

加涅认为：“在考虑个人的能力是如何发展的问题时，仅说能力是什么是不够的，我们还必须深入考察能力是如何习得的问题，能反映学生是如何学习这些知识。”⑤夸美纽斯也非常重视学生获取知识的途径，尤其对通过实践活动获取知识有许多见解。他认为：“学校可以变成一个忙于工作的工场”，“工具的用法应当用实践，而不是

---

① 陶行知著：《陶行知全集·第一卷》，湖南教育出版社1984年1月版，第666页。

② 陶行知著：《陶行知全集·第一卷》，湖南教育出版社1984年1月版，第638页。

③ 陶行知著：《陶行知全集·第一卷》，湖南教育出版社1984年1月版，第176-177页。

④ 陶行知著：《陶行知全集·第三卷》，湖南教育出版社1984年1月版，第528页。

⑤ 皮连生主编：《教育心理学》，上海教育出版社2004年8月版，第5页。

用言语去指示；就是说，要靠榜样，不要靠教诲"，"通过教诲，路途是长远而困难的，通过榜样则是短捷而可行的"，"没有一个人单靠规则精通过任何语言或艺术；至于通过实践，即使没有教诲，精通也是可能的。"[①]Whitehead 认为，学校学习产生了呆滞的知识，就是说学习者只是知道这些知识，而出了校门却不会用。布朗、可林斯和杜吉德等指出，知与行是交互的——知识是情境化的，通过活动不断向前发展。该理论的中心观点是：参与实践促成了学习和理解。他们进一步指出，必须抛弃概念是独立的实体这个想法，而应该把它们看作工具，只有通过应用才能被完全理解[②]。

默会知识的获取，一般是在学习者为学习主体的前提下实现的。在实践活动中，为完成一项工作任务或解决某个实际问题，需要学生积极地观察、模仿、思考、感悟，并反复操作，才能达到目标的完成和问题的解决。在这种开放式的实践活动中，真实的情境提供了丰富多样的刺激。学生正是在解决来自真实情境的不可预知的各种问题时，激发起学习的热情和探求知识的愿望。因此，教师不能再作为知识的权威出现，而是要成为学生的学习伙伴、观察者、鼓励者和指导者。鼓励学生讨论和质疑，引导学生思考并归纳、整理在实践中的经验体会，由此激发学生主动学习的兴趣和热情。周作余认为，"企业场景中的学习，就需要将企业任务和学习活动联系起来考虑问题"[③]。所以，在教学过程中，要创建真实或接近真实的职业环境，以职业活动为导向，通过完成真实的工作任务、解决真实的问题等途径，利用合作、探究的教学方法，使学生获取工作过程知识，提高学生的职业能力。

1. 实习场。

学习不是传输的过程，也不是接受的过程。学习是需要意志的、

---

① [捷]夸美纽斯著，傅任敢译：《大教学论》，教育科学出版社 1999 年 5 月版，第 150 - 151 页。

② David H. Jonassen & Susan M. Land (2002), Theoretical Foundations of Learning Environments, Lawrence Erlbaum Associates, Publishers, Mahwah, New Jersey. 28.

③ 张鼎昆著：《行动学习》，机械工业出版社 2005 年 5 月版，第 9 页。

有意图的、积极的、自觉的、建构的实践。该实践包括互动的意图—行动—反思活动。知识和技能通常是在个体运用知识和技能的“境脉”(context)中获得的,这是一个与环境相关的问题。环境的发展是与个体作为组织中的成员的发展密切相关的。人类在特定群体中所能支配的知识和技能的总量如此之大,以至于通常不可能在使用专业技术的特殊环境中进行个体到个体的传授;而且,使用知识和技能的环境可能很复杂、很遥远或是很危险,以至于必须创设一个为学习而设的特殊环境来代替“真实”的情况①。这就为实习场的创建提供了重要依据。

实习场,就是根据某个生产工序或某种产品的生产过程,建立既能使各单元独立操作,又能串联为一套生产工序或过程的供实习用的场所。许多高职院校按照不同的实践需要,创建了实验室、活动室、多功能专业教室、模拟公司等各种实践场所,有效地促进了实践课程的开展。但是高职院校中的实践场所终究是模拟的环境,缺少真实环境的训练。工作过程知识的获得总是与一定的特殊情境联系在一起。隐性知识发挥作用与这种特殊情境的“再现”或“类比”分不开。

目前,社会性学习主要有两种理论模式,即科尔比(Kolb)的经验学习和班杜拉(Bandura)的社会认知学习理论。其共同的理论基础是:(1)个体活动和学习建立在(常常是无意的)使用经验、设想和观念基础之上;(2)学习必须与具体实际相结合;(3)如果(无意的)认识、经验和设想不能成为有意的知识,则干扰学习过程并阻碍新信息与原有知识的一体化;(4)要想长期保持新学的知识,需要建立通用性的行为规范和方案②。建立实习场有可能解决上述问题。实习场的环境虽然在时间、场景和活动上与校外情境是分开的,但实习场作为活动小组的一部分,学生可以借此进行调查并参与实践。实习场实践的方法与真实世界的从业者的方法是一致的。

---

① 任友群:《教学设计理论的未来》,《中国教育报》,2006年7月6日,第8版。

② 赵志群著:《职业教育与培训学习新概念》,科学出版社2003年6月版,第56-57页。

虽然总有人批评“学校总是不把宣讲的东西付诸实践”,“只让学生接触有限的外部世界”,导致“与完整的经验割裂开来”①。但是,真实的情境是相对的,不可能完全照搬工作场景,应该是一种学习场景。

2. 实践共同体。

工作过程知识指蕴涵于某种社会实践活动及使用工具物品的知识,这些知识体现在实践共同体成员的社会关系(如分工)、实践规则之中,也体现在他们所使用的工具以及活动所发生的物质状况之中。与实践活动有关的知识经验在一定的实践共同体之中以情境化的方式体现在成员的交往、活动以及用到的工具物品中。随着社会实践活动本身的发展,实践共同体在不断改进实践活动的分工方式、工作流程和相关规则,同时也改进实践工具,改造实践环境,从而促进实践活动效率的提高和模式的转型。在此过程之中,蕴涵于实践情境之中的知识也就得到了改进和发展。“情境学习的概念现在看上去像一个过渡性的概念,是一座联结两种观点的桥梁:一种观点认为认知过程(也就是学习)是首要的。”②这从一个侧面说明了学习过程的重要性。莱夫和温格提出的“实践共同体”为打通获取知识的途径提供了一种重要方法。

莱夫和温格不是将学习定义为命题知识的获得,而是将学习置于社会性合作参与的特定形式之中。他们不关注学习涉及什么样的认知过程和概念结构,而是关注什么样的社会参与方式能为学习的发生提供适当的环境。他们认为“学习过去是,现在仍然是分布在合作参与者之间的,而不是一个人的行为”,“不能将学习定位于结构的获得,而要定位于学习者在专家的实际作业中不断增强其对参与角色的接近”③,由此提出了“实践共同体”的概念,认为“情境学

---

① David H. Jonassen & Susan M. Land (2002), Theoretical Foundations of Learning Environments, Lawrence Erlbaum Associates, Publishers, Mahwah, New Jersey. 48.

② J·莱夫,E·温格著,王文静译:《情景学习:合法的边缘性参与》,华东师范大学出版社2004年3月版,第5页。

③ J·莱夫,E·温格著,王文静译:《情景学习:合法的边缘性参与》,华东师范大学出版社2004年3月版,第3-4页。

习活动”已经转变成实践共同体中的合法的边缘参与，“人”已经相应的转变为一个参与者，一个正在变为熟手的新手——简而言之，就是实践共同体中的一员[①]。共同体具备共同的文化历史传统，包括以下内容：共同的目标、协商的意义、实践；相互依赖的系统，在其中个体成为更大的集合的一个部分；再生产循环，通过循环，新来者能成为老手，共同体得以维持[②]。

实践共同体，指的是这样一个人群：所有成员拥有一个共同的关注点，共同致力于解决一组问题，或者为了一个主题共同热情地追求，他们在这一共同追求的领域中通过持续不断的相互作用而发展自己的知识和专长。它既不意味着一定是共同在场、定义明确、相互认同的团体，也不意味着一定具有看得见的社会性界限。它意味着在一个活动系统中的参与，参与者共享他们对于该活动系统的理解，这种理解与他们所进行的行动在他们生活中的意义有关。实践共同体本身并不是一个新鲜事物，而是作为反思今天的知识生产方式和学习组织形式的一种概念工具。它具有新颖而独特的价值。

温格认为，“实践共同体到处都有，有的在课堂，有的在运动场上，有的是正式的，有的是非正式的，相对于课程、学科和训教，对个人影响最大的莫过于那些作为实践共同体成员的学习”[③]，“从最广泛的意义上讲，实践共同创造了潜在的‘课程’，新手可以通过合法的边缘性进入的方式来学习这些课程”[④]。

莱夫等认为，活动、任务、功能以及理解力是不能孤立存在的；它们是更为广泛关系的体系的一部分，在这些关系中它们有着各自的

---

① J·莱夫，E·温格著，王文静译：《情景学习：合法的边缘性参与》，华东师范大学出版社2004年3月版，第61页。

② David H. Jonassen & Susan M. Land (2002), Theoretical Foundations of Learning Environments, Lawrence Erlbaum Associates, Publishers, Mahwah, New Jersey. 36.

③ E. Wenger (1998), Communities of practice: Learning, meaning, and identity. Cambridge, MA: Cambridge University Press. 6.

④ J·莱夫，E·温格著，王文静译：《情景学习：合法的边缘性参与》，华东师范大学出版社2004年3月版，第41页。

意义。这些关系体系产生于社会共同体,并在其中得到再生产和发展。合法的边缘性是一个复杂的观念,它暗示着包含权力关系的社会结构。“合法的边缘性的关键,是新手进入实践共同体并获得所有共同体成员所必需的资格。要成为实践共同体的一名充分参与者,就需要进入正在进行着的广泛活动,接近老资格的前辈和共同体中的其他成员,以及接触信息、资源和参与机会。”①实践共同体的新成员通过对共同体实践活动的“合法边缘参与”而逐渐地承袭老成员身上体现出的知识经验,在自己的身上也体现出该实践共同体的基本实践规则,甚至在一定程度上超越老成员。在此过程中,新成员的身份会逐渐发生变化:从边缘角色逐渐变为中心角色。

格里纳认为,“要将学习环境和活动——包括获得基本技能、知识和概念理解的机会——加以组织,使其不只是孤立的智力活动,而是为学生发展明确的身份作出贡献,这个身份就是既作为个体学习者,又作为学校和其生活的其他地方的学习共同体中有意义社会实践的有效参与者”②。

3. 认知学徒制。

学徒制实质上是一种职业教育制度,是在实际生产过程中以口传身授为主要形式的技能传授方式。传统学徒制职业教育作为一种特有的职业教育形式,在其发展过程中逐步形成了以下特点。(1) 工作是一种驱动力。在传统的学徒制学习中,学徒逐渐掌握完成任务的方式,其学习的动机主要不是为了一步步接近一个遥远的、象征性的目标(诸如获得一份证书),而是为了出色完成某项工作。(2) 学徒制是从掌握相对简易的技能开始的,因而很少出错。(3) 学习的方式是亲自动手操作。这种学习包括主要是“做什么”的能力,而不是“说什么”的能力。(4) 实际操作的标准是镶嵌在工作环境中的。对学习者能

① J·莱夫,E·温格著,王文静译:《情景学习:合法的边缘性参与》,华东师范大学出版社2004年3月版,第47页。

② J. G. Greeno & the Middle School Mathematics Through Applications Projects Group (1998), The situativity of knowing, learning and research. American Psychologist, 53, 1. 17.

力的判断是自然地、持续地在工作背景中显现的。学徒是在继续掌握下一个技能时,产生“自己的”问题的。学徒制这种学习方式,涵盖了默会知识获得的两种模式——社会化和内化。很多操作技能在师徒相传时,师傅通过语言和示范,说明操作要领;学生在大量练习后,掌握基本的操作技能。但学生虽获得了有关操作的个人技能,却不能像师傅那样清楚地表达过程要领,这即为显性知识内化的模式。在师徒相传的过程中,许多连师傅都无法说清楚或没有意识到的知识也传给了徒弟,如流派、风格、刻板印象或偏见等,就是默会知识内化的典型例证。知识以“隐性—隐性”的方式转化,师傅仅给以少量的指点,主要通过徒弟重复师傅的过程来完成技能的学习。

鉴于传统学校教育的弊病以及传统学徒制的某些结构性特征,20 世纪 80 年代后期,学者们对传统学徒制加以改造,从而创造了认知学徒制的概念。

所谓认知学徒制(Cognitive Apprenticeship),是指将传统学徒制方法中的核心技术与学校教育相结合,培养学生的认知技能,即专家实践所需的思维、问题求解和处理复杂任务的能力。在这种模式中,学习者通过参与专家实践共同体的活动和社会交互,进行某一领域的学习。认知学徒制是一种基于情境的有效学习模式。知识的学习与运用之间,即通常所说的“知什么”(know what)和“知怎样”(know how)之间,并不是割裂的。活动是所学知识整体的一部分。学习和认知基本上是情境性的,“知什么”、“知怎样”是融为一体的。由此产生这样一个问题:应以何种深思熟虑的方式,使活动与情境跟认知与学习整合起来。

莱夫等认为,“学徒制的人种学研究强调学习与工作实践的不可分割性”①。如果学徒制是一种工作和学习密切相关的教育形式,它也不过是这样的一种形式:随着持续的工作进程,工作和新手的理解会具有复杂的、变化的关系。生产结构和学徒制结构不能结合

① J·莱夫,E·温格著,王文静译:《情景学习:合法的边缘性参与》,华东师范大学出版社 2004 年 3 月版,第 21 页。

为一体[①]。乔纳森也认为,“认知学徒制框架强调的是在专家的呵护下学习;就是专家在现场对认知活动进行指导和示范”[②]。

基于情境认知的认知学徒模式有以下显著特征。一是协作性的社会互动。坚信各种非竞争性社会互动能有效地影响学习者的认知发展。二是真实性。真实的学习环境强调综合性的而非局部性的任务,强调任务复杂性的现实水平。任务反映了真实世界的问题,对学习者来说具有内在的意义和满意度。三是支架。一个调适性的、暂时性的教学支持结构,其作用通常是在学习者能独立完成任务和学习者需引导才能完成任务之间架起一道桥梁。四是对认知过程进行阐释与反思,即使思维可视化和提高元认知意识[③]。

作为情境学习的重要模式之一,认知学徒制是现代教育及其理论、目标与技术环境所生发出的一种新型教学模式。它从改造学校教育中的主要问题出发,与学徒制方法进行整合,并将计算机技术融入学徒制的核心观念和技术中。其核心假设是:通过这种模式能够培养学习者问题求解等方面的思维技能和策略。这种技能和策略把技能与知识结合起来,是完成有意义的、真实任务的关键。

总之,认知学徒制关注的不是概念和事实知识的获得,而是重视专家在获取知识,或将知识运用于解决复杂任务和问题解决时所涉及的推理过程与认知和元认知策略。将原本隐蔽的内在认知过程显性化——这一过程是专家完成问题求解和现实任务的关键,亦即表现思维过程,使之可视化,包括教师和学生的思维过程。通过这种方法,学生可以在老师和其他学生的帮助下进行观察、重复演练和实践,将学校课程中的抽象任务和内容置于对学生有意义的情境之中。学习必须从实际工作环境的社会情境中产生。这种学习是发生在自

---

① J·莱夫,E·温格著,王文静译:《情景学习:合法的边缘性参与》,华东师范大学出版社2004年3月版,第39页。

② David H. Jonassen & Susan M. Land (2002), Theoretical Foundations of Learning Environments, Lawrence Erlbaum Associates, Publishers, Mahwah, New Jersey, 30-31.

③ A. Young (1997), Higher-Order Learning and Thinking: What is it and How is it taught? Educational Technology, 37, 7-8.

然情景的社会互动之中。学习者充分了解学习的目的与应用,理解工作的相关性,并参与专家行为。在将概念与事实知识作为工具运用的过程中,构建丰富的反映概念、事实与问题情境之间的关联网络。在变化的、多样化的情境中,鼓励学生反思并清晰表达不同任务之间的共同原理,从而使学生能独立地将所学的知识和技能,迁移并应用到新颖的问题情境中。允许学习者在完成复杂的任务过程中,参与不同的认知活动。通过讨论、角色扮演、角色互换及小组问题求解等方法将复杂的认知过程外显化,以促进自我修正和自我监控等元认知技能的发展。

第二节　行动导向教学体系的学习论基础

20 世纪 50 年代之前的行为主义学习论和之后出现的认知主义学习论及人本主义学习论都十分强调对教学程序与情境的设计。但这却是我国教学过程中比较忽视的一面。20 世纪 90 年代出现的新的建构主义强调以学生为中心的教学,强调复杂的学习环境和真实的学习任务,强调社会协商和社会相互作用,强调学生用多种方式表征教学内容,强调学习者在自身建构意义中的积极作用。以学生为中心的教学要求基于任务完成、情境和合作探究的学习,这构成了行动导向教学体系的学习论基础。以学生为中心则是行动导向学习论的本质体现。

一、基于问题和任务的学习

建构主义理论强调以问题解决为中心,强调问题解决的循序渐进性,强调在问题解决的过程中要给学生提供经验表征的框架,去引导学生的注意力,要为学习者展示如何完成学习任务的行为示范,强调学习者在自己的学习过程中需要进行的思考推理过程,即认知示范,也就是要帮助学习者去构建理解和发展相关的问题解决技能。“事实表明,学生们先参加基于问题的活动,从而让他们为后面的项目学习做好准备,则项目完成的质量就越高。”[①]

当代认知心理学认为,培养学生解决问题的能力涉及教什么、如何教、从何处教与从何时教 4 个问题。教学中强调问题解决的过程,而不强调解决问题的结果。要充分发挥学生主体能动性,培养学生自学能力和相对独立的分析问题、解决问题的能力。根据问题的起点、目标和允许的操作 3 个成分的不同,可以将问题分为定义不明确的问题和定义明确的问题。定义明确的问题是指问题的 3 个成分都明确的问题,也称常规性问题;定义不明确的问题指 3 个成分中有部分不明确的地方,也称非常规性问题。在基于问题解决的教学过程中,要设计结构较为复杂的综合性问题,并与职业实践有密切的关系。处理解决这些问题,一方面要按照工作过程系统化的原则进行,另一方面可促进跨学科的知识学习。

传统的教学规范把教学或学习视为知识传递的过程。教学被窄化为知识囤积和技能训练,学生学习的责任全部放在教师身上。我们需要的教学,强调学生必须主动地参与学习过程,师生在对话中不断建构知识;学习必须具有批判意识,鼓励学生直面现实世界的问题,并设法加以解决。这就是所谓的“问题解决学习”。爱因斯坦说过:“我并没有什么特殊才能,我只不过是喜欢寻根问底地追究问题罢了。”Bransford & Steen 提出了问题解决的 IDEAL 体系,这一体系包括确定(Identify)问题、明确(Define)术语、探究(Explore)策略、实施(Act on)策略、观察(Look at)效果等 5 个阶段[②]。

杜威认为人类解决问题的思维过程可以分为 5 个步骤:(1)感到困难,或发现问题;(2)确定和限定问题;(3)根据对解决这些问题的设想,收集可使问题得到解决的证据;(4)通过推理判断的思维活动,提出关于问题解决的假设;(5)通过观察或者实验证实结

---

① [美]温特贝尔特大学认识与技术小组著,王文静,乔连全等译:《美国课程与教学案例透视——贾斯珀系列》,华东师范大学出版社 2002 年 9 月版,第 132 页。

② J. Bransford & B. Steen (1984), The IDEAL problem solver. New York: Freeman.

论的可靠性,即检验假设[①]。问题可以包括当前社会关心的问题、具有历史性意义的问题或纯粹是智力性的问题。好的问题都具有以下特征:(1)持续时间长;(2)与好几个学科相联系,与现实中的真实性的难题有关;(3)允许学习者选择和控制,允许有多种解决方法;(4)需要协作,要求通过小组合作来完成;(5)是可操作的,即能在学生和课堂的有限的时间和资源范围之内实行[②]。

我国以往的课堂教学大多强调以书本、课堂和教师为中心,"学习取决于来自课本和教师的外在刺激"[③],形成了教师的单向灌输、学生被动接受的单一模式,只注重现成知识的传递和接受,把陈述性知识放在优先地位,偏重理论的传授和基础内容学习。"知识就是力量"的信念,在人类进入工业时代以后几乎成为人们的信仰,人们对知识顶礼膜拜,我国盛行的"学好数理化,走遍天下都不怕"的观念就是明证。

高职院校学生的学习总是与专业领域的实践相关,因此,学生必须积极从事与专业领域相关的实践,而不是仅仅在课堂上听教师讲授课本上的知识,或听教师总结他人的经验。要关注与专业领域相关的最新的知识和动向,也就是要更真实地了解学习的内容——工作过程知识。教学要以专项能力的培养为起点,以综合能力的形成而告终。能力的培养既是教学目标,又是评估的依据和标准。学生在完成任务和寻求更好地解决问题的方法过程中,获得默会知识,从而达到提高岗位能力的目的。

二、基于情境的学习

在行为主义学习理论占统治地位的20世纪上半叶,学习被看做是"刺激—反应"的简单联结。学习中主体的能动作用和学习过程

① 谢利民,郑百伟编:《现代教学基础理论》,上海教育出版社2003年2月版,第187页。

② Gary D. Borich (2000), Effective Teaching Methods [4th Edition], by Prentice-Hall, Inc. Pearson Education. Upper Saddle River, New Jersey. 301.

③ John D. Mcneil (1994), Curriculum: the teacher's initiative. Prentice-Hall, Inc. 14.

中环境对主体的影响一直没有受到应有的重视。20 世纪 80 年代以后,随着情境认知研究的兴起和建构主义学习理论的复兴,情境因素在教学中的地位不断升温。就连以计算机隐喻人脑的信息加工学派的认知科学家,也开始研究自然情境中的认知,并开始关注环境对认知的影响。20 世纪 90 年代,皮亚杰学习是知识的建构,认识是在主客体交互作用中由主体建构起来的,得到了广泛认可,情境因素上升为影响学习效果和教学质量的重要变量。

在传统的课堂教学形式中,教师、教材是最主要的学习资源。师生之间的教学模式单一,学习环境就以场所的形式表现出来。因此,在教学论中,教学环境往往被定义为“由学校和家庭的各种物质因素构成的学习场所”或“课堂内各种因素的集合”,主要内容是家庭、学校、课堂中的物质因素。由于“学习环境仅仅是物理环境”受到批判,很多人认为物理环境是学习环境的主体,进而形成学习环境的场所观,把学习场所和学习环境等同起来,这是对学习环境的最原始的理解。另一种观点也将学习环境视为一种场所,但其含义已与最初对学习环境的理解有实质性的不同。美国科罗拉多大学教学技术系教授威尔森(Brent G. Wilson)将学习环境界定为学习者在追求学习目标和问题解决的活动中,可以使用多样的工具和信息资源并相互合作和支持的场所。在《构建主义学习环境:教学设计的案例》一书中,威尔森归纳了 3 种学习环境。(1) 计算机微观世界。以计算机为基础的学习环境,它们可以是更大的教室环境,也可以是独立的。(2) 教室基础的学习环境。教室是主要的学习环境,不同的技术作为工具支持课堂学习活动。(3) 开放的、虚拟的学习环境。这种计算机基础的学习环境是开放的系统,允许学习者与其他参与者、资源和表征相互作用①。

随着以计算机多媒体技术、网络通信技术为核心的信息技术在教育教学领域的普遍应用,学习资源越来越丰富,并且以数字化的形式统一处理。它为各种教学思想、教学策略的实施提供了得天独厚

---

① 盛群力,李志强编著:《现代教学设计论》,浙江教育出版社 1998 年 12 月版,第 189 页。

的土壤。在基于 Internet 的网络教育环境下,学习者既可以进行个别化学习,又可以进行协作式学习,还可以将二者结合起来,教学模式变得多种多样,并可以按照个人的需要进行选择。除此之外,学习内容、学习时间、学习方式甚至指导教师都可以按照学习者自己的意愿或需要进行选择。学习者可以在学校里学习,又可以在家里、在办公室甚至在旅途中学习。场所在学习环境中的作用越来越小,于是有人对学习环境提出了新的理解,把学习环境看做是学习资源和人际关系的组合。这一观点认为学习环境不再是简单物理意义上的场所,而是学习资源和人际关系的组合。其中,既有丰富的学习资源,又有人际互动的因素。学习资源包括学习材料(即信息)、帮助学习者学习的认知工作(获取、加工、保存信息的工具)、学习空间(如教室或虚拟上学校)等。人际关系包括学生之间的人际交往和师生间的充分的人际交往。学生不仅能得到教师的帮助与支持,而且学生之间也可以相互协作和支持。

建构主义强烈批评传统教学使学习"去情境化"的做法,认为情境、协作、会话和意义建构是学习环境的四大支柱。学习高度依赖于产生它的情境,尤其是最初情境。但它强调学习所处的情境不应是简单抽象的,应是真实世界的实际情境。因为真实情境不仅拥有认知意义,而且更接近学生的生活经验,有利于学生提出问题和应用知识,有利于学生整合知识,也最能调动学生的全部感受力及已有的认知经验来探讨问题。与建构主义关系十分密切的情境学习理论认为,知识具有情境性,而且知识是被利用的文化背景及活动的产物,知识是在情境中通过活动而产生。

乔纳森认为,"现在经常被使用的术语是情境化的(situated),反映了建构主义和情境论的关键思想,即知识是通过经验而情境化的。""从教学观点看,现在的教学目标已经从概念的传授转移到能够使用这些概念和技能的真实任务中"①,而这些"活动必须是真实

① David H. Jonassen & Susan M. Land (2002), Theoretical Foundations of Learning Environments, Lawrence Erlbaum Associates, Publishers, Mahwah, New Jersey. 25 - 30.

的。必须涵盖学习者在真实世界中遇到的大多数的认知需求。因而,要求在这一领域中进行真实问题的解决和批判性的思维。学习活动必须抛锚在真实应用的情境中,否则结果仍将是得到呆滞的知识"①。因此要经常利用学习者熟悉的问题、驱动性的提问和起激活作用的情境,来缩短个人的理论和学习经验的距离。在情境化的学习中,只有学习者认识到了知识的效用和利用知识去理解、分析、解决生活中的真实问题,学习才能自然而然地发生。莱夫等认为,"如果学习是对于实作的不断了解,那么,最有效的学习便是实作,而不是空谈",在情境学习中,原理、观念、机制都不是以抽象的形式学习的而是将它们置于比较有趣的具体情境之中学习的。这种情境是指向未来的职业情境的"②。

"教育即经验的改造"是杜威教学理论的基石。他主张"一切学习来自经验",应当"从经验中学习"。最好的一种教学是牢牢记住学校教材和实际经验二者相互联系的教学。教材必须是循序渐进的"心理化"教材,即需要把各门学科的教材或知识各部分恢复到原来的经验。为此,杜威认为要将社会生活的典型形式纳入其中,使社会生活、家庭生活和学校生活统一为一个整体。"学校必须为年轻人选择一个合适的职业提供机会和设施,并获得所选的职业基本知识和技能。"③陶行知认为,"没有生活做中心的教育是死教育,没有生活做中心的学校是死学校,没有生活做中心的书本是死书本"④。

杜威和建构主义者的观点引用到高职教育中,就是要注重丰富的、真实的学习环境的营造,而不是传授孤立的、脱离情境的知识与技能。职业能力是个体将所学的知识、技能和态度在特定的职业活动或情境中进行类化迁移与整合所形成的能完成一定职业任务的能

---

① L. B. Resnick (1987), Learning in school and out. Educational Researcher, 16. 13 - 20.

② J·莱夫,E·温格著,王文静译:《情景学习:合法的边缘性参与》,华东师范大学出版社 2004 年 3 月版,第 7 页。

③ 杜祖贻著:《杜威论教育与民主主义》,人民教育出版社 2003 年 8 月版,第 85 页。

④ 中央教育科学研究所编:《陶行知教育文选》,教育科学出版社 1981 年 3 月版,第 116 页。

力。职业能力的形成和发展,必须参与特定的职业活动或模拟的职业情境,通过对所学知识、技能、态度等的类化迁移,并得到特殊的发展与整合。通过创设职业情境,学生有可能在学习中获得行业和企业的情境知识,如行业规范、企业标准、安全要求、企业文化等,从而实现学习岗位与工作岗位的对接。

三、基于合作的学习

由于把教学过程的本质看成一种特殊的认识过程,使得教学在根本上被作为一种认识活动,一种知识传递活动。“教学的主要任务是如何使学生掌握知识,形成技能,发展能力,其他方面都是传授知识过程中的副产品。”[①]因此,传统的知识观对教学产生了误导,认为人的德性养成,情感发展,态度、信念、性格等方面的形成、改造便与教学无关,即便有关,也是次要的,是由认识活动附带来的。

乔纳森和兰德对传统的教学和教师起的作用进行了反思和批判,认为“教师应该进行澄清而不是直接告诉,是引导而不是具体指挥,是推动学生努力去做而不是将自已的方法强加于学生”[②]。对教师和学生而言,这都是对传统的基于学校的学习活动的根本性背离。传统观点认为,教师是知识的权威,因为教师能够判断什么是对的,什么是错的,并确定和实施得分标准。学生们被告知什么知识是需要的,哪些答案是对的,哪些是错的,并用分数来区分好学生和坏学生。大多数教育者总是认为,必须学习有关某种东西的知识后才能去学习如何使用它,陈述性知识必须优先于程序性知识。而学习理论的研究者相信学习不是传输的过程,也不是接受的过程。学习是需要意志的、有意图的、积极的、自觉的、建构的实践。该实践包括互动的意图—行动—反思活动。活动理论认为自觉的学习和活动(实作)是完全相互作用的和彼此依赖的。我们不可能不假思索地行

---

① 瞿葆奎编:《教育学文集·教学(中册)》,人民教育出版社1988年5月版,第657页。

② David H. Jonassen & Susan M. Land (2002), Theoretical Foundations of Learning Environments, Lawrence Erlbaum Associates, Publishers, Mahwah, New Jersey. 16.

动,也不可能缺乏行动地思索。知识和活动之间存在有规律的相互反馈。我们在行动时获得理解,理解又影响我们的行为,行动又改变我们的理解,如此循环。因此,需要在学习过程进行合作和探究。通过合作探究,可以培养学生的通用能力,也就是培养学生沟通、合作和创新的能力。

合作探究的学习有助于学生沟通和合作能力的提高,因为学习过程不仅是一个接受知识的过程,而且也是一个发现问题、分析问题、解决问题的过程。“让学生自主、独立地发现问题,进行实验、操作、调查、信息收集与处理、表达与交流等探究活动,从而在解决问题中获得知识与能力。”[①]这个过程,既是暴露学生产生各种疑问、困难、障碍和矛盾的过程,也是展示学生聪明才智、形成独特个性与创新成果的过程。乔纳森和兰德认为,“意义的形成是一个持续协商的过程。协商和理解的质量和深度只能在社会环境中决定,就是说,个体可以观察,他们的理解是否能够同问题和他人的观点相适应,是否有一些观点可以融入自己的理解中”[②]。在合作和探究的学习过程中,学生被赋予对于困境的所用权和寻找解决方法的所有权,并行使这一权力。就是说,他们必须把它作为一个值得去努力的真实困难,必须把自己的努力看作是能够产生变化的解决方法。学生必须感到对解决方法负有责任。在合作探究学习过程中,教师的作用也已从“权威”成为“平等中的首席”,“教师的主导作用主要表现为引导与点拨”[③]。

Deming 的全面质量管理理论(TQM)正是基于这种信念:所有的人都可以教育好,每个人都有要做好工作的愿望并值得尊重。TQM 理论应用到教学中是在 20 世纪 80 年代。以美国伊利诺伊州立大学的 Jack Chizmar 为代表的 TQM 教与学理论家认为,教师是管理者,

---

① 王灿明著:《登上学习快车》,上海教育出版社 2004 年 1 月版,第 68 页。

② David H. Jonassen & Susan M. Land (2002), Theoretical Foundations of Learning Environments, Lawrence Erlbaum Associates, Publishers, Mahwah, New Jersey. 33.

③ 潘懋元,王伟廉编:《高等教育学》,福建教育出版社 1995 年 9 月版,第 202 页。

学生是员工、顾客和产品。全面质量管理的教与学的模式采用教与学的策略,建立学习小组,运用协同学习等方法,注重学生的主动学习。

群体动力学(group dynamics)的研究为协作学习的倡导者提供了重要启示。所谓"群体动力"是指来自集体内部的一种"能源",可以从两个方面来分析:首先,具有不同的智慧水平、知识结构、思维方式、认知风格的成员可以互补;其次,协作的集体学习,有利于学生自尊、自重情感的产生。从群体动力的角度来看,协作学习理论的核心可以用简单的话来表述:"当所有的人聚在一起为了一个共同目标而工作的时候,靠的是相互团结的力量。相互依靠为个人提供了动力,使他们互勉、互助、互爱。"①

自控论是建立在"学习者被其内在动机所驱使"的基础上,通过小组成员的相互作用增强"归属感、影响力和乐趣",其实质是增强成员的合作兴趣和学习兴趣。自控论的创立者格拉瑟认为,青少年学生中有多种需要值得认真关注,这就是归属(友谊)、影响别人的力量(自尊)、自由和娱乐。学生懂得在一个群体情境中不可能让他们自行其是,需要遵循规则和纪律。如果有了归属感和影响力,愉快也是自然而然的事。所以,问题集中到归属(belonging)的需要和影响力(power)的需要②。格拉瑟博士在其《课堂中的自控制论》中指出,利用归属、影响力和乐趣能够激发学生挖掘自身的潜力,维持学习的兴趣。自控论是建立在"学习者被其内在动机所驱使"的基础上,通过小组成员的相互作用增强"归属感、影响力和乐趣",其实质是增强成员的合作兴趣和学习兴趣③。

协作学习的动机理论(motivational theory)主要研究的是学生活

---

① R. L. Slavin (1980), Cooperative Learning. Review of Educational Research, The U-niversity of Chicago Press. USA, Vol. 50, No. 2. 315.

② D. Kuhn (1972), Mechanism of Change in the Development of Cognitive Structures, Psychological Review, Vol. 77, 454 - 470.

③ M. C. Wittrock (1978), The Cognitive Movement in Instructions, Educational Psychology, Vol. 77, 60 - 66.

动的奖励或目标结构。道奇(Deutseh)曾界定了3种目标结构:(1)协作性结构,在这种结构中,个体指向目标的努力有利于他人的目标达成;(2)竞争性结构,在这种目标结构中,个人指向目标的努力会阻碍他人的目标达成;(3)个体性结构,在这种结构中个体指向目标的动力对他人的目标达成没有影响。要达到他们个人的目标,小组成员必须帮助他们的组员做任何有助于小组成功的事,而且,或许更为重要的就是要鼓励同伴去尽最大的努力①。

协作学习对于学习成绩的影响在很大程度上是以社会凝聚力(cohesiveness)为媒介的。实际上,学生们在学习上互相帮助是因为他们相互关心并希望彼此都获得成功。学生们帮助小组同伴学习是由于他们关心集体。社会凝聚力观点一个重要标志就是,突出作为协作小组准备的协作学习小组的组建活动,以及小组活动过程之中和之后的小组自加工(processing)活动或小组自我评议活动。社会凝聚力理论与动机理论有相同之处,即从动机而不是从认知上去解释协作学习的学习效果。但不同的是,帮助同伴,不是出于个人的自身利益,而是出于他们关心集体,帮助同伴是为了集体的利益。

合作探究学习有利于学生创新能力的提高。前苏联心理学家维果斯基著名的最近发展区理论也认为,面对比较复杂的实际问题情境,小组内部需要相互合作,共同解决所遇到的问题。同学之间在其最近发展区内操作,对学生智力的成长具有重大意义。建构主义者从维果斯基的思想出发,借用支架(原指建筑行业中使用的"脚手架")比喻对学生解决问题和建构意义起辅助作用的"概念框架"。支架应是一个完整的概念体系,起点不是学生已经掌握的知识,而应略高于学生已有的知识水平。该支架应按照学生智力的"最邻近发展区"来建立,不停顿地把学生智力从一个水平提升到更高水平,真正做到使教学走在发展的前面②。

---

① R·E·斯莱文著,王红宇译:《合作学习与学业成绩:六种理论观点》,《外国教育资料》,1993年第1期,第63-67页。

② 庞维国著:《自主学习》,华东师范大学出版社2003年7月版,第161页。

在合作探究教学中，实践和知识获得是相互支持的，而不是一先一后的。有时可以获得信息以支持实践，有时为了在进行支持性实践时能获取和利用信息。在这一过程中，学生始终是学习的中心，也就是变“以教为主”为“以学为主”。这样，一是把权利还给学生。在教学活动中充分尊重学生的主体性，充分调动学生的积极性。二是把问题推给学生。问题是进步的障碍，也是进步的阶梯，在学习中钻研得越深，遇到的问题就越多，解决的问题越多，学习的收获也愈多。三是把钥匙交给学生。这里的钥匙指的是学习方法，是发现问题、分析问题、解决问题的方法。因此，合作探究过程是一个人学习、生存、生长、发展、创造所必须经历的过程，是一个人的能力、智慧发展的内在要求。

第三节 行动导向教学体系的教学论基础

行动导向教学体系的建构还获得了教学论自身的支持。随着职业教育研究的深入，人们意识到职业教育教学过程的特殊性，加强了对其特殊规律的研究，形成了较为系统的能力本位教学观。

一、能力本位教学观的基本内涵

能力本位教育(competency-based education，简称 CBE)①，围绕职业工作岗位所要求的知识、技能和能力组织课程与教学的教学体系，是指把培养学生的职业能力作为职业技术教育根本目的的教育思想，在西方国家比较流行。通常采用 DACUM 课程开发模式，制订明确、具体的行为化教学目标，作为实施教学的依据和评价学生的标准。其体系中的个性化教学能适应学生不同情况和特点，最终使每位学生都能达到预定的职业能力水平。这源于美国在第二次世界大战期间对技术工人的再培训，使之掌握机械、枪弹制造等技能。二战结束后一度衰退。20 世纪五六十年代，随着系统科学、行为科学的

① 顾明远主编：《教育大辞典》，上海教育出版社 1998 年 8 月版，第 1145-1146 页。

发展,美国教育家布卢姆提出教育目标分类学说,以及七八十年代后教育心理学关于有效地教与学的研究取得较大进展,CBE 思想及方法得以重视,并发展成为比较完整的教学体系。该体系包括以下步骤:(1) 对政府经济政策与教育战略的考虑;(2) 劳动力市场调查与分析;(3) 职业能力分析(即 DACUM 过程);(4) 教学分析;(5) 教学设计与开发(包括编制教材、手册等);(6) 教学实施;(7) 教学评价;(8) 修正和更新课程与教学。该体系具有以下主要特点。(1) 教学目标行为化。目标要求明确地陈述出来:学生学完以后能操作何种行为或有何行为变化;在何种情境下操作行为;评价行为的最低接受标准是什么。(2) 课程与教学内容以职业能力分析表为基础,符合劳动力市场的需求。学生毕业后容易就业,能学以致用。(3) 教学传授系统个性化。承认学生入学前已有的知识、能力水平,允许学生自己掌握学习进度,并允许重复学习直至掌握某教学单元之后,再学习下一个单元。(4) 使用统一的评价标准衡量学生的能力水平。评价的结果反馈及时、频率高。(5) 以学生的自主性学习活动为主,教师成为管理者和咨询者。师生的责任比较明确。(6) 最终使学生都能达到预定的熟练程度和综合职业的能力水平。

目前,许多国家正努力用一种指向工作世界的"能力"来代替传统的能力理念,并且正在从一种能力观向另一种能力观转变,即由学术的能力观转向职业的能力观。对毕业生是否有能力的判断,也有所改变。传统上认为"能力"表现为学生是否掌握了陈述性知识,而新的能力理念清晰地体现出其可操作性的表现①。

石伟平把国外职业教育的能力观归纳为 3 种。(1) 任务本位或行为主义导向的能力观。这种能力观可能是影响最广的能力观,其目的是在于使能力能够明确地陈述出来。按照这种能力观,能力标准就是明确陈述的任务技能的清单。能力评价的依据就是直接观察个体对一系列具体任务的完成情况。简洁、明了是其魅力所在。

---

① 肖化移:《成功智力理论及其对高职教育的启示》,《职教通讯》,2005 年第 2 期,第 31 页。

(2) 整体主义或一般素质导向的能力观。这种能力观认为,个体的一般素质对于有效的工作表现是至关重要的。因为一般素质是掌握那些特定的、具体的任务技能的基础,也是促进个体能力迁移的基础。(3) 一般素质与具体情境联系起来的整合的能力观。这种能力观体现为对上述两种能力观的折中。整合的能力观强调需要将一般素质与应用这种素质的具体情境联系起来。一方面,这种能力观承认能力不能等同于特定任务。能力是个体知识、技能和态度所形成的一种复杂的素质结构。它是完成具体操作性任务的基础。另一方面,这种素质结构总是与一定的职业情境或工作角色联系在一起,总是通过个体在完成特定的职业任务时才能表现出来。因此操作表现也就是推断个体能力的主要依据。这种综合能力观已为人们所接受①。

英、美、德、澳等国在世纪之交以不同形式相继阐述了内容相同的新职业能力观。该观念认为,职业能力在内涵与外延上具有广泛的概念。它不再局限于具体岗位的专门知识与技能的要求,而被视为多种能力和品质的综合体现。新职业能力观着眼于技术手段、生产模式的变动性和劳动者的职业流动性,要求具有收集、整理、使用信息和新技术的能力,以增强适应性和应变能力。新职业能力观重视个人品质在职业活动中的作用。它把人际交往与合作共事的能力,组织、规划、独立解决问题的能力,创新能力等作为职业能力的重要构成。

这些能力就是通常所说的核心能力。1999 年,英国资格与课程署再一次对核心能力进行了调整,形成了目前英国职业教育所规定的核心能力结构。目前,英国工业联盟、教育与技能部以及资格与课程署共同认可了 6 种核心技能:交流(Communication)、数字运用(Application of Number)、信息技术(Information Technology)、与人合作(Working with others)、提高自我学习和增进绩效(Improving Own

---

① 石伟平著:《比较职业技术教育》,华东师范大学出版社 2001 年 3 月版,第 298 - 300页。

Learning and Performance）以及解决问题的能力（Problem Solving）。前3种能力属于“主要的”或“硬的”核心能力，它们通常强制性地应用于国家职业资格证书课程中；后3种属于“更广泛的”或“软的”核心能力，它们几乎包含在所有的现代学徒制和国家培训计划中。美国将一般能力称为“基本技能”。美国劳工部在其发表的《获取成功所必须具备的能力报告》（Secretary's Commission for Achieving Necessary Skill，简称SCANS）中提出了一个人进入劳动市场所必备的5方面基本技能：一是分配时间、制定目标和突出重点目标的能力以及分配经费和准备预算的能力；二是确定所需要的数据并设法获得数据、处理和保存数据的能力；三是作为小组成员参与活动以及与他人交流的能力；四是了解社会、组织和技术系统是如何运行的，并懂得如何操纵它们；五是选择技术的能力以及在工作中应用技术的能力。澳大利亚把一般能力称为“关键能力”。澳大利亚建立了国家资格框架，其“培训包”的关键能力标准包括收集、分析和组织信息的能力，交流信息的能力，计划和组织活动的能力，团队合作能力，应用数学的方法和技巧解决问题的能力，使用技术的能力。德国把一般能力称为“软能力”或“关键能力”。德国的关键能力主要包含在5个方面：组织、交往与合作、学习技能、自主性与责任感、承受能力[①]。

综上所述，任务技能导向的能力观注重的仅是特定的任务技能，忽视了一个人胜任某个职业角色所必需的其他方面的能力要求。一般素质的能力观仅关注具有普适性的一般能力，很难取代与就业岗位直接相关的特定职业的能力。综合职业能力，是劳动者知识、技能和态度等要素的整合，是与一定的职业活动或工作情景相联系的一种广义的概念，既有具体岗位的专门知识与技能的要求，又有多种能力和品质的综合体现，能将技术、知识转换成运用的能力，具体包括组织、计划和创新的能力、随机应变的能力、与同事及客户相处的能力。因此，可以认为，国外对能力的认识也经历了一个由表及里、由

① 陈红：《对职业教育中“能力”的探讨》，《成都教育学院学报》，2005年第5期，第12-13页。

简单到复杂、从片面到整合的不断扬弃的过程。

二、能力本位教学观的特征

能力本位的教学观，以全面分析职业角色活动为出发点，以提供产业界和社会对培养对象履行岗位职责所需的能力为基本原则，强调学生在学习过程中的主导地位。其核心是如何使学生具备从事某一职业所必需的岗位能力和发展能力并以此去确定培养目标、选择课程内容、设计教学方法和过程、评估教学效果。这一教学观具有如下特征。

（一）系统性

传统的知识本位的教学目标很笼统。目标指向一般是向学生传授系统的科学文化知识、专业基础知识，培养学生良好的道德品质；内容指向则以知识为中心，强调所学知识的科学性、连贯性与完整性，注重新旧知识的联系。能力本位的教学观更强调系统性，要求在教学的各方面、各环节都体现能力本位的理念，从教学目标的制订、课程内容的选择、教学过程的组织到教学评价的开展都要以培养学生能力、开发学生最大潜能为主线。目标指向是培养学生的从事某种职业的综合职业能力；课程内容则按照职业或岗位的实际需要，根据产业的特点和能力的需要，以培养学生的岗位能力为中心来取舍；教学过程则注重一般能力与具体情境的结合，注重能力形成的内在规律；教学评价则收集能充分反映学生工作表现的证据和结果，并对能力作出整体性的评价。

（二）针对性

把职业能力理解为实体，就应当采用能力发展的观点，以职业能力的发展过程为主线，设计职业教育课程。工作任务提供职业教育课程内容集中和相互联系的纽带。能力本位教学观的针对性要求在培养学生过程中，一方面要加强学生对某个工作领域技术技能的训练，使其具备过硬的专业技术技能；另一方面要加强学生综合职业能力的训练，使其具有多维度、多方向的实践迁移能力，能够超越狭窄的职业领域，适应未来劳动力市场的变化和产业结构的调整。职业能力是针对一定职业的能力，离开了一定的职业方向，就谈不上职业能力的存在。能力培养以社会需求和市场需要为目标，以技术应用能力为主线，侧重于各种基本能力在职业活动中的具体应用。

(三) 层次性

能力本位的层次性主要体现在2个方面。(1) 能力本身体现的不同的结构。在职业能力的结构中，有3个层次：基础层、中间层和最高层。基础层是所有职业必备的核心职业能力，如交流表达能力、问题处理能力、自我实现能力、管理能力、竞争能力、合作交往能力、信息处理能力等，可称为通用能力；中间层是行业能力，是某种职业领域一般应有的、具有共性的普通职业能力；最高层是专门的特定职业能力，即专门职业岗位上、专业范围内、符合专门工作要求的职业能力。(2) 不同个体具有的不同类型和需求。高职教育的宗旨就是培养学生的综合职业能力，让学生对未来的社会生活有所准备，使学生将来能有效地参与社会生活和职业活动。这种能力不是片面、机械、物化的能力，而是符合完整人格要求的全面能力。对于高职教育的个体对象，他们既有能力指向的多样化差异，又有能力强弱和水平高低的随机性差异。学生职业能力的目标指向、水平层次不仅与性格、兴趣、爱好和需要等密切相关的，还与个体的智能类别有密切关系。能力本位教学观的层次性要求改变"一刀切"的统一培养模式，注重个性化的差别化教学。按入学水平、能力水平等多种形式进行分组，更能适合不同基础学生的个别化学习。学习过程可以重复，学习者可根据自己特定的情况选择适合于自己的学习机会、学习方式和学习结果。

(四) 发展性

面对未来科技的飞速发展，人类社会经济的巨大变迁，新知识、新技术在实际工作中的应用，劳动者对获取新的岗位能力更趋多样化、经常化，必然对能力的要求也将发生变化。一是随着社会的发展和科技的进步，职业能力的内容处于不断的发展和变化之中。由于生产力的提高，当人类开辟了新的生产领域，新的能力也就随之产生，旧的能力也获得新的内容。二是个人一生的职业岗位不可能一成不变。岗位的变化使得对个体的能力要求也随之变化。能力始终处于一种不断发展的变化之中。

（五）行动性

从能力发挥的载体看，能力是人在某种实际行动或现实活动中表现出来的可以实际观察和确认的实际能量。它表明人驾驭某种现实活动的熟练程度，是人在活动中显示出的能量和作用。能力的发挥与活动、行动的关系极为密切。能力是一种“行动”范畴，表明人在现实活动中能做什么。因此，能力决定着人的活动范围和对活动领域的可选择度。离开人的现实的实际行动，人的能力就难以表现和确认。能力本位教学，要处理好知识与能力的关系。能力本位并不是不注重知识，而是要注重如何“活化”知识，要把知识变成能力。知识存贮在头脑中而不付诸行动，知识就是一种知识。知识只有在实践中加以运用、转化并发挥现实的作用，才是一种能力，这就是能力本位的行动性。

三、高职教育能力本位教学观在我国的确立

2000 年教育部颁布的《关于加强高职高专教育人才培养工作的意见》（教高[2000]2 号）指出：“高职高专教育是我国高等教育的重要组成部分，培养拥护党的基本路线，适应生产、建设、管理、服务第一线需要的，德、智、体、美等方面全面发展的高等技术应用性专门人才。”2004 年教育部又发出《关于以就业为导向深化高等职业教育改革的若干意见》（教高[2004]1 号），进一步明确提出：“高等职业教育应以服务为宗旨，以就业为导向，走产学研结合的发展道路。高等职业院校要主动适应经济和社会发展需要，以就业为导向确定办学目标，找准学校在区域经济和行业发展中的位置，加大人才培养模式的改革力度，坚持培养面向生产、建设、管理、服务第一线需要的‘下得去、留得住、用得上’，实践能力强、具有良好职业道德的高技能人才。”这些文件规定了我国高职教育人才培养的目标定位，回答了高职教育“培养什么样的人”的问题。

中国传统教育的一个明显特征是：教育与社会隔离，与生活脱

节。教育如何与社会需要相联系，教育目标如何契合社会需要，一直是现代教育中的一个问题，也是教育改革的重要内容[①]。原国家教委职教司司长杨金土在谈到人才培养时强调，要承认人的智力多元，相信人人有才。办职业教育要有“海纳百川”的胸怀，自觉地乐于吸纳任何基础的求学者，而且对任何一位学生都满怀爱心和信心，高度负责地帮助他们人人成才，使每个学习者的潜能得到开发[②]。因此我们要走出传统用精英教育方式培养职业教育人才的误区。首先要做到“有教无类”，满足人们接受高等职业教育的要求。其次是“有教有类”，要用“智能多元”观点看待高职教育对象，按照职业教育的客观规律，确立“能力本位”的教学观，把学生培养成满足社会和企业需要的高技能人才。

（一）我国关于能力本位的争论

自能力本位思想传入我国之初，在是否要接受以及如何接受这一思想上一直存在争论，尤其是关于这一思想在高职教育的适用范围学术界存在较大分歧。争论的实质其实就是职业教育培养目标的“针对性”与“适应性”问题。“针对性”要求以就业为导向，注重岗位能力的培养；“适应性”要求以素质教育为导向，提高学生的全面素质。

一种观点认为，高职教育要以就业为导向。其直接目标是一系列技能的获得和掌握，重在发展学生的职业能力。耿金岭认为，职业教育不再是培养“万金油”式的“通才”，而是培养具有综合职业能力的胜任某一具体岗位的专才[③]。李黎明等强调，学生在校的时间有限，不可能把什么都学会，要增强对将来就业岗位的认识，提高将来就业上岗的操作能力[④]。宋兴川等认为，能力本位职业教育思想的特点是

① 金一鸣主编：《教育社会学》，江苏教育出版社2000年11月版，第101页。

② 杨金土：《我国高职教育形势刍议》，《中国职业技术教育》，2003年第26期，第31页。

③ 耿金岭：《职业教育教学质量探析》，《职教论坛》，2004年第10期（下），第16页。

④ 李黎明，吴树罡：《高职院校教学改革既要遵循规律又要重点突破》，《中国农业教育》，2004年第5期，第17页。

强调以岗位能力为核心，注重岗位表现出来的实际操作能力[①]。杨进认为，目前中国整个教育体系所存在的问题不是太“实用”、太“实际”，而是大而化之，脱离实际的所谓“全面”和“打基础”讲多了[②]。贺武华等认为，学生的人文素养需要长时间的积累，仅通过开几门人文社科课程来达成这一目标是不现实的。事实上，在2—3年时间里，让基础较差的高职生提升发展成为一个“又博又专”、具有“宽厚的文化知识与专业技能”的全面人才，无疑是很困难的。高职教育首先应开展专业教育，在学生掌握一定的专业技术和接受了一定的工种与岗位等级达标训练后，发展通识教育才有意义[③]。

另一种观点认为，不能把“能力”功利化，不能急功近利，要实施素质教育，要培养学生的适应能力。周明星认为，以岗位为中心的职业教育所培养的人，一旦因社会分工出现变化与波动时，便只能失业了。围绕着狭义的职业岗位的“能力本位”教育，不能适应劳动力流动加剧的变化。因此，我国职业教育从“能力本位”向“素质本位”转变将成为必然[④]。武任恒认为，职业教育把目光着重放在培养社会职业所需的知识和技能上，把教育的主体——“人”放到了次要或被忽视的位置，职业教育变成了“制器”，而不是“育人”[⑤]。李艳认为，假如职业教育仅仅把办学目标局限在传授学生谋求职业所需要的知识和技能方面，那么它已经不能满足他们日后继续发展的需求[⑥]。这种观点认为，职业教育不能只见“职业”不见“人”，应当首先是“育

---

① 宋兴川，何应林：《以政治为中心到以人为中心——我国当代职业教育思想的发展》，《职教论坛》，2005年第5期（上），第9页。

② 杨进：《职业教育教学改革和课程建设》，《机械职业教育》，2004年第4期，第3页。

③ 贺武华，廖明岚：《发展中国高职教育的观念转型》，《职业技术教育》，2005年第28期，第19页。

④ 周明星：《论职业教育的出发点问题——兼评职业教育的三种基本理念》，《职业技术教育（教科版）》，2003年第25期，第9-11页。

⑤ 武任恒：《人文主义的职业教育价值观思考》，《职业技术教育（教科版）》，2004年第16期，第14页。

⑥ 李艳：《高职教育中理论教学与实践教学的结合》，《鹭江职业大学学报》，2004年第4期，第119页。

人”,然后是培养“技能”,两者相辅相成,同步进行的。

（二）我国高职教育能力本位教学理念选择因素考量

从我国知识本位教学理念到国外高职教育教学理念对我国高职教育的不适合性来看,选择适合我国现阶段高职教育教学理念的现实依据,应从以下3个方面加以考察。

第一,要与我国现阶段产业结构情况一致。随着市场经济的逐步完善,国内市场与国际市场的趋同,无论是商品市场还是人才市场,都发生了前所未有的巨大变化。从世界范围看,各产业在国民经济中所占比重,第三产业持续上升,第一产业逐步下降,而第二产业缓慢增长或停滞不前。除产业结构变动外,产业部门中的行业结构也在发生变化:一些行业如纺织、钢铁、采掘等比重日趋下降;反之,一些新兴行业,如电子、计算机、合成材料等比重则日渐增加。经济结构的变化,对职业岗位结构产生直接的影响,产业结构和行业结构变化使社会原有的职业岗位大批消失,同时新增大批职业岗位。

在中国40个工业门类中,制造业占29个,制造业总量占95%。新中国成立后的前30年,中国经济发展主要靠制造业。近二三十年来,我国制造业基本保持12%—14%的增长速度,高于经济增长速度。如果把高技术产业看作第一级,装备产业看作第二级,轻工业看作第三级,那么中国制造业主要处于第二级的下半截和第三级。如果把轻工业看成最低一层,越是工业发达的国家,底层越小,上层越大,那么中国制造业的构成却是一个底座极大而高度很低的金字塔。作为主要为制造业和服务业培养人才的高职院校,应该了解制造业和服务业的现状,不是盲目跟着理论走,而是要与经济社会的发展同步,适度超前,教学理念要与经济的发展、企业的要求相适应。

第二,要和社会需求相一致。目前,高职教育的毕业生就业率还普遍不高,主要原因在于教学还是以学科为主,缺少实践动手能力。许多高职院校教学和学生的能力与社会的需求还有相当的距离。其实,社会需要高、精、尖的人才,同时还需要大量既有一定理论基础又有较强实践动手能力的人才。因此,作为与社会、与市场联系最为密切的高职院校,应当更加强调专业技能的训练和综合职业能力的培养,使毕业生在产业发展和技术升级方面发挥应有的作用。

第三,要和高职学生的实际相一致。夏丏尊曾说,学校教育单从外形的制度与方法上走马灯似的变更,就好像掘池,有人说四方形好,有人又说圆形好,朝三暮四地改个不休,而对于池之所以为池的要素的水,反而无人注意①。这里的"水"比喻学生,我们的教学改革要始终围绕着学生这个中心"转"。那么目前高职院校学生的现状是什么?他们的需求是什么?针对传统职业教育课程完全由教育、教学专家决定的现象,现代职业教育课程强调"消费者需求导向",在关注企业需要的同时,更要关注受教育者及其家长这一群体的需求。在现阶段,对于高职教育的学生来说,就业是他们的第一需要,也是政府的责任,更是高职院校的第一要务。

(三)"就业导向兼顾发展"是能力本位教学观的本质

"适应性"与"针对性"这两种观点之争,其实是两种高等教育哲学观点冲突的具体表现,也就是在认识论和政治论这两种哲学观点之间徘徊。认识论者认为,大学在人才培养方面,关键不在于知识的传授,而在于训练学生的心智,培养学生的可持续发展能力。因此,他们提倡自由教育、通识教育或博雅教育。政治论者认为大学应给学生更多的实用知识和技能:一方面为未来生活做准备,另一方面为国家和社会服务。因此,要提倡专业教育、职业教育和技术教育。可见,政治论者的观点更具功利性和实用性,认识论者的观点更理想化、充满了浪漫主义色彩。两者的争论"实质是教育的'人的理智发展'和'为生存而准备'的目的之争"②。

高职教育的确应当密切关注学生的就业。它的主要功能确实应是帮助学生就业。强调就业目标,并不等于忽视全面发展、长远发展

---

① 程红兵:《校长要关注课改价值思想》,《中国教育报》,2006年3月28日,第8版。

② 赵文华著:《高等教育系统论》,广西师范大学出版社2001年2月版,第34-35页。

和素质教育，也不妨碍培养人文精神和加强基础知识。因为从事任何职业都有对素质的综合要求①。高等职业教育在人的发展过程中同样具有发展职业化功能、发展个性化功能和发展持续化功能3种功能。这些功能主要体现在综合职业能力的培养上，同时必须"依然高举以人为本、促进人的全面发展"的大旗②。

因此，高等职业教育既不能完全以认识论为基础，用传统的精英教育的理念来培养应用型人才，也不能完全以政治论为基础，把高职院校办成"工厂"，使培养出来的学生缺乏人文精神，没有发展后劲。必须综合这两种观点，针对一定的职业范围，根据人才市场前景和学制长短以及学生的实际情况，增加适应性的教学内容。首先，要培养学生解决实际生产现场问题的技术和能力，也就是岗位适应能力，实现就业功能，满足生存需要。其次，要与职业培训相区分，在岗位能力培养过程中，注重培养学生的方法和能力，使学生学会做人、学会共处、学会学习，能在变化了的环境里积极寻求自己新的坐标点，进而获得新的知识和技能，满足他们"发展"的需要。黄炎培早就提出职业教育的目的就是"谋个性之发展，为个人谋生之准备，为个人谋生社会之准备，为国家及世界增进生产力之准备"。这较好地诠释了职业教育目标的层次性和主次关系，也就是现阶段我国高职教育教学观应体现在能力本位的理念上，把握高等职业教育高等性和职业性两大特点，既满足学生的生存目标又兼顾学生的发展目标。这是我国高职教育教学观的本质体现，是我国高职教育现阶段的重要指导思想，也是确立高职教育行动导向教学体系的教学论基础。

---

① 杨金土:《高职教育的大众性与实务性及相关的教学改革思考》,《职教通讯》,2004年第1期,第30页。

② 姜大源:《基于全面发展的能力观》,《中国职业技术教育》,2005年第19期,第1页。

本章小结

行动导向教学体系是以当代知识论、学习论和教学论成果为理论基础的，并分别回答了“学什么”、“怎么学”和“为什么学”的问题。行动导向知识论指明了职业知识的性质以及在高职教育教学中的作用。对知识的不同认识，反映在高职教学上，就是如何处理理论知识和实践知识、显性知识和默会知识的关系问题，也就是如何选择、组织和获取这两类知识。高职课程内容的选择要充分考虑默会知识在职业能力形成过程中的重要作用，要把默会知识纳入到整个知识体系中去。情境理论、成人教育学、活动理论、“做中学”的思想等都为获取工作过程知识提供了理论支撑，要求以职业活动为导向，通过创设实习场、组建实践共同体、建立认知学徒制来创建真实或接近真实的职业环境，使学生获取工作过程知识，提高学生的综合职业能力。行动导向学习论强调以学生为中心进行教学，指出要以学生为中心来组织教学，通过基于问题和任务、情境和合作的学习来培养学生的岗位能力、行业能力和通用能力。行动导向教学论根据我国现阶段产业结构情况、社会需求和高职学生的实际情况来确立教学理念，指明现阶段我国高职教育教学观应体现能力本位的理念，把握高等职业教育高等性和职业性两大特点，既满足学生的就业目标又兼顾学生的发展目标。“就业导向兼顾发展”是能力本位教学理念的本质体现。

第四章　行动导向教学体系实践范式的演进

我国的高职教育自20世纪80年代起发展至今，为发挥培养高级技术应用型人才的整体功能，一直在探寻着构建行动导向的教学体系。我们将其分为硬件主导型、课改主导型和系统整合型3种教学体系。这3种教学体系分别产生于生成、发展和整合3个时期。

第一节　行动导向教学体系的生成期

我国的高职教育发展的历史不长，真正起步是在20世纪80年代，并且是从普通本科教育分化而来。为尽快摆脱普通教育的影响，凸显职业教育的特色，高职教育界普遍认为要重视学生实践动手能力的培养，而"重视实践教学环节是职业学校开展教学活动的一大特色，是使学生掌握技能并达到熟练的有效途径"①。因此，从改革开放后的职业大学到"三改一补"政策下成立的高等职业技术学院，都十分重视实践教学与实习、实训基地的建设，以期使高职教育有别于普通本科院校，并由此拉开了构建高职教育行动导向教学体系的序幕。

---

① 黄克孝主编：《职业和技术教育课程概论》，华东师范大学出版社2001年3月版，第91页。

一、硬件主导教学体系的亮点

(一) 重视实践教学,完善实践教学设施

叶春生同志曾任江苏省教育委员会副主任兼省高教局局长,长期从事高等教育的管理和研究工作。他在著作《二十年的实践与探索——高等职业技术教育论文集》[①]中,对我国的高职教育从发展到壮大作了比较详尽的描述。我们可以从该书中探寻对我国高职教育在实习、实训基地建设重要性认识方面的情况。现以时间顺序摘录书中的几段。

"要加强实验室建设和管理,重视电教手段的使用。这方面要多想办法,一是各校尽可能添置一些实验设备,特别是基础实验设备;二是争取使用有关用人单位的实验设备;三是由省里组织从老高校调剂。"(1985 年 3 月,第 15 页)

"常州工业技术学院现在占地 300 亩,建筑面积已达 29 250 平方米,目前,经常州市政府批准的基本建设总体规划第一期工程正在积极实施,1 500 平方米的实习工厂厂房等可望在今年暑期前完工。"(1987 年 7 月,第 34 页)

"常州工业技术学院与常州机床厂合办机械专业,共同制订教学计划,共同商定课程设置和实践性教学环节,工厂提供实习场所,派出指导实习的教师,学生的毕业设计针对厂里生产上的问题,真刀真枪地干。"(1991 年 10 月,第 61 页)

"职业大学要培养学生的动手能力,仪器设备条件要求高,材料消耗大,这与学校设备少、教学条件差、经费短缺,以及现有的师资队伍状况发生尖锐的矛盾。江苏 12 所职业大学,除 2 所得到世界银行贷款的学校和个别学校设备条件稍好外,其余的不同程度地存在实验、实习条件差的问题。解决的办法:一是市里要增加投资,必要的实验室和实习工厂一定要建,以改善办学条件。二是深化改革,发展

---

① 叶春生著:《二十年的实践与探索——高等职业技术教育论文集》,高等教育出版社 2004 年 6 月版。

与用人部门的合作,推行厂校联合培养人才的合作教育,利用部分用人单位的设备条件。三是进行科技开发,发展校办产业。四是实行横向联合,尽可能利用老校的部分实验、实习条件。”(1991 年 10 月,第 63 页)

从叶老的这些论述中,可以看出,在高职教育发展初期,就提高了对实践教学的认识,非常重视加强实践教学的改革与探索。从世界银行贷款职业技术教育项目中则可以了解完善实践教学设施以及改善实验、实习和实训条件的情况。

“世界银行贷款职业技术教育项目”的准备工作始于 1985 年,准备期历时 6 年。从 1990 年开始,执行期 5 年,于 1996 年底关闭。该项目贷款额度为 5 000 万美元,主要支持 17 个省(市)71 所项目院校(59 个职业技术学校、9 个技术师范学院、3 个技术学院)发展职业技术教育,加强项目院校实验室装备,提高实验实习能力。第二期世行贷款“职业技术教育项目”已签约,贷款额度为 3 000 万美元,主要用于人员培训[①]。第一期项目主要用于购置机械加工、电器安装与维修、电子、化工、印刷、计算机技术、食品加工、服装、会计和财务管理等专业的设备和图书资料等。1994 年统计的数据表明,1988 至 1994 年底,投入项目院校的总资金约为 8 亿元(按投入时价格累计),是新中国成立以来职教战线集中投入强度最大的一个项目。各项目院校设备总值净增的幅度为 300 万元至 1 300 万元[②]。无锡机械制造学校针对苏南地区缺少掌握数控加工技术人才的情况,利用贷款购入了比较完整的数控加工仪器设备,在理论学习和实际操作数控方面具备了培养高层次人才的物质条件,被原国家教委批准为我国中等专业学校试办高职班的试点学校[③]。

---

① 《世行贷款“一期职业技术教育项目”将于 96 年底关闭》,《机械职业教育》,1996 年第 9 期,第 45 页。

② 国家教委职业技术教育司,国家教委职教中心研究所:《关于“世界银行贷款职业技术教育项目”完成情况的评价》,《中国职业技术教育》,1996 年第 1 期,第 7 页。

③ 杨晋琦,刘建同:《世界银行贷款与我国职业教育的改革和发展——我国第一个世界银行职业教育贷款项目回顾》,《中国职业技术教育》,1999 年第 10 期,第 30 页。

从以上数据可看出，作为新中国成立以来职教战线集中投入强度最大的一个国家级项目，世界银行的贷款以及国内的配套资金绝大部分都用于实验、实训设备的购置上。一些项目学校的实验实训条件得到改善以后，为高等职业教育的发展奠定了教学条件上的基础。

（二）实践教学时间的增加

在改善实践教学设施、设备的同时，高职院校又着力对教学计划进行调整。主要是从时间上对实践教学给予保证，“传统的三段式课程以机械的基础观为依据，非常强调专业基础理论知识的学习，从而给这些课程分配更多学时”。① 事实上存在着理论教学与实践教学“抢时间”的状况。

增加实训时数的努力主要在2个层面上展开。(1) 教育主管部门的推动。《教育部关于加强高职高专教育人才培养工作的意见》(教高[2000]2号)中要求：“实践教学的主要目的是培养学生的技术应用能力，并在教学计划中占有较大比重。”其附件《关于制订高职高专教育专业教学计划的原则意见》进一步明确：“三年制专业的实践教学一般不低于教学活动总学时的40%，两年制专业的实践教学一般不低于教学活动总学时的30%。”江苏省教育厅在《关于进一步加强高等学校教学工作的若干意见》(苏教高[2005]16号)中进一步要求：“根据专业特点，逐步提高实践课占总课时的比例，高职教育紧缺人才培养专业的实践课时要达到60%以上。”(2) 院校层面的实施，主要有3种观点。第一种认为实践教学时间要占总时数的40%左右。江锦祥等认为，“实践教学在教学计划中不低于总学时的40%”②。第二种认为50%左右。曹克广等提出“实践教学环

① 徐国庆：《工作结构与职业教育课程结构》，《教育发展研究》，2005年第8期，第72页。

② 江锦祥，屠群锋：《高职计算机专业实践教学体系的构建与实践》，《浙江交通职业技术学院学报》，2002年第2期，第31页。

节占总学时的45%—50%左右”[①]。第三种认为50%以上。侯素美等认为“实践教学时数占总学时的50%以上”[②]。

在总的学时数不变的前提下，实践教学太多，会削弱学生对基础知识的学习，导致后劲不足；实践教学太少，则影响学生的动手能力训练，导致学生的岗位针对性较差，关键是要找到平衡点，但一般来说，高职院校的实践教学时间都要在30%以上。实践教学时数的增加是硬件主导型教学体系的隐性表现，较好地配合了学生提高实践能力的需求。

（三）实践教学效果的检验

在硬件设施逐步得到改善、实践教学时间得到一定保障之后，高职学生的实践动手能力有了一定提高。在政策的引导和院校的努力下，许多高职院校都设立了技能鉴定机构，既满足用人单位对学生持证的要求，也可对实践教学效果进行检验。因此，高职学生的高持证率是“硬件主导型”教学体系的最大功劳和亮点之一。

二、 硬件主导型教学体系的不足

在生成期这一阶段，一些高职院校把注意力集中在“硬件”上，即增加实训时数、投入实训设备、设立技能鉴定机构，取得了一定的效果。但从有关调查数据来看，情况还不太乐观。2000年3月至4月，上海职业技术教育研究所组织实施了对43所高职院校的实践教学环境调查。结果显示，在高职院校中，每个专业都有相应的实训场地的院校只有15所，占34.9%；部分专业有实训场所的院校有21所，占48.8%；有7所院校基本上无实训场地，占16.3%[③]。有人在2000年至2004年的近5年时间里调查走访了126所职业技术院校，

① 曹克广，王纪安，廖先芸：《从国外职业教育专业和课程设置得到的启示》，《承德石油高等专科学校学报》，2000年第1期，第10页。

② 侯素美，颜淑媛：《简论强化高职教育的职业特色》，《中国成人教育》，2000年第6期，第41页。

③ 马东霄，黄立志：《五年来我国高职高专教育实践教学体系与基地建设研究综述》，《宁波大学学报（教育科学版）》，2003年第1期，第42-43页。

认为多数学校的教学情境单调、刻板，没有职业教育特色，不但不能引发学生的学习动机、学习兴趣和问题意识，而且远离学生的未来职业情境，使其所学知识无法迁移到工作实际中，缺乏起码的上岗能力①。

从这些调查看，在构建硬件主导型教学体系的过程中，实践设施的完善和设备的投入还远远不能满足实践教学的需求。高等职业教育教学体系的探索还处于初级阶段。由于缺乏系统思考，导致顾此失彼，往往教学计划调整了，设备台套数却跟不上，设备上去了，实训指导教师又成了问题。

第二节　行动导向教学体系的发展期

一、课改主导型教学体系的孕育

我国高职教育的改革是随着办学规模的扩展而逐步开展的，改革的步伐始终跟不上发展的速度。这是改革的一般规律，不过，广大职教理论工作者和实践者始终未放弃对构建行动导向教学体系的探索。李尚群等认为，课程问题是学校教育的中心问题，学校教育是以课程为轴心展开的，没有触及课程改革的教育改革被认为是一种无效的改革②。郭庆贞认为，我国在近 10 多年进行的职业教育教学改革，基本上是以“加强实践教学”和“突出办学特色”为主线而展开的，并对改革中从一个极端走向另一个极端提出了批评，认为有些改革者为了强化实践教学环节，把必要的理论教学环节无限度地削弱；有些则片面地把“一书多证”、“一专多能”中“多”项辅助性职业资格证书的考取和以此为手段的浅层次“多能”培养放到首要位置。

---

① 吴晓义：《“情境—达标”式教学模式——职业教育教学模式的新探索》，《苏州职业大学学报》，2005 年第 2 期，第 8 - 9 页。

② 李尚群，夏金星：《职业教育问题的分类阐释》，《职教论坛》，2003 年第 17 期，第 6 页。

实践证明,上述做法破坏了职业教育在专业整体要求上的规范性和系统性,结果只能使学生在表面上凭借某些"实践技能"和"特长"增强了市场适应性,在实际上却因基础理论知识和专业基本能力短缺而失去发展后劲①。黄克孝也认为,"强化技能训练"的改革要求是不错的,但强化哪种技能的训练对不同类型的职技教育必须区别对待。对于技术员类人员的技能训练就不能只停留在再造性操作技能训练上,不宜花大量时间去追求技工等级证书,而应在一定的再造性动作技能基础上,着重发展创造性的动作技能和智力技能。如此,课程内容才不会偏离培养目标的要求②。徐国庆认为:"因为教学是受制于课程的,课程模式不改革,教学模式便难有大的突破。"③黄克孝认为,课程作为一种预设育人方案的教育活动,在教育工作中有其特殊的地位:它先于作为育人过程的教学活动,是教学的基础或前提。世界上各类教育的改革均将课程改革作为教育和教学领域改革的突破口④。随着我国高职教育的不断壮大,课程改革也在各地蓬勃开展起来,主要表现为课程体系和教学内容的改革。

二、 课改主导型教学体系的典型范式

蒋乃平将职业教育课程改革划为3个层级,即课程形态、课程模式、课程开发。课程形态(类型)主要用以说明其体现的教育思想和理论基础。课程模式是来自于某种课程形态并以其课程观为主要指导思想,为课程方案设计者开发或改造某个专业并编制课程文件提供具体思路和操作方法的标准样式。课程方案是落实专业培养目

---

① 郭庆贞:《深化职业教育教学改革中应正确处理的几个关系》,《石油教育》,2004年第6期,第77-78页。

② 黄克孝:《构建高等职业教育课程体系的理论思考》,《职教论坛》,2004年第1期(下),第6页。

③ 徐国庆:《领域特殊性理论与职业教育课程中的基础观》,《职业技术教育(教科版)》,2002年第16期,第38页。

④ 黄克孝:《正确处理职教课程改革中的职业性与时代性特征的关系》,《职教通讯》,1998年第8期,第6页。

标、确定教学内容和组织实施的课程方面的具体操作计划。课程开发指产生一个完整课程方案的全过程[①]。应该说，这种划分方法还是有说服力和可操作性的。

如果借用这一分析框架的话，我国高等职业教育课改主导型教学体系有以下3种典型范式：适应式、针对式、融通式。这3种典型范式的理论基础其实还是能力本位和知识本位在课程改革中的反映。它一直是我国高职教育界讨论和争论的焦点。王晓耕等把影响高等职业教育的课程理论划分为学科中心课程理论、活动中心课程理论、知识结构课程理论、问题中心课程理论、能力中心课程理论等5种类型，并认为知识结构课程理论在"高职教育中并未采用"，而活动中心课程理论的"贡献主要在于其理论价值，在于它提供了一种新的思维方式"[②]。因此，实际存在的只有学科中心课程理论、问题中心课程理论和能力中心课程理论。但真正对我国高职教育课程理论有重要影响的还是学科中心课程理论和能力中心课程理论。这两种课程理论在我国均占相当的优势，在不同时期形成此消彼长的态势。概括来说，"适应式"就是以素质教育为导向，强调理论学习，提高学生的全面素质；"针对式"要求以就业为导向，加强实践，注重岗位能力的培养；"融通式"既重视理论的学习，培养学生的方法能力和社会能力同时培养学生解决现场实际问题的能力（见表4－1）。

表4－1　课改主导型教学体系范式

类型	课程形态	课程模式	课程开发
适应式	学科本位	学科中心	目标方法
针对式	能力本位	交替型和双元型	分析方法
融通式	就业为主兼顾发展	"双证"融通	组合方法

① 蒋乃平：《职教课程探索的三个层级》，《职业技术教育（教科版）》，2001年第31期，第10页。

② 王晓耕，丁德全：《影响高职教育教学改革的课程理论》，《高等工程教育研究》，2003年第3期，第70页。

(一)“适应式”的课程形态、课程模式、课程开发

1. “学科中心理论”的课程形态。

学科中心课程理论强调以学科知识体系为中心来编排课程和教学内容。其出发点是就业对象应具备什么知识,通过哪些学科教学进行培养。在此思想指导下,课程偏重于理论,强调学科知识体系的完整性和系统性;教材按学科的逻辑体系和学生的认知心理特点来组织,使学生能较好地掌握各门学科的系统知识。在实际运用层面上,学科中心理论一直在高职教育课程中起主导作用。

2. “学科中心”的课程模式。

石伟平等建立的高职课程国际比较分析框架,从课程与工作的匹配程度、课程的理论深度以及理论与实践的整合程度3个维度,把高职课程划分为准备型、交替型、渗透型和双元型4种模式,并认为我国高职课程模式为准备型,即通常所说的三段式课程。因为这种课程安排的出发点是希望前面的文化基础课学习为后面的专业理论学习做准备,而专业理论学习又是为后面的实习做准备。这种课程结构很容易造成理论与实践的脱离,是整合度最低的一种。因为这种“准备”只存在于教师头脑中,学生并不能深刻地认识到这是在做准备。他们学习理论时,由于缺乏实践的支持,难以深刻认识到理论的实用价值;进入实习阶段时,又由于理论掌握不牢固,不能运用理论解决实际问题①。我们认为,“准备型”就是“适应式”的典型课程模式。

这种“准备型”或“三段式”课程模式在我国高职课程领域还有一些“变体”。

(1) 综合课程。

综合课程,也叫课程综合化,就是把两门或两门以上的课程重新调整内容与框架,构成一门新的课程。课程综合化不是教材的简单堆砌,而是将相关知识材料有机地组合,并引进一定的新知识、新理

---

① 石伟平,徐国庆:《论高等职业教育课程的国际比较》,《职教论坛》,2001年第10期,第10页。

论、新技术等。课程综合化在一定程度上可以改变课程过于注重知识传授的倾向，改变课程结构强调学科本位的倾向。

著名教育家叶圣陶早在20世纪40年代初任职四川省教育科学馆专员时就论述过学校课程问题。他说："学校里的课程各个分立，这是不得已的办法，不分立就无从指导，无从学习。但因为分立的缘故，每种课程往往偏于一个境界，如数学理化偏重于逻辑的境界，历史地理偏重于记认的境界，公民训练偏重于道德的境界，等等。"他认为，"教育的最后目的却在种种境界的综合，就是说，使各个分立的课程所产生的影响纠结在一块儿，构成一个有机体似的境界，让学生的身心都沉浸在其中"①。

刘德恩提出应建立以问题为中心的综合基础课，以任务为中心的技术课程，以技术开发能力培养为中心的设计课程，以及用于提高学生职业适应性的微型课程等②。雷正光提出"就业导向"职教课程模式由知识性课程、操作性课程和拓展性课程三大模块组成，对课程内容作纵向和横向的整合。纵向整合的目的是精简课程内容，不求学科体系的完整，强调课程内容的应用性和必需的基础性。横向整合即跨学科的整合，强调课程内容的综合性③。有的高职院校在机械类专业中将机制工艺、机床、刀具、夹具等与机械加工过程相关的课程进行综合，形成机械制造基础课程。该课程以工艺为主线，以轴套类、轮盘类、叉架类、箱体类等4类典型零件为载体，将工艺问题作为关键为加以处理，要求学生能够正确选用机床、刀具，能够设计简单的车、铣夹具，会选择和使用较复杂的夹具④。有的高职院校在"电气自动化应用技术"专业中，将原《自动控制原理》、《自动控制系统》两门课程综合为《自动控制系统与维护》，改变了原理与系统分

---

① 叶圣陶著:《叶圣陶教育文集》,人民教育出版社1994年8月版,第139页。

② 刘德恩:《论高职课程特色》,《职业技术教育(教科版)》,2001年第16期,第22页。

③ 雷正光:《"就业导向"的职教课程发展观》,《中国职业技术教育》,2006年第13期,第10页。

④ 徐晴,夏莹:《高职课程综合化与模块化建设》,《职教通讯》,2004年第12期,第30页。

离的学科式教学组织方式；并根据现代自动化技术发展的需要，新增设了《可编程控制器》、《单片机应用技术》等课程。在对课程内容进行全面整合、开发的基础上，将课程结构划分为基本素质课、职业技术课、职业实训课、选修课等4种类型。各种类型相对独立，有机组成完整的课程体系①。有的高职院校将电气自动化技术专业原大专的《晶闸管变流技术》、《自动控制原理》、《自动控制系统》3门课程进行调整、删节、补充，综合为一门课程，叫《直流调速技术》②。

又如一般工科专业中的《物理》、《电工基础》、《模拟电路》、《数字电路》，这4科都是单本教材的独立学科，有的高职院校依据微机应用、工业自动化、仪表等不同专业对该学科知识不同的需求，将4科内容有所侧重地重新编排③。

从以上的例子可以看出，无论是跨学科的综合，还是同专业课程间的综合，只是做了内容上的压缩和调整，都没有突破学科理论的框架。

(2)"模块式"课程。

这里的模块式课程其实就是"三段式"课程，只是把学科中心"三段式"课程套上"模块"而已。课程模式并没有实质性的改变。这种情况在高职院校课程改革中的情况还比较普遍。

例如，"公共课模块——主要包括语文、数学、英语、化学、政治、体育等。工程基础模块——同一大类专业中具有的共同技术要求的专门课。专门化模块——根据岗位群进行职业能力分析，按照不同岗位的主要能力设置若干个专门化模块。能力扩展模块——这一方面是尊重学生的个性特长，给个性发展留有充分的空间，另一方面是适应学生的综合素质提高而设置的"④。"集群模块综合式"包括职

① 耿献文：《构建高职教育课程体系的思考与实践》，《职业技术教育(教科版)》，2001年第22期，第20页。

② 张新民：《谈高职课程综合化的实施》，《中国职业技术教育》，1999年第12期，第45页。

③ 刘勤：《构建有职教特色的课程体系》，《中国职业技术教育》，1997年第4期，第21页。

④ 王作兴，陶红林：《构建模块化高职课程体系的思考》，《高等建筑教育》，1999年第2期，第60页。

业基础模块、职业技术模块、岗位专门技术模块、职业选修模块4部分[①]。“集群模块式”则是由职业基础模块、职业技术模块、岗位专门技术模块3个阶段组成。每个阶段分别侧重于:各职业群通用性的共同基础与技能;不同职业的专业基础理论与专业知识;针对具体职业的专门技术与技能[②]。

(3)“宽基础,活模块”。

我国教育工作者在大量学习和引进国外优秀课程开发模式的基础下,努力探索开发符合中国国情的新型高职课程模式。其中最典型的是北京市朝阳区职教中心蒋乃平等开发的“集群式模块课程”。这一模式主要在中等职业学校流行。但由于许多高职院校由中职升格而来,因此,该模式仍然受到青睐。该课程模式的主要特点是“宽基础、活模块”。其课程结构被分为相互联系又有区别的2个阶段。

第一阶段,即“宽基础”阶段。学生所学习的内容并不针对某一特定工种,而是集合一群相关职业所必备的知识和技能,包括政治文化类、工具类、公共关系类、职业群专业类四大板块。第二阶段,即“活模块”阶段。学生所学习的内容是针对某一特定工种所必备的知识和技能,而且以技能为主。它使特定职业的教学内容通过能力分析进行灵活组合,同时也可为某一地区的教育行政部门或某一学校按市场变化在一个职业群中提供选择机会。这种新的高职课程模式其落脚点在“宽”和“活”上。所谓“宽”即是学生所学的基础课是多方面的。所谓“活”是打好了基础的学生,可以在后来的学习中根据劳动力市场的需求,并结合自身的兴趣、特长选择特定的专业模块学习,进行分流。

对“宽基础、活模块”课程模式的评价,有两种观点。一种观点认为,这种课程模式能较好地实现课程改革目标的多方面要求,通过

---

① 汤百智:《关于构建高等职业教育课程模式的研究》,《职业技术教育》,2000年第4期,第17-18页。

② 许鸿起:《高职教育课程改革的思路与要求》,《天津成人高等学校联合学报》,2004年第1期,第42页。

基础部分的学习，可以奠定一个较为宽厚的基础，使学生能适应广泛就业的需要；通过学习专业模块，可以有针对性地培养就业上岗能力，满足当前就业的需要，并且有利于组织个性化的学习，灵活地适应劳动力市场的需求。因此，在我国目前要构建新的课程体系，"宽基础、活模块"的模式不失为一种较好的选择[①]。李居参认为，"宽基础、活模块"课程模式，是目前高职教育改革可资借鉴与选择的一种较好的课程模式[②]。另一种观点认为"宽基础、活模块"虽然在课程整体结构上有所突破，但在课程内容的设计与编排上却始终未能完全跳出学科体系的框架[③]。我们认同第二种观点，即"宽基础、活模块"课程模式是学科中心模式的一种变体。

3. "目标式"的课程开发。

目标模式，又称理论设计模式，它是先确定目的和目标，然后确定手段，以目标为课程开发的基础和核心，围绕课程目标的确定及其实现、评价而进行课程开发的模式，分明确培养目标、选择课程、组织课程、课程评价 4 个阶段。

赵丹丹等认为，从世界范围来看，职业教育课程开发方法首先是"学科系统化"的。这是一种典型的从普通教育直接移植的、素质教育的课程开发模式，其倡导者一般是来自教育学界而不是企业和技术教育界的专家。因此，职业教育最多只能提供一种职业基础教育[④]。作为目标模式的学科系统化课程开发，在实践中，其实谈不上开发。因为高职教育的专业与普通高等教育的专业基本相似，所谓的课程开发事实上成了从学科知识中选择"合适"的内容并按照高职教育对象的实际情况进行"内容简化"的过程。

---

① 夏建国：《高职教育课程模式及评价》，《教育发展研究》，2005 年第 8 期，第 76 页。

② 李居参，李晓东：《国内外高职课程模式比较分析与选择》，《辽宁高职学报》，2000 年第 3 期，第 3 页。

③ 姜大源：《论行动体系及其特征——关于职业教育课程体系的思考》，《教育发展研究》，2002 年第 12 期，第 73 页。

④ 赵丹丹，赵志群：《我国职业教育课程改革综述》，《中国职业技术教育》，2005 年第 25 期，第 13 页。

（二）“针对式”的课程形态、课程模式、课程开发

1. “能力中心课程理论”的课程形态。

能力中心课程理论是基于工作的，其出发点是培养对象应具备什么样的能力和技能，其课程设置的方法是根据国家、社会、劳动力市场对职业的需求确定开设专业，根据对职业岗位工作和任务的分析，确定所需的能力，然后开发课程，决定教学方式。在此思想指导下，其课程目标指向工作岗位所需的能力，教学过程和最终的学习效果均以能力为本位进行衡量，重视社会、企业对职业能力的要求，从而使职业教育的课程与现实的生产技术紧密相连。按照课程组织依据的差别，将能力中心课程分为技术员培训工作任务中心型和技术工人工作规范中心型。

2. “交替型”的课程模式。

有许多学者从不同角度对“能力本位”课程模式进行分类。

石伟平等把能力本位课程模式称为“交替型”和“双元型”。“交替型”即通常所说的“工读交替”、“三明治”课程，其代表为英国。“双元型”即德国等国家的“双元制”中的课程模式①。

单嵩麟把能力本位模式称为模块式结构和阶梯式结构。模块式结构，以美国、加拿大为代表的CBE模式，是一种以职业能力为本位的课程模式。以英国、澳大利亚为代表的CBET模式，也是一种以能力为基础的模块式课程结构模式。阶梯式结构，以德国为代表的“双元制”模式，由学校和企业合作共同负责人才培养工作，共同制订课程学习计划。这种以较广泛的科学文化和职业理论为基础、逐步深化职业知识和技能的课程结构，被称为阶梯式结构。②

我们认为，无论是“双元型”，还是模块式结构、阶梯式结构，其课程的典型特征是理论和实践的“交替”，重视体现能力本位的理

---

① 石伟平，徐国庆：《论高等职业教育课程的国际比较》，《职教论坛》，2001年第10期，第10-11页。

② 单嵩麟：《高职教育课程结构模式的比较研究》，《职教通讯》，2003年第8期，第16-17页。

念。因此,“交替型”课程模式反映了“针对式”的内涵。

3. “分析式”的课程开发。

“针对式”课程开发采用的是分析模式,典型的是 DACUM 方法(Developing a curriculum)。DACUM 方法以满足企业对教育对象的要求为基本原则,课程开发的出发点是职业岗位而不是教育专家的观点。具体做法是:由在某一职业长期工作、经验丰富的优秀从业人员组成专门委员会(称 DACUM 委员会),将一个职业目标进行工作职责和工作任务两个层次的分析,分别得出综合能力和专项能力。对每个专项能力具体说明,最终成果是一张 DACUM 表(罗列综合能力与专项能力)及其说明。教学专家根据 DACUM 表来确定教学单元(或称模块),然后按知识和技能的内在联系排列顺序。若干个相关单元组成一门课程,从中可确定核心课程(或称基础课程)和职业专门课程、预备课程,再制订教学计划。

对能力本位的课程模式及其开发方法,也有学者提出不同的观点。吕鑫祥在全面审视 CBE 课程模式之后,认为它有 4 个不足。(1) CBE 虽然对消除高职教育中学科本位课程模式的影响十分有益,但这种作用的实质是 CBE 所具有的职教共性特征对非职教的教育思想的一种纠正,并不表明 CBE 对高职教育的适用性。(2) CBE 课程模式是建立在职业岗位基础上的,高职教育的教学计划是专业的教学计划。高职的专业设置有多种基础,职业岗位仅为其中之一,因而 CBE 的应用存在着专业上的局限性。(3) 通过 DACUM 方法来实现的“能力本位教育”,实质上是“任务本位教育”。它将任务或任务的叠加当作能力,从哲学上说是还原主义能力观。这种能力观的应用是有局限性的。(4) 从学习论角度分析,DACUM 方法忽视了人类十分重要的学习心理过程——学习迁移。这必然导致课程编制中削弱必要的基础理论,使学生缺乏就业弹性和适应性[①]。

赵丹丹等认为,在中职和高职院校的实证研究都证实,由于没有

① 吕鑫祥:《对“能力本位教育”课程模式的理论思考》,《上海高教研究》,1997 年第 3 期,第 48 页。

理清能力组合方式和工作过程间的关系，在工作分析后的"教学分析"过程中，各校又重新回到了学科系统化的老路。因此 CBE 对我国课程开发的贡献主要是理念上而不是提供有价值的可操作的课程①。

（三）"融通式"的课程形态、课程模式、课程开发

1. "就业为主，兼顾发展"的课程形态。

由于学科本位和能力本位有一些弊端，许多专家学者希望通过第三条道路走通高职教育课程改革之路。

李晓玲提出"以能力为本位，兼顾学科"、"以近期问题为中心，兼顾长远发展"的思想应作为高等职业技术学校课程目标、课程标准和内容选择的指导思想②。

韩冰认为目前高职教育界普遍认识到职业能力为中心的模式不切合高职人才培养目标的需要，提出根据综合职业能力构建课程体系的观点，将能力分为一般能力、群集职业能力和岗位能力。在这种课程观之上构建的课程体系，其课程目标的精确性、具体性和可操作性大为降低，整个课程体系成为学科课程体系与 DACUM 课程开发模式的折中，我国高职教育普遍存在的课程观正是这种折中的课程观③。

黄克孝认为必须在课程体系的诸方面进行全面的观念更新，如树立高职课程目标多元化和兼容性的理念④。

高职教育必须针对一定的职业范围，把学生培养成通才既不可能也不现实。首先，应根据就业前景和学制长短以及学生的实际情况，增加针对性的教学内容。要培养学生解决实际生产现场问题的

---

① 赵丹丹，赵志群：《我国职业教育课程改革综述》，《中国职业技术教育》，2005 年第 25 期，第 13 页。

② 李晓玲：《论高等职业技术教育的课程与课程设置》，《上海高教研究》，1996 年第 2 期，第 56 - 57。

③ 韩冰：《关于高职课程观的探讨》，《无锡职业技术学院学报》，2005 第 2 期，第 4 - 5 页。

④ 黄克孝：《构建高等职业教育课程体系的理论思考》，《职教论坛》，2004 年第 1 期（下），第 4 页。

能力,也就是岗位适应能力,实现就业功能,满足生存需要。其次,要与职业培训相区分,在岗位能力培养过程中,注重培养学生的方法能力和社会能力等通用能力,使学生学会做人、学会共处、学会学习,满足他们自身"发展"的需要,既满足学生的生存目标又兼顾学生的发展目标,这是我国高职教育"融通式"课程形态的本质体现。

2. "融通式"的课程模式。

所谓"融通式"课程模式就是在满足学生就业兼顾学生发展的思想指导下,把职业资格证书引入到课程体系之中,从而形成学历证书和职业资格证书衔接的课程模式。它的依据主要有两方面。一是高职教育的学制改革试点,由现在的三年制逐步过渡到两年制、三年制并存,并以两年制为主的格局。教育部要求对就业岗位比较明确、专业定向性较强的专业,技能要求比较单一、复合程度不高的专业以及三产文科类大部分专业,先行"三改二"。二是作为加快高技能人才培养的主要手段之一,要求高职学院找准办学定位,加快课程改革,满足用人单位对持证人才的需求。"融通式"课程模式主要有以下几种。

(1) 一体化融通。

近年来,国家有关部委为满足社会和经济发展对人才的需求,陆续开发了相关专业的国家职业资格证书。这些国家职业资格证书,都是我国政府有关部门组织企业或行业专家制定的权威性国家能力标准,学生取得这些证书可直接就业,无须再经过岗前职业资格培训。因此,"一体化"融通就是高职院校开设与开考的国家职业资格标准一致或相近的专业,应以国家职业资格证书考试为主,积极探索"双证"一体化的教学、培训、考核新路子,以促进就业和加快高技能人才的培养。

对实施"一体化"融通的专业,要做到"一转变"、"两调整"、"三统一"。"一转变"就是要转变教育观念。首先要克服"唯我独尊"的观念和"学科型"教学理念。其次要把思想统一到加速培养高技能人才、促进学生就业上来。"两调整",其一是调整课程结构,做到显性课程和隐性课程相结合,国家职业资格证书课程是显性课程,解决知识、技能问题,学校有关课程是隐性课程,在教学与训练中培养良好的工作态度；其二是调整教学进程，按照国家职业资格证书考试时间来安排教学进度。“三统一”就是统一教材、统一进度、统一考试。以计算机软件技术专业为例，该考试已纳入全国专业技术人员职业资格证书制度的统一规划，是计算机技术与软件专业技术唯一的国家级 IT 考试。通过考试获得证书的人员，用人单位可根据工作需要择优聘任相应专业技术职务。因此，这种考试既是职业资格考试，又是职称资格考试，还可实现与国外机构取得相互认证的资格。因此，此类专业高职院校就没有必要另搞一套培养方案，而采用一体化融通模式比较适合（见图 4－1）。

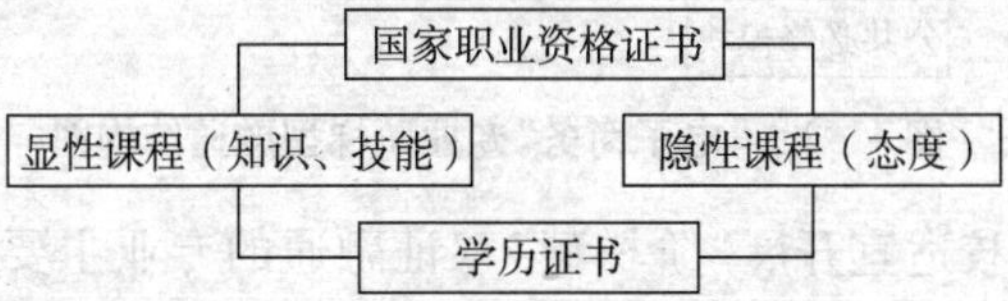

图 4－1　“一体化”融通结构图

高职院校开设的专业门类比较齐全，就业岗位比较明确、专业定向性较强、技能要求比较单一的一些专业一般都可采用“一体化”模式开展双证融通。

（2）阶梯型融通。

阶梯型融通模式就是把职业资格证书课程纳入专业教学计划之中，对课程进行综合化改造，把原来的课程重新调整，将某些理论基础、专业基础、专业课内容重新组合，搭建新的内容框架构成一门或一类新的课程，整合后的课程要充分体现内容的先进性以及技能操作环节上的时间保障。重组后的课程分为公共必修、职业资格证书和选修 3 个模块，学生按 3 个阶段循序渐进地学习。以“电子商务”专业为例，该专业培养掌握电子商务专业必备的基础理论和专门知识，具有从事本专业实际工作的综合职业能力，能够运用网络技术和商务知识从事商务活动和管理工作的高级复合型人才。阶梯型融通的具体做法如下：第一，对该专业教学计划进行调整，将国家职业资格证书“职业道德”的有关内容与公共必修课进行重组，基础理论以应用为主，强调“宽”，有适应面；第二，将国家职业资格证书考试课程作为学历教育的主要课程并赋予相应的学分,实践课程侧重实际应用、突出能力培养,强调“用”,有针对性;第三,将“专业选修课”和“公共任选课”合并成新的“任选课”模块,在针对性和适应性的基础上增加发展性课程,学生通过国家资格证书考试后,再修满该专业任选修模块的学分,就可获得该专业毕业证书(见图4-2)。

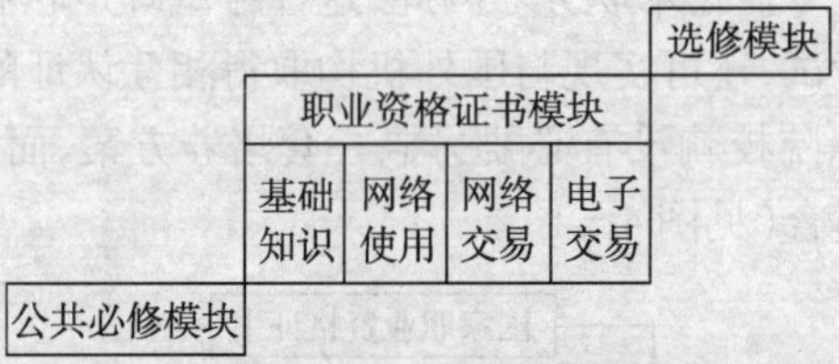

图4-2 “电子商务”专业阶梯型融通结构图

高职院校适宜开展“阶梯型”双证融通的专业主要是一些复合程度较高的专业。

(3)模块式融通。

模块式融通可以借鉴以职业能力为本位的CBE课程模式。CBE模式的核心是从职业岗位的需要出发,通过职业分析确定岗位所需的综合能力和专项能力,根据能力分析的结果,按照教学规律,将相同、相近的各项能力进行总结、归纳,构成教学模块。教学模块是为适应职业群需要将课程内容或多种课程分别编制成在深度、广度上有差异的知识、技能结构单元,它能涵盖一个职业群中的几个相关职业。模块的设置一般以专业技术训练为主,以职业资格为导向组织内容。在课程体系中设计理论知识和实践知识两条主线。按职业岗位(群)对知识、能力、素质的要求进行模块划分,理论教学与实践教学同步推进。这样既促进了基础理论的学习,增强了学生可持续发展能力,又具有较强的针对性,有利于技能的培养和实践能力的提高。把国家职业资格证书的有关培训引入到该专业的教学计划中,就有必要对该专业的课程体系进行调整,改变传统的学科型“三段式”的课程体系,建立以培养岗位能力为目标的模块化“双证”融通体系。“精密模具制造技术”专业就可以实施模块式“双证”融通,具体做法如下：首先，对公共必修课程进行综合，以“必需”、“够用”为原则组合基本素质模块，着重进行职业道德、职业安全、就业创业等方面的教育；其次，该专业实践性课程在课程体系中占有很大的比重，在培养学生的动手能力方面起着举足轻重的作用，因此可将获取国家职业资格证书作为学历教育的内涵要求，用国家职业资格证书取代实践性课程，把专业必修和实践环节的有关课程重组为“职业技能模块”（见图4－3）。该模块由通用课程和专修课程组成，通用课程是获取任一种证书的基础课程，专修课程则针对某一岗位证书，突出知识的基础性和技能的应用性，将理论课程和实践课程综合化，达到节省课时强化技能的目的，要求学生毕业时取得 AutoCAD 中级、模具钳工中级和数控机床操作中级证书。

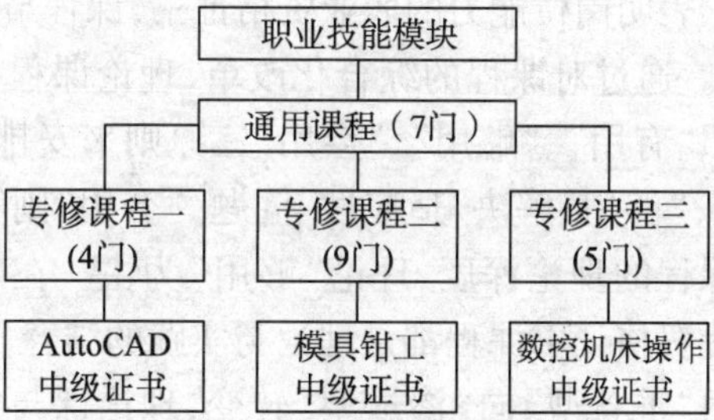

图4－3　职业技能模块

将专业选修课和公共任选课合并为“能力拓展模块”，重点培养学生的沟通能力、组织能力、分析和解决问题的能力（见图4－4）。

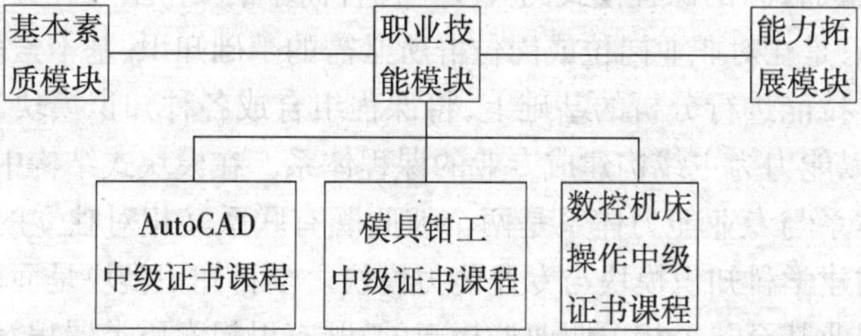

图4－4　调整后的“精密模具制造技术”专业模块

这样调整便于学生根据自己的学习情况选择证书课程。获得毕业证书的同时，获得对就业有实际帮助的相关职业资格证书，有利于增强学生的就业竞争力，有利于弹性学制的实施。学生既可以在校完成全部教学目标，获得“双证”或“多证”，也可以选择某一门证书课程，先行就业，适时回校完成学业。如学生学完通用课程和专修课程三就可获得数控机床操作中级证书，修满“基本素质模块”和“能力拓展模块”的规定学分就可以同时获得该专业的毕业证书。如果需要，再回校学习其他专修课程，取得相应证书。这些证书课程还可以面向社会，为企业有关人员获得上述证书提供短期培训。

由此可见，“模块式”双证融通便于在一个专业大类中实施，以便根据专业方向组合专业课程和证书课程，学生的选择余地比较大。

“融通式”的课程模式既满足了学校标准要求，获得了毕业证书，同时获得了表明岗位能力的职业资格证书，课程与工作的匹配程度应该是高的。通过对课程的综合化改革，理论课程在内容上偏向应用理论，按照“有用”、“够用”、“会用”三原则来安排，“有用”解决“针对性”问题，“够用”解决“适应性”问题，“会用”则解决“发展性”问题，不强调课程的理论深度，理论“够用”为主。在对课程的综合化改革中，职业资格证书课程都是理论与实践的结合，理论与实践教学穿插进行，由“准备型”向“渗透型”转变，理论课与实践课之间相互支持、相互促进、相互融合的程度也比较高。因此，“融通式”的课程模式一般适用于两年制高职专业，是特殊阶段形成的特殊模式。

3. “组合式”的课程开发。

“融通式”的课程模式的开发是一种简单的“组合”，其实谈不上开发，只是在对职业岗位或岗位群所必需的基础知识、基本素质和各种专业技能进行分析的基础上，将课程组合成各种知识模块和能力模块，以能力为主线构建成专业的课程体系。在模块式结构中，学科知识体系与专业能力体系是两个彼此既有联系又相对独立的部分，分别构建学科知识模块与专业能力模块。学科知识模块是面对一群相关职业甚至几个相关职业群构建的，既有思想素质类课程、外语和计算机能力类课程、数学和科学技术素质类课程、人文和社会科学类课程等公共基础知识模块，又有专业基础课程和专业理论课程等专业知识模块。专业能力模块或专业技能模块主要由实验、设计、实训、岗位实务等实践性教学环节构成，主要设置若干与职业技能鉴定考核相联系的培训模块。各种知识模块和能力模块可灵活组合成面向不同专业方向和不同职业岗位的系统综合、整体优化的知识能力素质结构。

三、课改主导型教学体系的特点

(一) 继承与创新同在

随着"三改一补"政策的出台和高校扩招政策的实施，我国的高等职业教育得到了快速的发展。以江苏为例，到2005年4月底，全省独立设置的高等职业院校有67所，其中高等职业技术学院64所，高等专科学校3所[①]。高等职业技术学院大多数都是由中等职业学校升格而来，因此这些院校的课程改革大多继承了中等职教课程改革的成果。

继承的同时，也不乏创新。能力本位与全面发展的课程理念，针对性与适应性的课程内容问题，这既是高职课程改革中需要解决的两对矛盾，也是改革的创新之处和闪光点。因此，可以说，我国的高职教育课程改革主要是循着一条主线，即围绕着专业知识的传授、专业能力的培养、满足学生现实和未来发展需要，不断发展，并且随着这一主线"上下波动"、"左右摇摆"。造成这种情况的原因是课程设置改革，集中体现在人才培养的效果与市场需求之间的距离过大。

(二) 理想与现实碰撞

有学者为我国高职教育的课程改革描绘了这样一幅美丽的图画：高职教育急需适应我国科学社会发展现状、适应我国高职教育发展水平的并能经得起教学实践检验的优秀课程模式；从课程内容上讲，应贴近时代，紧跟科技发展步伐，以适合高职生水平和特点的方式来展现知识，充分利用学生经验，克服"偏、难、繁、旧"的缺点，增

---

① 江苏省教育厅办公室编：《丁晓昌同志在全省高职高专院校人才培养工作水平评估培训会议上的讲话》，《江苏省教育厅通报》，2005年第20期，第2-3页。

加课程弹性;从课程结构讲,课程设置要多样化,基础课要开足、开全,专业课程要精品化、特色化,适当增加选修课的比例,注重校本课程开发等①。

可是现实情况又是如何呢? 2002 年,河北某职业技术学院金属材料工程专业(轧钢专业)被评为国家高职高专教学改革试点专业。他们的改革情况如下。一是依托企业开发课程。一方面聘请企业的现场专家组成课程开发委员会,另一方面选派专业教师深入工厂进行实践,借鉴 CBE、双元制、宽基础活模块等职教理论,进行课程开发。二是以就业为导向,整合教学内容。坚持"必需和够用",既确保教学内容的相对完整和系统,又增加了教学内容的实用性。改革后,课程设置总体上分成基础课、专业基础课、专业理论课、专项理论与实训。三是改革教学方式方法。教学过程改变为:在认识实习后,进行专业理论的学习;在专业理论学习后,进行专项理论与实训模块的教学,毕业实习设计改为岗位培训,强化技能训练,突出技术应用能力②。作为"国家高职高专教学改革试点专业",应该说代表了全国的最高水平,而从以上论述看,仍体现不出高职教育课程的特色,因为这种做法是高等工程教育的通行做法,没有充分体现职业教育的特点,即高等职业教育在具体实践中与普通高等教育的区分度仍然不够。

(三) 理论与实践并进

现实不尽如人意,形势依然严峻,但是我国从事高等职业教育事业的理论与实践工作者,依然在"摸着石头过河",希望找到占据我国高等教育"半壁江山"的高职教育的课程改革之路。正如吕鑫祥所说:"中国这样一个发展极不平衡的大国也不可能照搬任何国家

---

① 王慧君:《高职教育教学改革之我见》,《辽宁高职学报》,2004 年第 4 期,第 37 页。

② 付俊微,张树海等:《专业整体教学改革经验谈》,《中国职业技术教育》,2005 年第 31 期,第 63 页。

的现成经验作为唯一的模式，我们最终要走自己的路。”[①]

我国高职教育课程改革的理论主要来自2个方面。(1) 受到轰轰烈烈的基础教育课程改革的启发，间接引用其中的一些理念和方法。如基础教育课程改革中课程政策从“集权”到“放权”的转型、课程范式从“科学中心主义课程”到“社会建构中心课程”的转型、教学规范从“传递中心教学”到“探究中心教学”的转型[②]，这些改革的理念应该说不同程度地影响着高职教育的课程改革，“不仅普通教育发展中出现的基本类型(学科中心型、问题中心型、能力中心型、活动中心型等)，在高职教育中均有反映，而且由于对象、地区、行业、职业的千变万化，使高职教育的课程模式有许多特殊的、‘非典型’的表现”[③]。(2) 来自国外职业教育课程理论的启示，并且直接应用其中的方法。例如，“劳动市场本位、企业本位、能力本位、发展学习能力本位和人格本位等不同特征的模式”[④]，这些都影响和渗透着高职的课程改革。因此，可以说，我国高职教育的课程改革“引用”远多于“内生模式”[⑤]。

四、课改主导型教学体系存在的问题

黄克孝等认为：“我国职教界近十多年来勇于创新地进行了一系列职教课程改革活动，取得了一大批可贵的成果。然而，中国职教课程发展在总体上尚未取得突破性进展。改革还带有盲目性和随意性，未形成中国化的现代职教课程的概念，现有的课程改革成果仍属于局部改革，是在原来的课程体系结构未作重大本质性变动的情况

---

① 吕鑫祥：《对“能力本位教育”课程模式的理论思考》，《上海高教研究》，1997年第3期，第49页。

② 钟启泉：《中国课程改革：挑战与反思》，《比较教育研究》，2005年第12期，第19页。

③ 黄克孝：《构建高等职业教育课程体系的理论思考》，《职教论坛》，2004年第1期(下)，第7页。

④ 马庆发：《职业教育课程发展理论基础》，《职教通讯》，2000年第1期，第32页。

⑤ 徐国庆：《职业教育发展的设计模式、内生模式及其政策意义》，《教育研究》，2005年第8期，第59页。

下，仅在某些局部方面对少数课程作学习内容和进程安排等方面的改革，这种‘改良型改革’只是对传统职教课程体系的局部完善。”①徐国庆指出：“和普通教育课程理论相比，职教课程理论仍然显得过于零散和肤浅，并且目前的话语主要来自于发达国家，缺乏源于本土的职教课程理论。”②课改主导型教学体系构建过程中主要存在以下问题。

（一）教师的观念跟不上

教师是课程改革的主力军，是课程改革目标的实现者，课程改革的成功与否在某种意义上说取决于教师。根据课程改革的要求，建设一支适应课程改革发展要求的高素质教师队伍十分迫切。“有的教师虽然已意识到了教材中的知识是可变的，但他们所关注的仍然是其所承担的课程，难以进一步追问为什么要设这门课程，其依据是什么，能否设置其他课程，是否有别的课程设置思路，说明如果不跳出教学论的思维框架，对上述问题要追根究底，不仅要追问为什么要选择这些知识，还要追问为什么要设置这些课程，这些课程赖以生存的基础是什么，能否改变，等等。”③课程改革出现了“积极性很高，盲目性很大，功利性很强”的倾向。

（二）漠视教育对象的特殊性

课程是学校向学生提供服务的主要内容和形式，它必须适合于学生学习，必须有利于学生成人和成才，学校应该自觉地从“学”的角度提供教育服务，主要从“学”的角度评价课程体系的科学性及其水平高低。“如何使每一个学生适应其能力，同社会要求相一致，实现其最大限度的发展。”④我们缺少的正是这一点。近年来，高职院

① 黄克孝，郭扬：《优化职教课程改革的目标与原则》，《职教论坛》，1998 年第 11 期，第 18 页。

② 徐国庆：《职业教育课程研究的技术学范式》，《中国职业技术教育》，2006 年第 1 期，第 14 页。

③ 徐国庆：《课程涵义与课程思维》，《中国职业技术教育》，2006 年第 7 期，第 20 页。

④ ［日］佐藤正夫著，钟启泉译：《教学论原理》，人民教育出版社 1996 年 8 月版，第 344 页。

校新生的整体文化基础水平明显不高,参差不齐的矛盾突出,其中一部分学生在学习基础和学习心理两个方面都表现出“准备不足”。高职教育的课程建设需要正视而不应该回避这些变化了的情况。要使之符合学生的认知规律和现实要求,还要以多样化的质量标准、学习内容、学习方式及学业评估方法适应日趋多样化的生源情况①。美国费城喜鹊孩高中强调:“我们尊重每个学生的个性,提供不同的学习经验,帮助学生发展个人的价值观、知识和能力。”虽然学校鼓励“每个学生在各个领域都制定高目标并努力达成”,但是他们认为“卓越来自多种形式”。换言之,卓越并不意味着要求学生达到某一共同规定的优秀标准。在他们看来,卓越就是人尽其才,就是每个人充分发展他的潜能,使其特长得到最大限度的发挥②。

现在的高职课程缺少对受教育者基础与需求的分析。课程内容不甚合理,脱离现在高职生的接受能力。课程成绩评定体系与学生能力水平评价不相适应,与社会上职业资格认定水平不相容。课程学习成绩采用百分制的总评成绩方式来评定,考核评定主要采用单一的闭卷笔试方式,不适合检验学生的实际操作技能水平,也不适合检验学生获取信息的能力与综合运用知识解决实际问题的能力。南京师范大学教育科学院课程评价专家杨启亮认为:不是研究让中国教师和学生如何去适应从国外借鉴来的评价方法,而是要研究国外的评价方法应如何改造才能适合我国不同地区、不同办学条件的教师和学生③。

(三)没有突破“学科中心”的束缚

目前的高职教育“翻版”了专科和本科的课程内容,学科的系统性较强,缺少对专业知识进一步应用的内容,造成学生所学的知识与学生职业能力要求的不相适应。课程内容缺少创新性,就实践性课

---

① 杨金土:《课程类型是教育类型的本质内涵》,《中国职业技术教育》,2005 年第 13 期,第 15 页。

② 李安著:《美式教育成功之谜》,内蒙古人民出版社 2001 年 7 月版,第 180 页。

③ 宋晓梦:《课程评价如何走出困境》,《光明日报》,2006 年 6 月 21 日,第 8 版。

程内容来说,验证性的内容比例过大,而以对实际生产的仿真性内容和训练学生解决实际问题的内容太少,甚至空白,造成学生所学的知识不能贴近实际生产和行业的实际需求。新技术、新工艺、新方法等没有融入教材,造成学生所学的知识跟不上行业发展的要求。

我国高职教育课程开发以知识为本位,把学科体系作为课程开发的基础。课程开发方法采用的主要是理论依据法和内省法。理论依据法就是根据国家制定的培养目标以及有关的教育理论,按照学科知识的逻辑体系来开发课程,如"适应式"课程模式。内省法就是由教师在检查回顾自己的教育经历后提出个人所认为的最合适的课程内容。通常先由几个教师提出有关课程内容的想法,然后大家讨论,最终集体决定该采用什么样的课程。由于教师的职业所限,设计的课程往往只从学校内部着眼,缺乏与职业实际需求的联系,如"模块式"、"融通式"课程模式。

"硬件主导型"和"课改主导型"的高职教学体系结构的调整由于缺乏系统思维,都只是对教学条件和课程及教学内容等要素进行局部的调整和量的增大。因此,要发挥教学体系的整体功能,必须引入系统思维,只有这样,才能形成系统整合型的高职教育行动导向教学体系。

第三节 行动导向教学体系的整合期

一、系统整合型教学体系形成的背景

借用管理学的3C理论(Customer/Competition/Change)对当前高职院校的情况进行分析可以发现,高职院校在得到教育主管部门重视的同时,受到了严峻的挑战。从顾客(customer)方面看,学校与学生关系的主导权已经转到了学生一方。由于高职院校数量的增加、同质化趋势的加剧、地区之间的差异,使学生对学校有了更大的选择余地,并且对学校提供的服务也有了更高的要求。从竞争(competition)方面来看,学校间竞争的方式和手段不断得到发展,面

临着各种形式的竞争。从变化(change)方面来看,社会的发展和科技的进步,使学校的教学内容和教学设备的更新必须跟随时代的变化与发展,原有的教学体系已不能适应现实的需要。随着就业制度发生变化,即由国家统配变为自主择业,“以就业为导向”的办学理念使得教学体系中的各要素都必须发生相应的变化,具体表现为8个方面。

1. 教学理念发生变化——从传统的接受知识到综合职业能力培养的转变。

2. 教师的作用发生变化——从教授变为教练。

3. 学生的地位发生变化——从被动学习变为教学的中心。

4. 课程内容的变换——从单一的知识学习变为以工作任务为主体的项目课程。

5. 教学组织形式的变化——从整齐划一的以班级为单位的学习变为小组合作学习。

6. 教学方法的变化——从知识的授受变为基于问题、任务和情境的学习。

7. 教学环境的变化——由单一的学习场景变为多功能的工作环境。

8. 评价标准发生变化——从过去的常模参照变成现在的标准参照。

从理论层看,我国高职教育取得的成果远比实践成果要丰富。因此,从高职教育的现实来看,尤其对硬件主导型和课程改革主导型教学体系的构建,力度和效果上并不尽人如意。教育部在《关于加强高职高专教育人才培养工作的意见》(教高[2000]2号)中要求:“高职高专教育的教学建设与改革,必须以改革教育思想和教育观念为先导。要在教学建设与改革的过程中,逐步探索建立适应我国社会主义现代化建设需要,能顺利实现高职高专人才培养目标的高职高专教育思想和教育观念,并使之系统化,促进高职高专教育的建设与改革。”在此,教育部明确提出了高职教育“改革系统化”的观点。巴班斯基也认为,教学理论不能只是对教学过程和某些侧面进行研究,而应该全面地、系统地把教学过程置于整体教育系统中及其运作动态过程中加以考察,探求其变化规律,以期达到最优化地解决教学中的各种问题。巴班斯基为实现教学过程最优化制订了9条原则、6条措施,融合了25种先进的教学方法以及与教学方法相适应的学习方法、测评方法,而通过硬件主导型和课改主导型等阶段性的改革,已经解决。高职教育教学体系的一些基本问题,现在对教学体系进行系统整合的条件已经成熟。

二、 系统整合型教学体系的内涵

所谓系统整合型教学体系,就是按照系统论的要求,将教学理念贯穿到教学体系的各个要素,使教学体系发挥整体效应,也就是按照系统的设计思想,设计出能够发挥高职教育整体功能的结构。

(一) 整合教学体系是一项系统变革

教学理念是驱动系统,教师和学生是受动系统,课程、教学组织形式和教学方法、教学环境是支持系统,教学管理和教学评价是控制系统。重组教学体系意味着3层含义。

1. 对传统的教学理念提出挑战。

整合高职教学体系,就要改变原有的思维模式,催生创新型教学理念,使教学理念发生根本改变,为教学体系的变革提供动力。

2. 对原有的体系进行系统的改造。

整合高职教学体系,既是一次渐进式的改良,更是一次系统性的变革,使"知识传授型"教学向"行动导向型"教学流程改变。

3. 使学生的竞争力明显增强。

整合高职教学体系,就是把学生的综合职业能力培养放在首位,提高教学质量,使学生的就业竞争力得到提高。这是构建行动导向教学体系的出发点和落脚点。

(二) 整合教学体系是教学改革的一次创新

1. 整合的重点。

重组教学体系的目的,就是加大教学改革的力度,不断提高教学质量,根据培养目标的要求统筹考虑知识、技能、素质之间的比例关系,找到三者之间的最佳结构平衡点,使学生的知识、技能、素质得到协调发展,提高学生的综合职业能力,有利于高职教育整体功能的发挥。

(1) 知识与技术的整合——课程内容的改革。

高职课程内容的改革,主要是知识与技术的整合。对高等职业教育来说,教学内容要反映最新的岗位技术,使教学内容从学科教育中彻底走出来,形成有鲜明的职教特色、行业特征的内容体系。具体要做到"新、实、浅"。所谓新,指的是它反映的是最先进的岗位技术;所谓实,指的是实际、实用、实践性强,突出能力本位,教学内容与岗位技术零距离;所谓浅,是指教学内容通俗易懂,深入浅出。杜威认为:"不论做怎样的理论解释,今天教育实践中最令人感兴趣、最重要的问题,就是诸如关于下列方面的整合问题:游戏与工作;智力的和知识性的因素与行动的和动作的因素;来自书本和教师的指导与来自生产活动的指导。"①杜威的这些论述,渗透着强烈的整合观点,对高职课程内容的改革极具启发意义。

(2) 理论与实践的整合——课程与教学组织形式的改革。

理论与实践的整合,就是在教学活动中把理论教学、实践教学、生产服务、科技开发等内容结合起来,在实践中教理论,在运用中学技术。这便是课程与教学组织形式的改革。传统职业教育教学分为理论教学和实践教学,两者有各自的目标和任务,在不同的时间、不同的地点、由不同的教师分别教学。这样的教学容易造成理论和实践脱节,使理论教学抽象笼统,实践教学单调枯燥,降低了学生学习兴趣,不能满足现代生产活动对人才的质量需求。要把理论内容和实践内容有机结合起来,因为理论和实践本是统一的,理论来自实践又指导实践,职业教育教学内容中不存在没有实践的理论,也不存在没有理论的实践,职业教育教学要围绕实践教授相应理论,做到时间

① J. Dewey (1906), Culture and Industry in Education, in J. A. Boydston (ed.) (1977), John Dewey's Middle Works, Vol. 3, The Southern Illinois University Press, London and Amsterdam, 290 - 291.

和空间上的统一。

(3) 学习与创新的整合——教学方法改革。

学习与创新的整合的一个重要方面就是教学方法的改革,教师的教学方法由“授鱼”变成“授渔”,学生的学习过程由记忆为主变为实践为主,通过合作探究的教学组织形式和“做中学”的教学方法,达到最佳教学效果。

2. 整合的方法。

一直以来,高职教育沿袭普通教育的教学体系。随着经济社会的发展,原有的教学体系虽然经过局部改革,但还是不能适应社会与企业对人才的需求,不能切合学生的实际,因此对教学体系必须进行整合。

(1) 线性与非线性的统一。

系统科学认为,“整体”并不是“部分”的简单的线性叠加,而是复杂的非线性组合。传统教学是一种线性教学模式,主要由教师、学生和基本教学条件组成的。教师是知识的传授者——以线性的方式组织、综合及控制教学内容,是线性的层次学习①。在这种教学体系中,教学是在教师、学生和教学媒体这样一个简单的系统中进行的,即以教师为核心的“粉笔 + 黑板 + 教材”的知识传授为主的线性教学系统。以教师为中心,容易控制学生的学习,系统处理也比较简单,这是用于基础知识教学的典型模式(见图 4 -5)。

图 4 -5 知识传授教学目标示意图

与传统教学体系相比较,高职教育的学生现在正处于一个基于信息、知识与能力复杂的需求之中,存在着“教学体系的线性与学习者、学习过程的非线性的矛盾;信息输入的确定性与思维的非预测性

① W. Dick (1996), The Dick and Carey Model: Will it survive the decade? Vol. 44, (3), 55 -63.

的矛盾和教学设计过程的封闭性与学习内容开放性的矛盾。"[①]但随着信息时代信息量的膨胀、人的思维研究的发展以及信息技术在教育教学中的应用,要求把工作过程引入教学中,原先线性的教学体系已经不能满足高级技术应用性人才培养的要求了。因此,在系统整合型教学体系中,教学是在教师和学生以及复杂的教学环境和教学资源中进行的,教学资源包括传统的教学资料和现代的教学信息库,如多媒体组合教室、数字图书馆、多媒体教学软件、WWW 全球教育资源库等等,以及教师—学生、学生—学生、学生—教育资源的多渠道、多形式和多种信息刺激的学习模式。在非线性的教学模式中,教师的角色成为知识或信息的引导者,学生成为学习的中心,目标是综合职业能力的培养,而综合职业能力的培养过程则是一个非线性的过程,即"围绕能力培养这一核心,周围形成指定目标、发现问题、研究问题、学习知识、启发思维和控制目标的松散结构,并不一定要求从什么地方为起点,在各个结构中都有可能发生其他结构的学习,形成一种多维的、非线性的教学模式"[②]。这样,教师就成为资源的导航者——以非线性的方式引导学生发现学习,学生则成为学习的中心,意义建构是教学的目的。

图 4-6 行动导向教学目标示意图

行动导向的教学体系把学生的综合职业能力培养放在首位。综合职业能力包括岗位能力、行业能力和通用能力,这 3 种能力的培养靠简单

① M. Moallem & R. Earle (1998), Instructional design models and teacher thinking: toward a new conceptual model for research and development. Educational Technology, Vol. 38 (2):5-22.

② C. Reigeluth (1997), Instructional theory, practitioner needs and new directions: some reflections. Educational Technology, Vol. 37 (1), 42-47.

的"线性教学流程"无法完成,而必须采用非线性的教学流程才能完成,也就是通过任务驱动法、情境教学法和合作探究法等来培养岗位能力、行业能力和通用能力,而这些能力的培养,必须实现时间和空间上的融合(见图4-6)。

(2)学习领域与工作过程的统一。

赵志群认为,行动导向学习理论将认知学习过程与职业行动结合在一起,将学生个体行动和学习过程与适合外界要求的"行动空间"结合起来,扩展了学生的行为空间,提高了个体行动的"角色能力",对创新意识和解决问题能力及发展具有极大的促进作用①。按照这一理论就是如何实现工作过程和学习领域的转换。工作过程是企业为完成工作任务并获得工作成果而进行的一个完整的工作程序,是由劳动组织方式、不同的工作内容、工具以及主观工作能力来决定的。在职业教育中,它是分析复杂工作系统的一个结构化工具。每个职业(专业)都具有其特殊的工作过程,在工作方式、内容、方法、组织以及工具的历史发展方面有自己的独到之处。工作过程有4个基本组成元素,即工作人员、工具、产品和工作行动。学习领域是有必要和可以用于学习的行动领域,一般为跨学科的学习课题。一个专业由若干学习领域组成。通过若干相互关联的学习领域的学习,学生可以获得某一专业的就业资格。如多媒体技术应用专业的课程含计算机图形图像处理、二维动画制作和视音频编辑处理等11个学习领域。把学习领域进一步深化就构成学习情境与教学项目。学习情境(learning situation)是一个案例化的学习单元。它把理论知识、实践技能与实际应用环境结合在一起。在技术领域,学习情境常常可以表现为具体的学习任务,即教学项目,而在服务领域(如护理)却不一定。一个学习领域可视情况由一个或若干学习情境(教学项目)组成②。

---

① 赵志群:《职业学习理论的最新发展》,《职教论坛》,2003年第4期,第62页。

② 赵志群:《论职业教育工作过程导向的综合性课程开发》,《职教论坛》,2004年第2期(下),第5页。

本章小结

高职教育行动导向教学体系从时间上可分为生成、发展和整合3个时期，从形式上可以分为硬件主导型、课改主导型和系统整合型3种。

生成期以硬件主导为特征，重视实践教学环节，通过添加实训设备、增加实训时数对教学体系进行局部调整；发展期以课程改革为特征，重点是教学内容重组，教材重新编写，并引进先进的教学方法，形成了“适应式”、“针对式”和“融通式”3种课程模式；整合期是以理念为主导，用系统思维来调整教学体系的各个要素，着力于知识与技术的整合、理论与实践的整合、学习与创新的整合，做到线性与非线性相统一，学习领域与工作过程相统一，以此发挥系统整合的功能。这3种教学体系具有阶段性、持续性、层次性、功能性4个特点。硬件主导型教学体系发生于20世纪80年代，产生的原因是高职教育急于摆脱普通教育的影响，以显示自身的职业教育特色；课改主导型教学体系发生于20世纪90年代，国外课程理论纷纷被介绍到国内，一些先进的职教理论被高职教育吸收并被试验；系统整合型教学体系则是进入21世纪以来，我国高职教育已进入由规模扩张到内涵提升的阶段，在不断提高教学质量的大背景下提出的。这3种教学体系在时间上显示了阶段性，在演进上呈现出较强的持续性，每一种体系都是在前一种体系的基础上不断发展和完善的结果，而从单要素到多要素再到全要素的改变则呈现了较强的层次性。在行动导向教学体系的演进过程中，硬件主导型教学体系有利于职业环境的构建，课改主导型教学体系使教学方式得到了有效改变，而系统整合型教学体系则把着力点放在学习者中心地位的回归上。

第五章　行动导向教学体系的子系统构建

行动导向教学体系包括驱动、受动、支持、控制 4 个子系统（见图 5－1）。能力本位教学理念是行动导向教学体系的驱动子系统。教师和学生是受动子系统。支持子系统则由课程、教学组织方式、教学方法和教学环境组成，对行动导向教学体系起保障作用。控制子系统包括教学质量管理、评价和反馈，控制行动导向教学体系的正常运行并实施反馈（见图 5－1）。

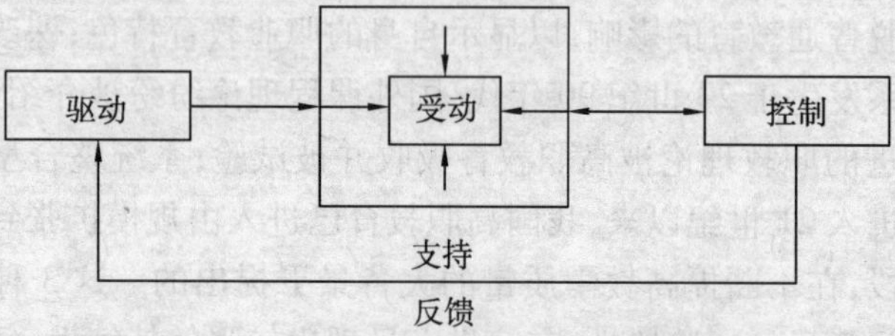

图 5－1　行动导向教学体系子系统示意图

第一节　驱动子系统——能力本位教学理念的动力机制分析

驱动子系统是教学体系的动力源，它对教学体系起着引领作用，并决定着系统的性质和方向。对教学体系的驱动机制进行分析，我们也可运用信息论的观点，把教学理念的驱动过程抽象为信息传递和信息转换的过程，通过对教学过程的认识和分析，达到对教学体系运动过程的规律性认识。机器、生物有机体和社会不同物质运动状态之间都毫无例外地存在着信息联系,"在它们中间都存在着信息的接收、存贮、加工处理和传送的过程,正是由于这一信息流动过程,才能运用信息方法,揭示出它们之间的信息联系"①。

信息的流动过程就是信息的传递过程,是把信息从一端传送到另一端,不改变信息本身的结构与形态的系统。信息主要由信源、信道和信宿3个部分组成。信源是信息的来源;信道就是信息传递的通道,是传输信息的媒质;信宿就是信息的接收。信源、信道、信宿构成了一个简单的"系统"。按照信息论的这一原理,教学体系的驱动子系统也是一个信息的传递系统,包括教学理念、领导者和教学实践3个部分。教学理念是信源,领导者是信道,教学实践是信宿,它们共同组成行动导向教学体系的动力机制(见图5-2)。

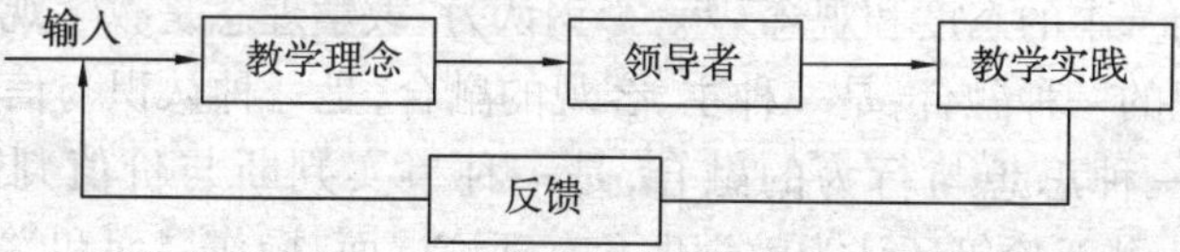

图5-2　驱动子系统示意图

一、驱动子系统的动力之"源"

在教学体系中,教学理念是"信源",对整个教学体系起驱动作用。"从一定意义上说,在我国职业教育现阶段的发展进程中,观念和制度的创新比增加经费投入更重要、更紧迫,也更有效。"②这里的观念与制度其实指的就是教学理念。那么什么是教学理念?

(一)理念、教育理念、教学理念

孙亚玲等认为,"理念实际上就是我们对某种事物的观点、看法和信念"③。韩延明对理念作了比较全面的分析,并把理念概括为3

① 李金松编著:《系统论、信息论、控制论与教育改革》,湖北教育出版社1989年9月版,第93页。

② 杨金土:《以人为本的职业教育价值观》,《教育发展研究》,2006年第1期,第68页。

③ 孙亚玲,傅淳:《教学理念辨析》,《云南师范大学学报》,2004年第4期,第134页。

个部分,即理性认识、理想追求及观念体系,并据此把教育理念定义为:人们对于教育现象(活动)的理性认识、理想追求及其所形成的教育思想观念和教育哲学观点,是教育主体在教育实践、思维活动及文化积淀和交流中所形成的教育价值取向与追求,是一种具有相对稳定性、延续性和指向性的教育认识、理想的观念体系①。

对教学理念的理解,一般认为是对教学行为的一种信念、理想、观点。金杰钦认为"教学理念,就是教师对教学工作的理解和信念,这种信念将直接影响自己的教学行为,并通过教学行为体现出来"②。黄小莲认为"教学理念是教师对教学规律的把握,对学校教学实际的认识,对学生心理的了解,以及在此基础上形成的关于教学的理想和信念"③。孙亚玲等认为"教学理念是人们对教学和学习活动内在规律的认识的集中体现,同时也是人们对教学活动的看法和持有的基本的态度和观念"④。彭钢认为"教学理念是教学观念与教学理想的一种融合,是一种主、客观的融合,是一种认识与信念的融合,是一种思想与行为的融合,是一种事实判断与价值判断的融合"⑤。孙亚玲等还认为教学理念有理论层面、操作层面和学科层面之分。理论层面的教学理念是人们对知识、教学、学习和学生的总的、一般的看法,它摆脱了具体的一时、一事、个别情景、具体学科的复杂性,达到对教学、学习、学生等的理性的理解与解释。理论或观念层面的教学理念对操作层面的教学理念起指导和规范的作用,具有方向性。操作层面的教学理念是在具体的教学情景中运用某些教育学的、心理学的或者学科的理论,把某种理论具体化、实践化⑥。

---

① 韩延明:《理念、教育理念及大学理念探析》,《教育研究》,2003年第9期,第50页。

② 金杰钦:《教学理念与教学行为》,《科技信息》,2006年第4期,第340页。

③ 黄小莲:《论教师教育策略的确立》,《教育评论》,2002年第6期,第39页。

④ 孙亚玲,傅淳:《教学理念辨析》,《云南师范大学学报》,2004年第4期,第133页。

⑤ 彭钢:《支配与控制:教学理念与教学行为》,《上海教育科研》,2002年第11期,第21页。

⑥ 孙亚玲,傅淳:《教学理念辨析》,《云南师范大学学报》,2004年第4期,第134-135页。

综上所述,教学理念是人们对教学活动的看法和持有的基本的态度和观念。这种态度和观念存在于理论层面,是人们对知识、教学、学习和学生的总的、一般的看法。

(二) 教学理念的驱动作用分析

我国台湾中原大学校长张光正在《"理念治校"与"全人教育"之大学新典范:省思、建构与分享》中强调指出:"所谓'理念'乃愿景及方向之指引原则,一个无理念之组织,犹如无航之舟,无弦之弓,何之治?"①这从一个侧面反映理念的动力作用,说明理念是推动一个系统乃至一个组织不断前进的动力。

教学理念对教学实践具有非常重要的作用,两者之间是知和行的关系。教学实践是指教师在教学中所采取的各种措施、策略等,主要是指"在教学过程中做了什么"的问题。教学理念在整个教学过程中具有方向性、主导性的作用,是教学行为的灵魂,它为教师指明"在教学过程中为什么这样做"的问题。教学实践是教学理念的源泉,教学理念又对教学实践起着指导和推动作用。有什么样的教学理念就会产生什么样的教学行为,因为"理念的变革将引发一系列行为的改变,行为的改变将产生一系列不同于以往的结果"②。教学理念一旦形成,便成为弥散于整个教学过程之中的无处不在的一种潜移默化的深层观念,并成为教学过程的组织者组织和实施教学的指南。

教学理念对教学行为的驱动作用,一般可以分为 3 种状态。一是匹配状态,即教学理念与教学行为之间,建立和达成一种平衡、稳定、牢固的联系和状态,有什么样的教学理念,就表现出什么样的教学行为,这种对应与匹配反映的主要是教学理念与教学行为之间的符合程度。二是冲突状态,即教学理念与教学行为之间处于一种暂时性的紧张、冲突状态.理念指向与行为指向完全相反、相悖,实践和操作行为与主体的认识和信念相分离、相背叛,二者无法达成一种平

---

① 黄俊杰著:《大学理念与校长遴选》,台湾通识教育学会 1999 年 3 月版,第 122 页。

② 张鼎昆著:《行动学习》,机械工业出版社 2005 年 5 月版,第 15 页。

衡、统一与和谐。从价值判断来度量,有两种性质不同的冲突状态:第一种是理念与行为之间的真实冲突,第二种是理念与行为之间的"假性"冲突。三是不同步状态,即教学理念与教学行为之间,建立和达成了一种稳定的联系,总体方向一致,但时间进程有先后,处于不完全匹配的状态。或者是理念超前于行为,行为还不能充分体现所代表的概念,认识水平超前于实践水平;或者是行为超前于理念,做到了但还没有想清楚,还没有概括出来,实践水平超前于认识水平①。

在高职教育发展过程中,教学理念的发展与教学实践在这3种状态中前进。在高职教育的发展初期,由于是沿袭普通高等教育的教学体系,知识本位教学理念与知识传授型教学实践是匹配的。但随着经济社会的发展和改革的深入,社会对高职院校的毕业生的实践动手能力要求不断提高,能力本位的教学理念为高职教育界接受。但教学实践过程中,由于毕业生还是由原来的教学体系所培养,未能满足社会和企业的要求,导致就业率不高,造成教学理念与教学实践的冲突处于不同步状态。进入21世纪以来,高职教育开始由规模扩张向内涵发展转变,就要确立能力本位的教学理念,构建行动导向的教学体系,实现教学理念与教学实践的同步,取得匹配。

二、驱动子系统的动力之"道"

教学理念的作用要通过一定的"信道",也就是一定的载体才能发挥出来。在行动导向教学体系诸要素中,只有教育者才能把教学理念的要求贯穿到教育教学过程中。这里分析领导者在教学理念与教学实践发挥的"桥梁"、"催化"和引领作用。

美国著名管理学家彼得·圣吉在其著作《第五项修炼》中提出"共同的愿景",就是说一个组织必须有一个共同的目标。这个目标能够引导大家共同去追求、去努力。明确的科学的目标是一种强有

---

① 彭钢:《支配与控制:教学理念与教学行为》,《上海教育科研》,2002年第11期,第21-22页。

力的激励因素，是完成工作的直接动因，也是坚定信念的基础。观点的分享、意见的达成和责任的分担，是一个组织的“灵魂”，组织成员能够团结在一起，不全是靠外力的作用，而是靠组织成员心灵的默契和共同的愿景。要实现共同的愿景，首先必须实现从“管理”到“领导”的转变。

按照先进管理科学理论的说法，管理分为人物管理、人际管理、人才管理和人格管理4个阶段。第四阶段的人格管理，就是建立在管理者和被管理者的价值观念、生活情趣和生命意义等最高层面的共同追求之上的，也是管理的最高境界，也就是“领导”。所谓领导（lead），就是“做正确的事”，就是确定一个组织努力的方向和价值的追求，是指在一定的条件下，为实现既定的目标，对所属组织和人员的活动施加影响的动态行为过程。“管理”（manage，administer）是指“正确地做事”，它强调做事的规范和程序的合理性。理念引领就是实现对一个组织共同愿景的“领导”。传统的“管理”侧重计划、组织、控制、协调，采用科层制的管理模式，强调通过监督和评估，对学校工作进行考核和奖惩。它侧重于技术性、规范性的层面，偏重日常事务的细节，仅强调实现正常的教学秩序；而“领导”则是领导者通过对责任和义务的自我反思，进行角色重塑，强调平等、共识，强调个人的愿望能够变成组织共同的愿景，较多涉及创造性层面，着重关注教学理念的更新、形成学校发展的愿景等，对学校工作发挥引领和服务的作用。传统的“教学管理”主要指向“事情”或“工作”，即教师的“教”，主要指向教师的教学活动；“教学领导”主要指向从事“事情”或“工作”的“人”，即教师和学生，指向教师的教学效能和学生的学习成就。

“领导”作为一种精神的引领存在于组织寻求自身意义的奋斗中。人的行为是思想的产物、观念的产物，教育是影响人的心灵成长的价值引导的工作，学校是精神感召的场所，目标和方向都要靠思想的引领，因此教学理念是第一位的。高职院校的领导要从“学校管理”走向“理念引领”，首先是教育思想的领导，办学思路要明确。只有思路明确，才能依据本校的具体情况，确立办学思想和办学思路，并随着时代的变化而不断地更新办学思想；只有理念明确，才能突出本校的办学特色，才能把能力本位作为高职办学的主要理念。学校的办学理念、目标设想是学校发展的战略，而把办学理念、目标设想变成学校发展的事实则是领导者的首要任务。有学者对优秀的领导者的特征进行了概括：他乐于应对各种压力，并在追求卓越中体味乐趣；他喜欢变化，把自己引发变化的能力视为成功的至关重要的因素；他善于和不同类型的人交往与沟通，巧妙地对待各种棘手的人物；他有构建“双赢”局面的创造力，同时不放弃底线的坚韧性；在处境艰难和困境中仍然保持建设性和创造性的心态，当周围的人都主张放弃的时候，他总是能够走出一条脱困之路[①]。如果把这种特征引入到高职教育行动导向教学体系的构建中，就要求高职院校实现从传统教学管理到教学领导的转变，也就是从教育管理到理念引领的转变，这是能力本位教学理念的动力之魂，而领导者则是动力之“道”。

三、驱动子系统的动力之“宿”

信源通过信道最终回到信宿，在循环的过程中，信源的作用得以体现。教学理念通过领导者的引领，将教学理念具体化，并指导着现阶段高职教育的教学实践，使教学理念的作用在教学实践过程中得到全面发挥。

吕鑫祥认为，从目前我国高职教学试点的情况分析，还不能说已建立起正确的高职教学理念，更不能认为在教学理念上已形成共识。可以说问题不少，争论很多[②]。其实，对高职教学理念的争论（或者说问题）主要集中在两方面。一是在教育史上，对教育实践产生深刻影响的主要是两大对立的教学理念，即如何实现老“三中心”和新“三中心”的有机结合，尤其是现阶段如何克服知识本位教学理念在

---

① 肖川：《领导与管理》，《中国教育报》，2005 年 2 月 22 日，第 6 版。

② 吕鑫祥：《高等职业教育教学理念的比较研究》，《职业技术教育（教科版）》，2003 年第 10 期，第 9 页。

高职教育中的影响。二是国外高职教学理念的借鉴度如何。

（一）传统"知识本位"教学理念对高职教育的统治

所谓老"三中心"，就是以赫尔巴特、凯洛夫为代表，以教师、教材、课堂"三中心"为特点的传统教学理念。新"三中心"就是以杜威为代表，以学生、经验、活动"三中心"为特点的现代教学理念。

传统的知识观认为，科学知识是绝对的，学生的任务就是接受、存储前人已经发现了的科学知识。教与学的关系是教支配学，以教为中心，以教为基础，以教定学。教学过程就是把形成结论的生动过程变成了单调刻板的条文背诵，把教学过程庸俗化到无需动脑思考，只需听讲和记忆就能掌握知识的程度。在这一过程中，"教师是知识的拥有者，是活的教科书，是课堂教学的主宰者。教师的角色一直是知识的传播者，课堂上灌给学生的知识越多越优秀"①。"在应试教育的体制下，'知识的掌握'成为求得应试成功的手段。学生在学校里专注于积累知识，而积累的知识就像商品那样，用来换取应试的成功。"②以培养人为宗旨的教学活动在这一理念指导下，被当作以知识接受为中心的活动，知识成了中心，而学生处于教育的边缘，被视作"知识容器"。

这种知识本位的教学理念，一直受到反对。杜威认为，"为知识而强调知识的传统教育，轻视任何实用主义的教育目标是不能实现教育的这项（实业方面的）社会功能的"③。蔡元培在1919年9月20日北京大学第22年开学式演说词中要求"大学不是灌输固定知识的机关，而是研究学理的机关"④。从蔡元培至今的近一个世纪里面，就我国的教学理念，无论是基础教育还是职业教育，"知识本位"的观念根深蒂固，还统治着整个教育，反映在职业教育教学中，形成了"黑板上开机器，教室里种水稻"的特有现象。

---

① 朱幕菊著：《走进新课程》，北京师范大学出版社2002年6月版，第112页。

② 钟启泉编著：《现代课程论》，上海教育出版社2003年10月版，第452页。

③ 杜祖贻著：《杜威论教育与民主主义》，人民教育出版社2003年8月版，第85页。

④ 高平叔编：《蔡元培教育论集》，湖南教育出版社1987年4月版，第248页。

（二）从国外高职教学理念发展看我国高职教学理念的选择

20世纪80年代以来，企业越来越抱怨学校中的职业教育没有为企业培养出合适人才，只注重知识和理论的掌握而忽视实际的“操作能力”。许多专家认为，真正从根本上反映出的职业胜任力是“能力”，而这一点却被学校忽略了。他们主张新的职业教育模式应由注重知识（应知）转为注重能力（应会）。这种以能力本位的教育与培训（Competency-Based Education and Training，简称CBET）观点逐渐被西方职教界所普遍认同。石伟平认为：“70年代中期到80年代初是职教课程由学科本位向能力本位的转变时期。”这种模式的特征，用一句话概括，那就是“整个教学目标的基点是如何使受教育者具备从事某一特定的职业所必需的全部能力”。美国“技术准备计划”则要求“职业教育的主要目标将由获得入门技能逐渐转向为获得相应学位作准备；加强应用物理、应用数学、应用交际等课程，课程内容要超越职业具体领域”。法国教育部制定的短期技术学院教学大纲要求“教学中既要重视专业基础理论学习，又要重视技术应用能力培养。学生接受的不是一种固定的职业训练，而是多科性、综合性的教育，使学生有较强的适应能力，可适应技术发展带来的一系列要求”。法国教育部制定的短期技术学院教学大纲认为与其让学生获得某些具体技术知识，不如培养学生从无限的知识系统中汲取和提炼所需知识的能力。专业技术课程是教学的主要内容，其目的不仅使学生学会某些具体的工艺知识和技能，获得解决某些问题的现成药方，而且使学生在掌握专业理论的基础上形成技术应用能力。美国国家职业教育研究中心（NCRVE）1995年提出“关于生计的教育与培训的立法建议”，认为要确立“使今日的学生获得能适应明日需要的各种理念，职业性内容要和学科性内容相结合；不能局限于职业入门要求的具体技能，而要关注到行业或职业的各个方面，应着眼于广义的行业或职业范围；应删减那些只教某种岗位技能的课程，使学生获得边工作、边继续学习的基础，保证学生能向更高层次教育继续学习”①。

---

① 吕鑫祥：《高等职业教育教学理念比较研究》，《职业技术教育（教科版）》，2003年第10期，第9-10页。

1999年联合国教科文组织在韩国汉城召开第二届国际技术与职业教育(TVE)大会,以"终身学习与培训:通向未来的桥梁"为主题,并指出职业技术教育的普及与其所提供的学习技能,将会促进全世界的所有公民接受教育。采取新的整体行动,在包括普通教育和职业教育在内的21世纪教育的所有学习领域内使受教育者终身求知进取,终身追求新的价值观与态度,并终身提高自己的能力与技术水平。新的整体行动的最终目标是建立一个学习的社会,对课程进行重新设计与定向,并使学生学到许多通用的新知识与新技能,获得更多的综合的阅读与计算以及通过现代技术进行理解和交流的能力,等等,以增强岗位变化和职业转换的适应性和继续学习的可能性①。

由此可见,国外高职教学理念实现了从重视岗位能力的培养到强调终身学习能力的培养,从重视岗位的针对性向重视基础理论学习的转变,从重视就业功能到就业与升学并重三大转变。这些理念是随着国外经济社会发展而逐步确立的,未必适合我国高职教育的实际。(1)"以就业为导向"是指导我国高职教育的方针。这一方针也是符合我国经济社会发展实际的。我国还处于工业化的初期,急需大量的实用性人才。同时,我国的产业结构主要还是以劳动密集型为主,并且存在着严重的地区差异。(2)我国从20世纪90年代末高校扩招以来,已经实现了高等教育从精英教育到大众化的转变。教学质量的竞争成为大学的主要竞争。对于高等职业教育来说,其竞争的主要法宝就是其毕业生的就业率。(3)在现阶段,我国的高职教育主要在专科阶段,基本还属于终结性的教育层次。升学的功能对大多数学生来说并不具备。因此,国外高职教育"延伸、拓宽、高移"的教学理念对我国现阶段并无多大借鉴意义。

不同的教育理念产生不同的教学实践,不同的教学实践对教学理念又会起反作用,产生不同的结果。社会的需求、企业的需求和学

---

① RECOMMENDATION, Second International Congress on Technical and Vocational Education, UNESCO.

生个人的需求汇集一起就构成了对“能力本位”教学理念的强烈呼唤。高职教育要不断拓展能力的内涵，注重学生综合职业能力的培养，既关注岗位能力的培养，又关注学生行业能力和通用能力的培养。

能力本位教学理念是围绕职业活动中需要的实际能力，以职业分析为基础组织课程、开展教学、进行评价的一种教学理念。它以全面分析职业活动中从业者的活动内容、素质要求为出发点，以提供学生完成工作任务所需要的能力为基本原则，强调学生在学习过程中的主导地位，使学生具备从事某一职业所必需的综合能力。

因此，在现阶段，我国高职教育既不能完全照搬国外高职教育“延伸、拓宽、高移”的教学理念，也不能简单因袭普通教育知识本位的教学理念而专注于学术教育，而要以就业为导向，满足社会、企业、个人 3 个方面的需求。要满足这 3 个方面的需求，就必须确立能力本位的教学理念。能力本位理念要求在教学活动中，突出能力的培养，强调学校与社会、理论与实践的联系，在教学体系中主要体现在教学观、教师观、学生观和评价观等方面。

1. 教学观——交往与互动。

在教学观上，传统教育重视课堂教学，以课堂教学为中心，以教材为中心。学生所学基本上是间接的书本知识，缺少社会生活这个大课堂的实践，同时也缺少对社会生活这本大教材的领悟和学习。传统教育主要关注教师的教法，而忽视学生的学法；强调思维的同一性、答案的标准性，而否定思维的发散性、答案的多元性；强调共性，忽视个性，压抑了相当部分学生的个性和才能。高职教育与传统教育有着本质的区别。高职教育在关注学生的生命价值、生存需要和发展需求的同时，以就业为导向，以能力为本位，不仅是关注显性知识的学习，更关注工作过程知识的学习，也就是默会知识的学习。能力本位的教学观要求教师的教与学生的学达到统一。这种统一的实质是交往、互动。交往使学生动口、动脑、动手，积极参与教学活动，主动学习知识，掌握技能，培养能力，真正成为学习的主人。互动取决于“善教”和“乐学”的结合。“善教”要求教师必须具有强烈的创新意识,“乐学”要求学生主动参与教学过程,从学习中获得快乐,在快乐中获得知识、提高能力、增强素质。

2. 教师观——教师由教授变成教练。

在教师观上,教师不再是知识的权威和拥有者,而是学生学习的伙伴,学习的促进者,是平等中的“首席”。教师的目的不只是为了“教”,而是通过“教”创造让学生更好地“学”的条件;学生学习不再是为了获取高分,而是为了自身的发展和实现生命价值的愿望,在强调共性的同时,更加关注个性,在强调同一性的同时,更加强调多元性和创新性。由此可见,传统教学理念关注的是知识引领,而高职教育关注的是能力引领。能力本位教学要求改变“教师讲学生听”的单一授课方式,教师要从知识的提供者转变为学生学习发展的合作者、引导者、促进者,由教学的主角转换为“平等中的首席”。在教学中,教师不仅要研究教什么,怎样教,为什么教,还要站在学生的角度去思考,研究学生现状如何,需要什么,如何才能学好等问题,由传统的教授变成行动的教练。

3. 学生观——学生主体。

在学生观上,传统教育注重知识传授,逐渐形成了以书本知识为中心的教育,最终演化成以应试为中心的教育,使教育发生了异化。以知识的灌输为中心,就丧失了学生的中心地位,学生从根本上失去了成为教育主体的可能。在教师观上,传统教育以教师为中心,强调教师在教学中发挥主导作用。教学的方向、内容、方法和组织,都由教师决定,学生在教学中处于从属地位,无视学生学习的主动性和自觉性。能力本位教学理念要求教师在制订教学计划时,首先应该考虑学生的实际情况如认知水平、兴趣特点,再考虑教学方法、教学内容与教材。教学过程不只是忠实执行教案的过程,而是师生共同开发课程、丰富课程的过程,学生也是课程建设的主体。

4. 评价观——过程与结果并重。

能力本位的评价要求对学生不再以知识的多少来衡量学习的成果,而是以是否达到能力的标准来衡量学生的水平;考核的方式也不再是“一张张试卷”,而是“一项项任务”;考核的结果不再是常模参照，而是标准参照。

综上所述，教学理念是驱动子系统中的信源，是教学体系的动力源，对整个教学体系起着推动作用。领导者是驱动子系统中的信道，教学理念通过领导者的引领化为具体的教学实践。教学实践是驱动子系统的信宿，是教学理念在教学实践中的具体表现。三者的互动构成了行动导向教学体系的动力机制。

第二节 受动子系统——行动型师生关系的建立

在行动导向教学体系中，教师和学生共同组成受动子系统。在受动子系统中，学生始终处于教学的中心，教师则成为平等中的首席。教学理念的驱动作用通过教师和学生的共同努力才体现出来（见图5－3）。本节探讨教师和学生两个要素的作用及其相互关系。

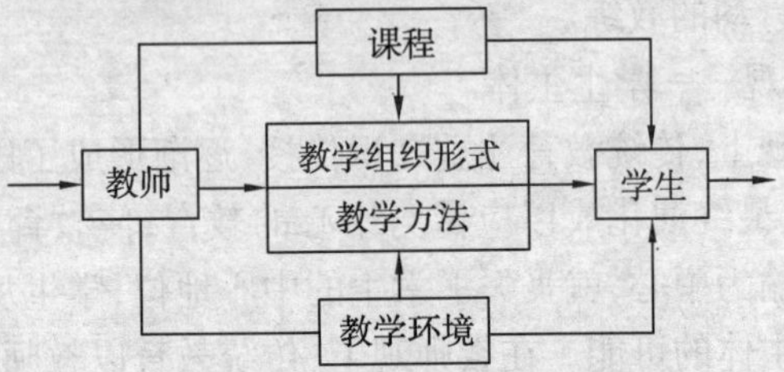

图5－3 受动和支持子系统示意图

一、行动导向的师资队伍建设

（一）“两条线”体制对高职院校教师培养的制约

1. “两条线”培养。

所谓“两条线”，就是高职院校的教师是由两类院校培养出来的：一是属于教育科学，即师范类院校，主要培养文化基础类专业教师；二是属于专业科学，即普通高等专业院校，主要培养工程技术人员。两类院校的培养目标都不是高职院校的专业教师。前者专业理论基础扎实，一般能够担任理论课教学。后者实践能力较强，但教学能力相对不强。这种由“两条线”培养出来的教师，不仅数量上满足不了教学的需求，而且质量上也很难达到“双师”素质的要求。

2. “两条线”管理。

目前高职院校一般还是从课程性质的角度来区分教师类型，主要分为文化基础课教师、专业课教师、实习指导教师等。从管理来说，也是分类管理：一种是所有教师一般由不同的部门进行管理，如理论课教师由教学管理部门管理，实习实训指导教师由实训管理部门管理；另一种是由系部统一管理，但依旧是“原始身份”管理，人为地把教师分成单一类型。

3. “两条线”评价。

在教育部公布的《高职高专院校人才培养工作水平评估方案（试行）》中，对师资队伍建设提出了明确的要求，以优秀等级标准为例，规定了量的要求，如：青年教师中，研究生学历或硕士及以上学位比例达到35%；高级职称比例达30%以上，在各专业中的结构分布要合理，大多数专业有高级职称的专业带头人；专业基础课和专业课中双师素质教师比例达70%以上；兼职教师数占专业课与实践指导教师合计数之比达20%以上[①]。从这一指标来看，这个标准是刚性的，可操作性强，也便于评价。但这个标准有一个明显的倾向，就是把理论和实践分开。青年教师中研究生学历或硕士及以上学位比例这一指标就是用普通本科院校的学术性标准来要求高职院校的。双师素质教师也仅仅停留在有企业工作经历上。总之，对教师的要求是从总体上提出来的，评价也是对全体教师的评价，缺乏对个体的教学水平、实践能力和理论水平的综合评价。第二次国际技术与职业教育大会明确提出：“必须重新考虑21世纪职业技术教育教师的执教资格，其中包括在校培训和在工作场所培训之间的最佳平衡。在重新考虑教师的执教资格时，必须考虑制定新而合适的评估工具、认

---

① 教育部高等教育司编：《高职高专院校人才培养工作水平评估》，人民邮电出版社2004年6月版，第55-57页。

可标准、工作表现及颁证标准。”①因此,高职院校的教师有必要按照这一要求进行培训、管理与评价。

(二) 高职院校教师发展的“三阶段”划分

我们认为可以把高职院校的教师职业发展分为适应期、发展期和成熟期3个阶段,处于这3个阶段的教师群体分别处于获得资格(从业许可)阶段、获得资历(实践经历)阶段和获得智慧(教学技能)阶段,教师关注的焦点各有侧重(见图5-4)。

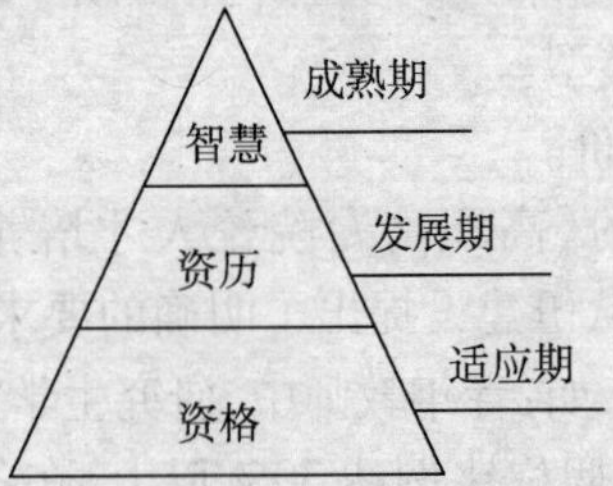

图5-4 行动型教师能力与发展阶段图

1. 适应期。

处于适应期的教师群体大多是新教师,主要有两类:一类是刚参加工作的高校毕业生,他们既缺乏教学经验,又没有企业实践经历;另一类是从企业引进的工程技术人员或从社会选聘的专业技术人员。这两类教师解决了高职教育师资数量不足、实践能力欠缺的一些问题,但他们普遍缺乏教学基础能力。他们最关注的是对新环境、新岗位的适应问题。学校要通过教育学、心理学、教师职业道德等方面的教育与培训,帮助他们尽快获得从业资格。

2. 发展期。

现阶段我国高职教育模式基本还是学校本位模式,即学生主要在学校完成全部的理论和实训课程。由于缺乏企业界的真正介入,学生在学习和实践环节难以获得执业过程中的某些现实经验,特别

① RECOMMENDATION, Second International Congress on Technical and Vocational Education, UNESCO.

是那些不能用语言传达的默会知识，容易造成理论与实践脱节。目前虽然引进了一部分工程技术人员，但还是远远不能满足要求。因此，过了适应期，正向发展期迈进的教师群体，最关心的是要思考如何提升自己的教学水平，不断积累实践工作经验，探索教学规律，逐步形成自己的教学风格。

3. 成熟期。

处于成熟期的教师往往侧重如何根据学生特点进行灵活有效的教学，这一群体的教师更关注职业的价值，不满足于获取资历和资格，而是关注自身的教学智慧，也就是“体现在教育的个体发展功能上”①。因此，成熟期教师就是向教师专业化发展，按照工作岗位的需要，通过不断的学习与训练，获得学科专业知识与教育专业知识技能，逐步提高自己的教学和科研水平，向“行动型教师”迈进，并取得相应的专业地位。

（三）“行动型教师”的发展

教育学家、美国卡内基教学促进会主席舒尔曼认为，当代专业化原则上至少有 6 个特点：服务的理念和职业道德；对学术与理论知识有充分的掌握；能在一定的专业范围内进行熟练操作和实践；运用理论对实际情况做出判断；从经验中学习；形成一个专业学习与人员管理的专业团体。凯斯（C. W. Case，1986）等人则通过对比医生和律师的专业化过程及其标志，提出现代专业的本质特征是：专门知识、探究的责任、为公众提供良好服务和专业学院的建立②。哈蒙德（D. Hammond，1990）提出，专业的构成有 3 个基本要素：专门知识、特殊技能、高度的使命感和责任感。教师专业化则是提升以上 3 个要素的层次，使教师团体具有自主性、独特性及服务性的过程③。西克斯

① 林崇德著：《教育的智慧》，开明出版社 1999 年 1 月版，第 22 页。

② C. W. Case, etal (1986), The Holmes Group Report: Impetus for Gaining Professional Status for Teachers, J. Teach. Educ. July - August.

③ Hammond L. Darling (1990), Teachers and teaching: Signs of a changing profession. In W. R. Houston (Ed), Handbook of research on teacher education, New York: Macmillan. 267 - 290.

(G. Sykes ,1989)提出教师专业化有4项条件:第一,将执业人员必备的知识与技能成功地转型为经得起验证并经系统累积的知识基础;第二,接受专业教育的人是经过严格筛选的;第三,这些知识的累积和传播是在特定的教育机构内进行的;第四,接受专业教育者需经过实习且通过证书考试才算是合格的执业人员[①]。成熟期教师向专业化发展的目标是成为“行动型教师”,主要途径如下。

1. 由演说家向行动者转变。

2005年11月24日《北京晚报》发出“大学里有的是教授,缺的是教练”的感叹。这种感叹恐怕对高职院校而言更加贴切一些。联合国教科文组织一份调查报告指出:“教师现在的责任是越来越少地传递知识,而越来越多地激励思想;除他的正式职能之外,他将越来越成为一位顾问,一位交换意见的参加者,一位帮助发现矛盾论点,而不是拿出现成真理的人。”[②]

美国学者鲍里奇在其著作《有效教学方法》中提出清晰授课、教学多样化、任务导向、引导学生积极投入学习、确保学生成功率为有效教学等至关重要的5种教学行为[③]。这5种教学行为对高职教育教师的角色转变具有重要的现实意义,对教练过程极其关键。教师应该成为学习过程的策划者、课程设计者、学习过程中的教练、指导者、导师和顾问。因此,教师必须研究教学的方向、方法、内容和形式等。这就要求教师更多地加强与行业企业的联系,尽可能成为职业实践者,并充分考虑学生的认知水平和已有知识、技能、经验与兴趣,分析学生的普遍的和特殊的需要,不断更新自己的课程内容,开发新的教学案例,有针对性地设计教学组织形式和教学方法。在开始时,

① G. Sykes (1989), Teaching and Professionalism: A Cautionary Perspective. In L. Weis, P. G. Altback, G. P. Kelly, H. G. Petrie & S. Slaughter. (Eds), Crisis in Teaching. Albany, New York: State University of New York Press.

② 张善忠,魏永田:《创造师生互动共进的新境界——再谈构建新型师生关系》,《天津教育》,2003年第5期,第23页。

③ Gary D. Borich (2000), Effective Teaching Methods [4th Edition], by Prentice-Hall, Inc. Pearson Education. Upper Saddle River, New Jersey .8.

教练的角色是“促进师”,教师角色由传统的主导教学的组织领导者转变为教学活动的引导者,引导学生学会学习,进行有效思维,为学生创造一个良好的学习环境。在过程中,教练是“讲解员”,不仅传授知识,还要示范,不像过去那样站在“演说家”位置上照本宣科,而要从知识的传授者向教学活动的设计者、组织者、指导者转变。这就要求加强自身实践动手能力的培养。学习结束时,教练是“评论家”,对每一位学习者进行个人反馈与指导,恰当评价学生的学习结果。

2. 由“单打独斗”向“合作成长”转变。

合作授课理论的代表人物鲍文斯和胡卡德指出:“一个教育者整日守在一间教室里的模式已逐渐不能适应21世纪的学校。在世界各国的学校中,专业合作开始成为一种新的教育范式,而合作教学则是这一运动的先导。”①传统教师工作的个性化与个体化以及一个教室一个教师,教师控制教室,这种教学形式和教学方式割裂了教师之间的协作关系,使教师养成了“单打独斗”的工作思维和习惯。现有高职院校教师在教学工作中形成的关系主要是平行关系模式,就是普通文化课、专业基础课、专业课等基本上不沟通,即使同在一个教研室,教同一门课,往往也是各行其是,各自都只围绕自己的教学目标工作,这是高职院校中最普遍的一种模式。因此,要把这种平行关系改变成合作关系模式,也就是把原来的班级变成若干小组,把原来的教学单元变成工作项目,由多位教师在合作中共同完成教学任务。这种模式也可以认为是“功能性配备”②。对教师的功能性配备,便于项目课程的改革和教学的开展。

3. 由只重教法向既重教法又重学法转变。

教师要注重教法和学法的更新,要根据教学内容和学生的实际

---

① J. Bauwens & J. J. Hourcade (1995), Cooperative teaching rebuilding the schoolhouse for all students, 7.

② 刘德恩等著:《职业教育心理学》,华东师范大学出版社2001年4月版,第250页。

情况设计教学方法,重视启发诱导,符合“做中学”的要求。教师把教的过程变成学生在行动中探索新知识的过程,把以能力为中心作为设计教学方法的出发点。要转变一讲到底的传统形式,增加师生互动的机会,鼓励学生提问题,尊重学生的创新思维,使他们有机会去发现问题、分析问题并创造性地解决问题。要创造一种宽松的环境,把学习过程变成完成任务的过程,使每个学生有获得成就的机会,激发他们的学习热情和强烈的求知欲望,让他们都能平等地参与到教学中去,从而变单纯的知识教育过程为综合能力培养的过程。

4. 从单一的评价方式向综合的评价方式转变。

当前的高职教学评价标准是建立在学科的基础之上,学科教学标准是学科专家提出与认可的。由于学科专家的学术背景不同,使用相应的学科教学评价标准也就较多地关注学生学科知识结构的建构,而缺乏知识、技能、态度等职业能力和综合素质之间的联系,忽视知识在职业活动中的实际应用。考试方式沿袭了传统的考试方式,大多以闭卷笔试为主,这种方式有很多弊端。首先,闭卷考试是学生在不借助任何书籍和材料的情况下,在限定时间内独立完成的。命题内容有抽样性,考生考试所处环境、心理状态等因素的影响使考试成绩偶然性,是无法避免的。其次,在这种考试中,记忆力的考核处于主角地位,而操作能力、分析能力、批判思维能力处于边缘角色,所以这种考试对于学生的考察是不全面的,考试无法测出学生真实素质的发展状况,且与高职教育培养生产、服务、管理一线的技术应用型人才的目标相距甚远。再次,闭卷考试一般客观题较多,标准性答案抑制了学生创造性思维的培养,限制了学生主动求知探索的积极性,不利于创新素质的培养。

因此,要改变单一的以考试分数高低评价人才的观点,建立起重能力、重创新的人才评价体系。在考核基本理论和基础知识的同时,要注重学生的自学能力、研究能力、创新能力的考核。可以选择多样化的考核方式,如开展社会调查,创新研究,指导学生撰写小论文,形式多样的课程设计等,尽量使答案主观化,从而激发学生的创新思维,提高学生分析问题、解决问题的能力,为他们走向社会奠定扎实的知识和能力基础。

二、行动导向教学体系中的学生

（一）高职院校学生分析

周剑华从学习困难学生出发把高职院校的学生分为智能偏低型、被逼无奈型、自卑放弃型、放松懒惰型、被动依赖型、网络迷恋型6种类型①。

我们认为，从另外一个角度观察高职院校的学生，除了上述6种类型外，他们还具备以下特殊的“身份”。

1. 应试教育的“失败者”。

在基础教育阶段，这部分学生大多被认为或自认为是“失败者”，他们的学习成绩总让老师和家长不满意甚至失望，他们在学习上体验的是过多的失败，他们认为自己在学习上难以获得成功，被动痛苦地学习。在课堂上不愿听，甚至根本不听课，懒于思考，坐等现成答案，死记硬背，缺乏主动探索、自主学习和分析、解决问题的能力，缺乏科学的学习方法，丧失了学习的自信心。大部分高职生已经厌倦甚至放弃了接受以往的“学术性”、“学理性”的教育，其学习兴趣或已淡化或已转移。所以，学习动力不足也是情理之中的事。

“应试教育”遭到了全社会的猛烈抨击，被认为是一种教育病态现象。它不仅使学生的创新思维受到阻隔，而且不利于学生健全的人格发展。一所重点中学的高中生有意背着同学问老师一道数学难题，原因是这名同学惧怕一旦其他同学都懂了，增加了高考的敌手。你死我活的高考竞争助长了个人主义，居然导致把同学视为“敌人”，这同我国社会主义教育的培养目标格格不入②。中国企业评价协会学习型组织专业委员会主任张民认为，传统的教育与培训在培养精英的同时，也培养了更多的失败者。这些学生在学习成绩面前

---

①　周剑华：《高职院校学习困难学生类型分析及矫治对策》，《中国成人教育》，2005年第3期，第41页。

②　钟启泉：《改变“学力观”，保障“学习权”》，《河南教育》，2001年第9期，第1页。

很自卑，“说得彻底一点，教育的使命和魅力荡然无存”①。

2. 高职教育的“失意者”。

高等职业教育的主要生源是参加高考的普通高中毕业生，从文化基础知识看，他们处于普高考生中的中等以下水平。他们在应试教育中似乎未获成功，但入学成绩低并不意味着能力就低。这些学生只是在以逻辑思维能力等适合于解释世界的认知活动中遇到了困难，而改造世界的职业技术活动可能是他们的强项。因此他们无奈地承认应试失败但不服气应用失败，因为他们的智力并不低下，只是他们的长处常常不被发现或被发现而不被重视。这些学生在无奈选择高职教育之路后，经过调整，还是有较强的自我实现愿望的。他们刚刚从应试“失败”的“深渊”跌跌撞撞地爬上来，以为能看到“光明”，哪怕“曙光”也行，可是他们错了，现实再一次地让他们变成了“失意者”。进入高职院校以后，他们发现，应试教育的情况在这里并未得到改变，这里的教学情况与接受基础教育的情况“差不多”：新老教师的水平差不多，教师的教学方法仍然以讲授为主；文化基础课与专业课差不多，因为教学内容仍然以理论为主；从企业来的老师和大学刚毕业的老师差不多，因为教学地点以教室为主，教师施展才华的手段仍然是“讲”；考试的方法也差不多，仍然是“以分数论英雄”，唯一能让他们兴奋的实习和实训课，也因为台套数较少、时间较短而令他们感到失望。学生远离职业环境，对专业内容缺乏感性认识，一开始就在课堂中接受抽象的文字符号的学习，学生在没有感性认识的情况下学习，不仅抽象难懂而且枯燥乏味，自然没了兴趣。“对于青年人，这是一种酷刑：假如强迫他们每日听六堂、七堂或八堂课，外加自习；假如使他们过度受到默述、练习和需要记忆的功课的压迫，以至产生恶心甚至痴癫。”②

---

① 钟启泉：《中国课程改革：挑战与反思》，《比较教育研究》，2005 年第 12 期，第 18 页。

② [捷克]夸美纽斯著，傅任敢译：《大教学论》，教育科学出版社 1999 年 5 月版，第 98 页。

3. 传统智能评价的“受害者”。

哈佛大学心理学家霍华德·加德纳(Howard Gardner)的多元智能理论认为,除了大脑受损的人,所有的人具有所有的智能,即语言智能、逻辑—数学智能、空间智能、音乐智能、身体—运动智能、人际关系智能、个人内省智能、自然观察智能。造成人与人差异的不仅是他们拥有的智能,而且是他们的智能结构(profiles of intelligence),也就是由人们智能中相关的强项与弱项的差异造成的[①]。

按照多元智能理论,从整体上讲,进入高职院校的学生处于从不成熟走向成熟的人生转折时期,表现出半幼稚半成熟的心理矛盾。他们的世界观和人生观还比较模糊,是非观念比较淡薄,在学习中的表现主要存在着独立性与依赖性的矛盾冲突。随着年龄与知识的增长、交往范围的扩大,这些学生在自我意识上表现为成人感增强,具有一定的主动性和独立性,但是同时又存在很大的依赖性,表现最为突出的是自我学习能力差,这就必然使他们在学习方式、学习方法、思维方式、接受能力上存在极大的不适应。但这种不适应性主要表现在他们的语言智能、逻辑—数学智能不适应传统知识传授型教学体系。智能是多元的,不是当初所认为的那样仅仅依赖于一般智力。实践证明,被传统理论认为智能低下的人在现实世界中获得成功的例子不胜枚举。传统学校欣赏的是语言智能和逻辑—数学智能,结果把许多学生置于边缘状态而成为传统智能评价的“受害者”。

(二) 行动导向的学习观——学生学习方式的转变

不同的研究者对学习方式的解释不同。雷斯曼(Rieseman)是最早对学习方式的概念作出解释的人。他指出,学习方式主要包括感觉通道、与学习有关的生活方式、认知方式。奈欣斯(Nations)把学习方式描述为感觉定向、反应方式和思维模式这三者的结合[②]。普

---

① [美]Mindy Kornhaber, Edward Fierros, Shirley Veenema 著,阎力译:《学校中的多元智能》,中国轻工业出版社 2005 年 2 月版,第 6-8 页。

② 石翠红:《教学与学生的学习方式》,《赤峰学院学报(汉文哲学社会科学版)》,2005 年第 6 期,第 130 页。

林斯顿大学的卡尔·施考斯基说,检验一位好教师的标志是“你把‘学习’看作是一个名词还是一个动词?如果是一个名词,那就是一种要去占有的和进行传递的东西,于是你就会把你的那些真理整齐地包装起来交给你的学生。如果你把‘学习’看作为一个动词,那这个过程就会全然不同了”①。所有真正的学习要用脑子去思考而不仅只是记忆。学习是一个发现的过程,在这过程中主体是学生而不是教师②。钟启泉认为,“学习方式”(learning style)是指展开学习时个人运用的学习活动的方式、方法③。

在知识传授型教学体系中,学生由于长期受到传统学习方式的影响,被动接受书本知识的学习方式已成定式。“学生由于受应试教育的长期影响,只重视学习的结果,不重视学习的过程,大多靠死记硬背掌握知识,学习过程不完整,不科学,已经不自觉地形成了一种不科学的学习行为习惯。”④行动导向的学习观要求对传统学习方式进行反思并在批判的基础上形成新的学习方式,也就是要“改造学生的学习方式”⑤,即把接受式学习方式转变为建构式的学习方式,改造的途径是把传统的以被动的、接受的、封闭的学习方式转变为主动的、发现的、合作的学习方式。具体可从学习态度、学习形式、学习策略3个方面入手。

1. 学习态度——由被动走向主动。

美国哈佛大学教授布鲁纳在1966年出版的被教育界誉为经典之作的《教学理论的建构》一书中,关于教学理念有一段脍炙人口的

---

① William McCleery (1986), Conversations on the Character of Princeton, New Jersey: Princeton University Press, 106.

② [美]欧内斯特·博耶著,复旦大学高等教育研究所译:《美国大学教育——现状·经验·问题及对策》,复旦大学出版社1988年7月版,第162页。

③ 钟启泉:《“个性差异”与素质教育》,《教育理论与实践》,1997年第4期,第10-11页。

④ 彭贤智主编:《以学生为主——当代教育改革新思潮》,山东教育出版社2001年6月版,第80页。

⑤ 钟启泉:《课程改革新视点与生长点》,《中国教育学刊》,2005年第8期,第20页。

陈述,很好地表达了认知心理学的教学观念,即教学生学习任何科目,绝不是对学生心灵中灌输些固定的知识而是启发学生主动去求取知识与组织知识,教师不能把学生教成一个活动的书橱,而是教学生学习如何思维,教他如何像历史学家研究分析史料那样,从求知过程中去组织属于他自己的知识。因此,求知是自主性的活动历程,而不只是被动地承受前人研究的结果①。建构主义学习观强调,学习是个体主动建构的过程,不是由教师将现成知识传递给学生,而是由学生面对新的事物时,主动地以个体先前的经验为基础去建构知识,因此,由被动走向主动的学习方式要求以学生为中心,要努力创造能发挥学生主动性的学习环境和学习资源条件,努力实现个性化教学。学生应有机会在一定程度上根据需要选定具体学习目标,选择学习进度、学习资源和学习方法,并评价自己的学习成果。要努力为学生提供体验完整工作过程的学习机会,经历从确定任务—制订工作计划—实施计划—进行质量控制与检测—评估反馈整个工作过程,增强学生适应企业的实际工作环境和解决综合问题的能力。在学习中要求学生由接受者到参与者、由接受回答者到质疑者、由解题者到出题者的转变,让学生学会主动学习。

2. 学习形式——由个体走向合作。

班杜拉的社会学习理论认为:学习是一个社会交往过程,不仅需要个体经验,还需要成员之间的相互观察和仿效。在团队协作过程中,学生不仅要积极反思、批判个人的经验,而且还要主动观察和学习他人的经验。反思、观察、仿效交替进行,使学习成为连续的社会化行动。协作是指在教学过程中,学生之间的协商讨论、分工作业、经验分享、成果交流等,也包括学生请教教师、访谈专业人士以及查阅、分析他人资料等。协作是以组织中的每一个成员的主动、积极和反思性的参与为前提的。高职教育目前在很大程度上就是就业教育,不存在应试教育的压力,同时行动导向的教学评价是标准参照而

---

① 彭钢:《从行为控制、认知加工走向人格构建——三种不同的教学发展观在教学改革现实中的具体考察》,《教育理论与实践》,2000 年第 3 期,第 44 页。

非常模参照，因此，高职院校的学习合作性应多于竞争性。由个体走向合作的学习方式要求把班级授课制的个体学习逐步改变成小组协作学习方式，学习小组中每个个体的相关经验和对现实问题的认识与理解，是小组研究的宝贵资源。理论知识可以通过阅读资料和请专家讲授来获得，经验分享和对未知领域的探索是通过小组成员之间相互交流和比较中得到的。学习小组每个成员通过专业知识的学习，获得丰富的相关知识；通过对实际问题的探究，提高发现问题、分析问题的能力；通过完成工作任务，获得工作经验。学习小组成员在学习过程中的互动，可促进小组成员之间的相互理解。提高沟通能力，必须做到：每个小组成员都要积极承担在完成共同任务中个人的责任；每个人都要热情地相互支持、相互配合，特别要保持面对面的促进性的互动；期望成员之间能进行经常性的有效沟通，建立成员之间的信任关系和消除组内冲突的制度；对共同活动的成效进行评估，寻找提高其有效性的途径。

3. 学习策略——由学会走向会学。

美国著名未来学家约奈比斯特断言："在不断变动的世界上，没有一门或一套课程可以供可见的未来使用或可供终生受用，现在需要的最重要的技能是学会如何学习。"埃德加·富尔在《学会生存》一书中表达了同样的感慨："未来的文盲不是目不识丁的人，而是没有学会学习的人。"①信息技术的发展是如此之快，以至用一张光盘可以储存一部大百科全书的内容，一束光纤就可输现在世界每一天所有电话通讯量，利用信息高速公路 1 秒钟就可以把两年《人民日报》的信息全部传输完。人类学习时间的有限性与知识信息的无限性之间的矛盾是何等尖锐，以至谁也不能希望在自己的青年时代就形成足以供一生享用的知识宝库。社会的迅速发展要求不断更新知识，所以学校教师的任务就是要教育学生学会学习，教师不可能、也没必要把浩如烟海且很快过时的知识都教给学生。

---

① 张建平，蒋广场：《学会学习：从重知识到重智慧》，《中国教育报》，2006 年 6 月 9 日，第 6 版。

"学会"就是指学生通过教学掌握工作和生活中所应该具备的知识、技能和信息。"会学"则是指学会掌握最适合自己的学习方式,能够独立地进行有效的学习。"从'学会'到'会学',转变带来的是教育思想的转变和人才观的转变。"①传统的观点衡量教学质量主要是看学生记住了多少,而学会学习首先要看学生是怎样学会的,他的能力是通过什么途径形成的。要学会创新性学习,通过学习提高一个人发现、吸收新知识、新信息和提出新问题的能力,以迎接和应对未来社会发生的日新月异的变化。因此,"学会"在某种意义上说是智力问题,而"会学"则体现能力,这里的能力就是学习能力。知识无穷而人生苦短,只有掌握了学习方法的人,才可能在一生中最大限度地获得知识和才能,才能找到其生存和发展的最佳坐标。据专家们估计,人类知识的总量每隔 7—10 年就要翻上一番。新理论、新技术、新成果不断涌现,人们必然会遇到不熟悉的新知识与新技术,那时他们便不得不独立地、迅速地理解它、掌握它、运用它。而此时,最为重要的任务不在于能掌握多少现成的知识,而在于学会学习。只有学会了学习的方法,才能在面对新知识、遇到新情况时心不发虚、从容应对。

(三) 学习者中心地位的回归

在传统教学中,"教师这一职位也拥有特定的权力,如有教科书选用权、课程实施计划制定权、教学形式与方法运用权、评价手段使用权等"②。因此,一般来说,学生除了接受学习的权利以外,是没有任何权力的。然而从未来发展的趋势看,随着观念的改变和市场作用机制的发挥,学生作为"顾客"的地位得到明确,学生的地位也由此在逐渐改变,学生权力的回归是学习者中心地位回归的前提要求。

1. 选择权。

选择是作为主体的人对客体及自身行为的挑选或选定,人的选择总是从眼前若干可能性中,凭着明确的意志做出取舍的一种综合

---

① 关文信主编:《当代教育新视野》,吉林大学出版社 2000 年 2 月版,第 9 页。

② 鲁洁编:《教育社会学》,人民教育出版社 1990 年 10 月版,第 446-447 页。

性、价值性判断。教育意义上的选择权是指作为主体的学生拥有根据自己的动机、兴趣、个性特征,对教育资源和自己的学习方式进行选择的资格和自由。赋予学生选择权是对学生个性和差异性的尊重,又是对学生主体性的充分肯定,更是主体性教育的重要内容。首先学生有对教育机构和教育的选择权。随着市场经济的日益发展,不仅在政治、经济领域发生了重大变革,教育观念也发生了根本性转变。人们认识到教育是一种服务,学生不再单纯是教育对象,而是服务对象,同时教育资源得到较大改善,学生的选择余地也大为增加。其次,学生有对优质教育资源的选择权。学生可根据自己的天赋、兴趣,自主选择学习内容,包括课程的选择、学习进度的选择、学习方式的选择、评价方式的选择等。

2. 评教权。

学生是整个教学活动过程中的主体,对教师每时每刻的教学行为与教学效果都有着亲身的体验。因此,在正常情况下,学生的评教结果最具客观性、全面性、可靠性,学生反映的问题也最具直观性和针对性。1993 年卡内基基金会对美国教师进行调查,73% 的教师赞同学生评估。1973 年仅有 30% 的学院和大学让学生评价其教授,但是现在很难找到学生不对教师进行评价的学校。学生评定的比重也越来越大,特别是在以教学为主的大学,这几乎成为教授教学水平的唯一量度[①]。学生评教应该不仅仅被看做是管理、评价教师的一种手段,而是对学生权利的维护。通过评教,为学生提供了一个与教师交流的平台,有利于加强师生之间的互动,也可以彻底改变教师只管教学,与学生沟通少、交流少的状况,使教师重视与学生的信息交流和情感沟通,增强学生在教学活动中的主体意识,也有利于培养学生的判断能力和是非观念。

三、 行动型师生关系的建立

教师与学生是构成教学过程的主要因素,任何教学都是教师与

---

① 赵文华著:《高等教育系统论》,广西师范大学出版社 2001 年 2 月版,第 30 页。

学生共同活动的过程[①]。

“师生关系是指教师和学生在教育教学过程中结成的相互关系,包括彼此所处的地位、作用和相互对待的态度等。”[②]“它是一种特殊的社会关系和人际关系,教师和学生为实现教育目标,以各自独特的身份和地位通过教与学的直接交流活动而形成的多性质、多层次的关系体系。”[③]然而,无论从教育理念还是从教学过程来看,我国的师生关系都表现为明显的“主仆型”关系。因此,必须破除这种师生关系的不平等性,构建平等民主的行动型师生关系。

联合国教科文组织国际教育发展委员会的报告《学会生存》中要求:“应该从根本上重新评价师生关系这个传统教育大厦的基石,特别当师生关系变成了一种统治者和被统治者的关系的时候。这种统治与被统治的关系,由于一方在年龄、知识和无上权威等方面的有利条件和另一方的低下与顺从的地位而变得根深蒂固了。”[④]教育发展史上教师中心论和儿童中心论深刻影响着近代以来的教育实践活动,甚至在今天也不难寻其痕迹。在历史发展中是“犬牙交错,此消彼长”的[⑤]。围绕着3个要素之间的关系,在教育理念的发展演变过程中,曾经先后出现过教师中心论、学生中心论和教材中心论等观点。“经过20世纪的洗礼,这三个‘中心’都没有站稳脚跟。”[⑥]受动系统作为教学体系的重点,在行动导向中很重要。

(一) 行动学习前,师生人格上的平等和谐

心理学家勒温(K. Lewin)等人曾研究过专制型、民主型、放任型3种类型的师生关系。传统师生关系以专制型最为典型,行动导向

---

① 刘合群主编:《职业教育学》,广东高等教育出版社2004年12月版,第109页。

② 彭钢,蔡守龙编:《新课程教学现场与教学细节》,教育科学出版社2004年6月版,第15页。

③ 全国十二所重点师范大学联合编:《教育学基础》,教育科学出版社2002年7月版,第133页。

④ 联合国教科文组织国际教育发展委员会编:《学会生存》,教育科学出版社1996年6月版,第107页。

⑤ 郑金洲著:《教育通论》,华东师范大学出版社2000年2月版,第334页。

⑥ 顾明远:《对教育定义的思考》,《北京大学教育评论》,2003年第1期,第8页。

教学体系中的师生关系则以民主型为首要特征。在民主型的师生关系中,“教师必须与学生一起努力,进行批判的思考,追求双方的人性化。教师的努力必须充满着对人及人的创造力的深信不疑。为了达到这一目的,在与学生的交往中,教师必须成为学生的合作伙伴”①。新型的平等合作的师生关系,师生之间尽管存在着社会经验和知识水平上的差异,但他们的感知觉和情感世界没有本质的区别,师生在人格上是完全平等的、独立的。师生之间需要的是真诚与信赖,是共同以主人的姿态来合作完成教学和学习任务。“他们谁也不能控制谁操纵谁,或者强行把意志意见强加于另一方。”②要建立民主型师生关系,至少要做到3点:一是思想民主,即要清除旧的思想,吸纳崇尚民主的现代教育观念;二是教学民主,要尊重学生的个性,给学生创造民主的学习氛围;三是作风民主,教师对学生要真正做到心与心的沟通,形成教学相长的良好氛围。

(二)行动学习中,“中心”地位的不断交替

在教学过程中,教师和学生的“中心”地位在不断转换。作为教练,教师起着传授、示范和指导的作用,学生是学习的中心。这时师生的关系是平等的,双方缺一不可。教学过程不再是一个客观文本的解读过程,而是对话、交流、理解和意义的建构过程。教师和学生从单纯的“授”与“受”,转向更有效的创造历程。教师与学生彼此不断地进行交流与对话,克服孤立看问题的片面性,从不同的角度来审视整个教学过程,创造更多的交流、沟通、合作的机会,不断克服传统教学中的弊端,高效地完成教学任务。

作为学习的“导演”,教师不仅是知识的提供者,还是经验的提供者,学习环境的创设者,学习活动的组织者。在学习过程中,教师为学生创造合作和解决问题的机会,安排适当的任务并与学生共享

---

① [巴西]保罗·弗莱雷著,顾建新等译:《被压迫者教育学》,华东师范大学出版社2001年11月版,第27页。

② 金生鈜著:《理解与教育走向哲学解释学的教育哲学导论》,教育科学出版社1997年3月版,第132页。

知识和责任。这时教师处于中心地位。“只有通过学生思考的真实性,才能证实教师思考的真实性,教师不能代替学生思考,也不能把自己的思考强加给学生。”①

作为顾问,教师是学生的共同学习者和探索者,学生是学习的主体,教师此时只起辅助作用,学生变成了中心。要相信学生有能力通过自己动手来完成教学目标,通过引导让学生在探究的过程中学会学习。教师在组织学习中,要对学生的思维进行正确引导,要以目标为导向解答学生的咨询,允许学生在学习中犯错误、走弯路,在学生犯错误、走弯路时不要用尖刻的语言批评,用启发式的方法循循善诱地纠正学生所犯的错误。换句话说,在教学过程中,学生是主角,教师的职责是帮助学生学习,从居高临下的“指挥家”转变为“乐队”的首席,从“船民”转变为“导航员”,从“主角”转变为“导演”。教师角色的转变,决不意味着对学生放任自流,而是为学生自主学习创设条件,这就对教师的“导”提出了更高的要求。

(三)行动学习后,师生能力上的共同提高

强调教师与学生在人格上的平等性,并不否定教师和学生在知识上的先后性。在对学生地位的认识上,无论是“教师中心论”还是“学生中心论”,都没有很好地体现在教学中。“教师中心论”者从知识的作用出发,更多地强调教师的主导作用,“学生中心论”者则更多地强调了学生的人格和权利,要么突出教师的权威地位,要么过分重视学生的中心地位,两者都未能辩证地对待教师与学生双方教与学的关系。后现代主义者威廉姆·多尔(William Dole)把教师角色界定为“平等中的首席”(first among equals)②,这一界定较好地综合了“教师中心论”和“学生中心论”的积极成分。作为“平等中的首席”,教师的作用没有被抛弃,学生的人格得到了尊重。从知识来

---

① [巴西]保罗·弗莱雷著,顾建新等译:《被压迫者教育学》,华东师范大学出版社2001年11月版,第77-78页。

② 威廉姆·多尔著,王红宇译:《构建一种新的课程观(上)》,《外国教育资料》,1996年第6期,第27页。

看,师生之间只有先后之分,没有高下之别,相反,在能力上教师和学生有着强烈的互补性。韩愈早就说过:“弟子不必不如师,师不必贤于弟子,闻道有先后,术业有专攻。”陶行知也认为,“师生本无一定的高下,教学也无十分的界限;人只知教师教授,学生学习;不晓得有的时候,教师倒从学生那里得好多的教训”①。从这一点看,教学也是一个学习过程,也就是说,在这种关系中教师和学习者在质疑对方的观点。因此,任何优秀的教和学的都是一种批判性的关系②。随着现代科技的发展,从信息的获取到学习能力的拓展,师生之间在能力上得到共同提高。

总之,行动型师生之间的关系是平等的,只不过是在教学过程中,教师和学生的中心地位不断转换。行动导向的教学过程,学生始终处于核心、主导地位,始终是积极、主动的活动者;教师处于咨询、辅助的地位,在学生请求帮助时,提供中肯的意见和方法上的建议,而当学生提出各种问题时,教师随时点拨并与学生共同探讨解决问题的可行方案。

第三节 行动导向教学体系的支持子系统构建

行动导向教学体系的支持子系统由课程、教学组织形式、教学方法和教学环境组成,其中教学环境属于硬件要素,课程属于次硬件要素,教学组织形式和教学方法则是软件要素。行动导向的观念体现在这些要素中,则要求实现以项目课程为主导的课程,合作探究为主导的教学组织形式,任务导向的教学方法和工作过程导向的教学环境。

---

① 陶行知著:《陶行知全集·第一卷》,湖南教育出版社 1984 年 1 月版,139 页。

② [美]莱斯利·斯特弗,杰里·盖尔主编,高文,徐斌艳,程可拉等译:《教育中的建构主义》,华东师范大学出版社 2002 年 9 月版,第 308 页。

一、项目课程主导的课程改革

（一）课程改革是当前教育改革的主旋律

当前，无论是基础教育还是高等教育，课程改革的呼声日益高涨，课程改革的力度也在不断加大。在课程改革上，各种类型的教育都呈现了某些共同的改革趋势。

新中国成立以来，我国基础教育领域已进行了7次课程改革，目前正在进行的是第8次课程改革。与以往的课程改革相比，新的高中课程改革的核心是从应试教育向素质教育转变，具体表现为：倡导全面、和谐发展的教育；重建新的课程结构；体现课程内容的现代化；倡导建构的学习；形成正确的评价观念；促进课程的民主化与适应性。改革的目的是改变课程管理过于集中的状况，实行国家、地方、学校分级课程管理的模式，增强课程对地方、学校及学生的适应性①。

普通高等教育课程改革的主要目标是加强学生的实践能力的培养，“从高深学问（higher learning）向高深技能（higher skills）扩展；单纯的知识学习向复合型学习（complex learning）转变；学术旨趣和职业取向在大学教学中逐渐融为一体”②。具体做法如下：一是推进课堂教学模式改革，构建以学生为主体的教学模式；二是在课程教学中鼓励并推广研讨型课程，改变传统的仅由老师宣讲的呆板的教学模式；三是通过学生与教授、研究人员广泛而有效的交流，并参与科研活动，不仅使学生分析判断和解决问题的研究能力得以提高，更让学生能接受学者型老师教学文化的熏陶和踏实肯干严谨的学术作风的润濡；四是将大学生科研训练计划纳入培养方案，要求每个学生在校期间至少要参加一项科研训练活动③。

从以上分析可以看出，基础教育的课程改革以素质教育为核心，

---

① 钟启泉等：《课程改革的目标》，《宁夏教育》，2003年第1-2期，第71页。

② 项贤明：《大众化过程中大学教学理念的变革》，《高等教育研究》，2004年第1期，第77页。

③ 单泠，纪秀君：《一个学生、一个导师、一个学习计划——浙江大学竺可桢学院培养拔尖人才的探索与实践》，《中国教育报》，2006年6月2日，第3版。

大力提倡自主探究合作的教学组织形式;普通高等教育的课程改革则以提高学生的实践能力和创新能力为核心,其改革理念和成果对高职教育都具有较高的借鉴作用。

（二）高职行动导向课程改革的选择——项目课程改革

无论是基础教育还是普通高等教育,每一种课程模式都有鲜明的个性,都受一定的课程理念、课程思想和课程主张支配。课程观体现着课程模式的理性特征,是课程模式的灵魂、精髓和核心内容。

课程在整个教学活动中具有核心的地位,是职业教育与培训的“心脏”[①]。石伟平认为,面对职业教育的种种问题,教师、学校、政府、学者都已深刻认识到,从学校角度看,解决这些问题最为重要的抓手就是课程改革[②]。马庆发提出把三维立体模型作为重构职业教育课程体系的框架模型,组成部分如下:职业教育目标与内容维度(职业知识结构、职业能力结构、职业态度和职业伦理);职业教育领域与范围维度(普通教育、职业教育和继续教育);课程和途径维度(普通教育课程、专业教育课程、实训教育课程和创业教育课程)[③]。这是从大职教的角度提出的课程体系框架模型,从高职教育的实际情况看,项目课程改革应该成为高职教育课程改革探索的重要领域。石伟平认为,项目课程改革与20世纪90年代的课程改革有质的区别。90年代的课程改革主要是学习西方模式,而这次课程改革的理念是在本土实践的基础上形成的;90年代的课程改革是从上往下的,而这次课程改革是从下往上的。项目课程应当成为当前职业教育专业课程改革的方向,因为它符合职业教育的规律,容易激发学生的学习兴趣,有利于培养学生综合应用专业知识的能力。

提升学生职业能力的紧迫心情,以及激发学生学习积极性的现实需要,促使许多院校、教师开始探索职业教育专业课程改革的新思路。

---

① 赵志群著:《职业教育与培训学习新概念》,科学出版社2003年6月版,第86页。

② 石伟平:《我国职业教育课程改革中的问题与思路》,《中国职业技术教育》2006年第1期,第6页。

③ 马庆发:《重构职业教育课程——基于哲学的思考》,《中国职业技术教育》,2006年第1期,第13页。

在这些改革中，最具广泛性的就是项目课程。有的院校采取的是叠加式项目课程，即在学习了原有学科课程后，让学生通过完成几个完整项目，来获得综合实践能力；有的院校采取的是用与项目相结合的教学方法来改造原有学科课程的教学，这比前者明显进了一步；有的院校采取的则是完全打破学科课程体系，以工作项目为核心重组专业知识，这又进了一步[①]。我们探讨的就是后一种的项目课程改革。

1. 项目课程的内涵。

蒋庆斌等认为，职业教育中的项目课程是一种基于工作任务的项目课程，这是其本质所在。项目课程不仅可以应用于问题解决中，而且可以应用于任何有执行意义的任务中。项目课程要尊重学生的学习兴趣，但不一定要以兴趣为基本出发点。项目课程开发的最终目的是学生职业能力的发展，任何一项产品，比如一个零件，只要它有利于教学，并能促进学生职业能力发展，就可以看作为项目。因此，项目没有必要是完整的产品。按照真实性学习理论，以来源于企业的项目为中心组织项目课程，能最大限度地发挥项目课程的功能[②]。因此，项目课程可以简单地定义为：以工作项目为中心来组织理论知识和实践知识的课程。这些知识不是按照本身的逻辑，而是按照"工作项目完成的需要"去组织，个体通过完成工作任务的过程来学习相关知识，学与做融为一体[③]。职业教育的项目课程是以工作任务为中心的、聚合式的，而高等教育、基础教育、幼儿教育中的项目课程是以课题、主题为中心的、发散式的。模块课程是高度微型化的、着眼于技能的，而项目课程是综合化的、着眼于复杂的职业行动能力的[④]。

---

① 石伟平：《我国职业教育课程改革中的问题与思路》，《中国职业技术教育》2006年第1期，第6页。

② 蒋庆斌，徐国庆：《基于工作任务的职业教育项目课程研究》，《职业技术教育（教科版）》，2005年第22期，第47页。

③ 徐国庆：《理论与实践整合的职教课程模式探析》，《职教通讯》，2003年第9期，第11页。

④ 石伟平：《我国职业教育课程改革中的问题与思路》，《中国职业技术教育》2006年第1期，第6-7页。

2. 项目课程的内容选择。

在我国传统的职业技术教育实践中,学科系统化课程至今仍占据着主导地位。课程基本都是按照“学科系统”来安排教学内容的。专业课教学内容是从普通高等教育“对应”的专业知识挑选出来,经过简化得出的基础性科学知识,其教学的目的是让学生能够重复这些内容,并尝试用这些知识去解决职业和日常生活中发生的较复杂的问题。但由于这些内容与实际工作并不匹配,学生学完后容易产生所学知识对自己的实际工作没有帮助的感觉,使“专业教学在很大程度上缺乏真实的职业针对性。这些直接导致了教学效率的低下和学生的厌学”①。为解决好显性知识与默会知识、必备知识与拓展知识、理论知识与实践知识的关系,应以“任务”为主线,以“行动”为主题,分别选用垂直、水平和综合3种方法来选择项目课程内容。

(1) 垂直法——课程内容的序化。

垂直法是指课程内容以等级式排列或者按照一定的步骤排列。这样的排列能够保证所有后面所需要的与任务相关的先前知识,在前面的学习中,学生已经掌握了。这把课程的内容由易到难或者由具体到抽象循序递进安排,其实质就是对课程内容作序化处理。

杜威提出“教材心理化”的观点,主张在教学中“应使系统知识的组织和传授符合学生的兴趣和已有的经验水平,应将教材知识与学生当前的心理需要和能力结合起来”②,这其实也是课程内容序化处理的重要原则。姜大源认为,知识只有在被序化的情况下才能被提供,而序化意味着确立知识组织的框架和顺序。职业教育课程开发的关键步骤,是对所选择知识内容实施序化,也就是重建内容结构③。高职项目课程内容的序化就是要把按学科逻辑顺序编排教学内容的做法转到以工作过程知识编排教学内容的做法上来。这样做

---

① 赵志群:《职业教育与培训学习新概念》,科学出版社2003年6月版,第46页。

② [美]杜威著,王承绪译:《民主主义与教育》,人民教育出版社1990年10月版,第196页。

③ 姜大源:《学科体系的解构与行动体系的重构——职业教育课程内容序化的教育学解读》,《教育研究》,2005年第8期,第54页。

的目的主要是使学习的主体——学生更容易接受学习内容。项目课程的内容大部分是工作过程知识，而工作过程知识又是以实际应用的经验和策略为主，也就是以默会知识的习得为主。课程内容的序化就是按职业活动的内在逻辑顺序对课程内容进行处理，可以让学生在序化了的知识中学习。如数控技术应用专业，机制工艺、机床、刀具、夹具等跟机械加工过程相关的课程进行综合，可形成机械制造基础课程。该课程以工艺为主线，以轴套类、轮盘类、叉架类、箱体类等4类典型零件为载体，将工艺问题作为内容序化的关键，围绕工艺这一主线要求学生能够正确选用机床、刀具，能够设计简单的车、铣夹具，会选择和使用较复杂的夹具。这样可以帮助学生掌握显性知识，领会工艺过程中所蕴涵的默会知识，较好地处理了显性知识和默会知识的结合。

(2) 水平法——课程内容的简化。

水平法就是把按照学科体系安排的相同和相近的内容进行某种形式的删减。“当今科技的发展特点是高度分化基础上的高度综合，知识的积累已达到无穷尽。比如，一位化学家若每周阅读四十个小时，仅是浏览世界范围一年内发表的有关化学方面的论文和著作就需四十八年。”①因此，当今社会重要的不是拥有多少知识，而在于是否能获取有用的信息。任何教育实际上都只能实行有限度的教学，知识无限而课时有限。项目课程内容选择的另一个关键就是课程内容的取舍是否真正恰当，其实质就是如何区分必备知识和拓展知识。

传统的《数控加工工艺及设备》第五章“数控铣削加工工艺及数控铣床使用”，就是以学科内容为中心安排的，按照从理论到实践的典型模式进行编写，从概述入手，全面介绍数控铣削加工工艺、刀具轨迹、编程工艺处理、典型数控铣削零件的加工工艺分析、数控铣床使用技术等，最后是习题，这样课程内容的系统性和完整性较强。但对于高职学生来说，针对性和关联性却不强，知识的系统性和学习时

---

① 李庆云：《发展职业教育应更新教育教学观念》，《黑河学刊》，2004年第4期，第95页。

间的有限性矛盾比较突出。因此，有必要对有关内容进行简化。

简化的方法就是根据项目课程的要求，把课程内容划分为难易程度不同的层次，设定“基本要求”和“较高要求”两个部分，以适应学生的不同需要。“基本要求”是面对全体的、统一的，应在必需、够用、有用的前提下尽可能地降低难度，是为就业准备的；“较高要求”，面对部分的、特殊的学生，是为发展准备的。与此相对应，可以把高职项目课程内容划分为两类知识，即必备性知识和拓展性知识。必备性知识是相对稳定的，体现较强的专业特征，在专业能力形成过程中起十分重要的作用，属于必修的内容；拓展性知识则是广泛多变的，具有灵活性、多样化的特征，掌握这些知识，可以拓宽专业知识面，对工作岗位迁移有重要作用，属于选修的内容。以数控技术应用专业《数控铣削与加工中心技术》课程为例，项目课程把“编制平面类凸廓零件数控加工工艺”作为一个工作任务，分 4 个方面对相关内容进行简化：描述工作任务；介绍相关实践知识，包括编制凸模零件的数控加工工艺、工件装夹、端铣刀、选用数控铣床；介绍相关理论知识，包括切削基本知识和机械加工工艺基础；介绍拓展性知识，包括铣削分力、端铣切削力的计算、端铣切削功率的计算等。

(3) 综合法——课程内容的例化。

综合法就是通过课程的综合化改革，构建以工作任务为主体的高职项目课程内容体系，选择真实的案例或者完整的项目来达到课程内容的综合化。其实质是将专业知识与职业实践结合起来，解决学科课程中理论与实践相分离、实践是为了验证理论的问题。

在实际的职业活动中，人们都是按照某项活动的先后顺序来安排活动完成任务的。因此，要通过在实际工作过程中完成具体的任务来获得相互关联的职业知识。这就要求高职课程内容打破学科界限，使内容组织服从于所要解决的职业领域的问题。可遵循获取职业行动知识的认知规律，以培养学生职业综合能力为课程主要目标，采用由外围向核心发展的结构，以工作项目为单位，按照实践活动的需要选择理论知识和实践知识，以职业活动进程为线索组织课程和教学内容，突出专门化实践能力的培养。

综合法要充分考虑案例和任务的典型性、真实性、完整性和覆盖面，把单一的工作任务与整体的工作任务整合起来，在完整的工作体系和过程中，理解每一项工作任务，并与最终的产品联系起来，要求学习活动产生真实的产品和服务，学生通过完成工作任务来建构和职业相关的知识和技能。以数控铣削项目"铣矩形槽板"为例，就可以按照"完整的行动"模式进行，把任务划分为确认工作任务、计划、实施以及检查评价与结果记录4个阶段。第一阶段是确认工作任务，包括详细阅读零件图，并准备材料和检查材料的尺寸。第二阶段是计划，包括编制加工程序，输入程序并选择该程序；用平口虎钳装夹工件并找正；确定工件零点；安装粗立铣刀并对刀，设定刀具参数，选择自动加工方式。第三阶段是实施，包括粗铣外轮廓；安装精立铣刀并对刀，设定刀具参数；实测工件尺寸，调整刀具参数，精铣外轮廓至要求尺寸；加工中心孔；铣矩形槽至要求尺寸。第四阶段是检查评价与结果记录，对加工的矩形槽进行检测，给出是否符合要求的结论并将有关产品和记录归档。

综上所述，在高职教育项目课程改革中，课程内容的选择要根据当前高职教育对象的特点，通过"序化""简化""例化"来处理显性知识与默会知识、必备知识与拓展知识、理论知识与实践知识的关系，达到整合项目课程内容的目的。

3. 项目课程的开发[①]。

高职专业课程中的知识基本上可划分为两大类，即理论知识和实践知识。把理论知识纳入到职教课程是技术从经验水平发展到理论水平的必然结果。如何在项目课程中处理好理论知识与实践知识的关系也成了项目课程开发的一个核心问题。在传统课程中，这两类知识是相互割裂的，而项目课程要求整合这两类知识。普遍的观点是，如果以工作任务为逻辑核心，就可顺利实现这两类知识的整合。但是如果深入研究一下就会发现问题并没有这么简单，因为"工作任务"仅仅提供了整合理论知识与实践知识的外部框架。这

---

① 常州机电职业技术学院《高职高专人才培养工作水平评估——创新项目报告》。

一框架确实是有效的，也是唯一的。因为只有在工作任务中，理论知识与实践知识的整合才有可能，也有必要整合到一起。但这一框架也是不够的，因为要真正实现两类知识的整合，还必须找到它们在工作过程中的结合点，否则两类知识的关系仍然是机械叠加，并不能达到整合的目的。整合的技术就是设计实践性问题[①]。徐国庆提出了项目课程开发的4个核心技术[②]。

一是项目结构设计。以项目课程为主体的职教课程体系，要考虑所设计的项目能否覆盖整个工作领域，能否负载这个工作领域所需的所有知识，按照什么线索对项目进行划分，其结构是否足够地体现了工作体系的特征等。确保项目结构设计合理的技术是以项目划分为线索进行工作分析。目前有一种倾向，即质疑工作分析在职教课程开发中的价值。有的学者认为这种技术只适合培训课程开发，有的学者则认为它是20世纪90年代能力本位课程开发中采用的技术，已经过时。其实并非如此。首先，工作结构是职业教育课程结构之源，如果不采用工作分析技术，还有什么更好的开发项目结构的技术？其次，问题的关键并不在于是否需要工作分析，而在于如何用好工作任务分析表。再次，目前的技术难点是如何实现从工作结构到课程结构的转换。

二是工作任务描述。项目课程按照工作的相关性，而不是知识的相关性去组织课程的内容。其课程内容的载体是工作任务。这样，工作任务就成了项目课程的核心要素，而其设计与描述也就成了项目课程开发的重要环节。这似乎并不难，其实不然。一旦着手项目课程的教材编写，就会发现，教师们往往用一句话来描述工作任务。对于工作任务过于笼统的描述，不仅使得授课教师难以把握这一教学环节，而且会使得工作任务这一环节被庞杂的知识所淹没，难以突出其在课程中的核心地位。因而开发项目课程时一定要重视对

---

① 徐国庆：《项目课程开发的核心技术》，《职教论坛》，2005年第7期（下），第1页。

② 徐国庆：《技术的本质与职业技术教育课程理论》，《职业技术教育（教科版）》，2002年第1期，第17页。

工作任务细致的描述。具体可参照企业任务书的形式。

三是知识负载。项目课程要求把知识均匀地分配到各个项目中去。但实践中往往出现的情形是,第一个项目就几乎负载了该门课程的大部分知识,因而编写出来的项目课程教材往往是头重脚轻。这种知识布局会使得第一个项目由于内容过多,需要耗用大量课时而最终陷入到传统的知识教学模式中去,并且在课堂层面上课程并不能产生根本性变革。要真正实施项目课程,必须保证每个项目的内容在一个教学单位内,比如连续的两个课时或是4个课时内可以完成。这就要求:第一,要彻底地以项目为单位分解原来的知识体系;第二,要打破思维定式,不要求学生立即掌握一个项目所需要的所有知识,而是可以在项目的逐个完成过程中来掌握这些知识。事实上,在没有掌握所有知识时,学生也是可以完成项目的,只不过由于不具备足够知识而难以理解其完成过程。

四是理论与实践的整合。我国工程教育家茅以升对这一思想早有精辟的阐述:“学的对象是理论,习的对象是实践,因此,在学习里应求其统一。一个阶段里不能不有一定的次序,于是发生学和习的先后问题。这里主张的,是先习实践课程,后学理论课程,由‘知其然’达到‘知其所以然’,是‘学而时习之’的大翻身……理论课程是重要的,是必须修学的,但切不可空,亦不应泛。欲避免此种空而且泛的毛病,惟一方法即是先习而后学。所学的以所习的为根据,所习的既是无法空泛,因此所学的理论,也就不会空泛。”①

行动导向并不意味着不要理论,而是如何处理理论的问题。夸美纽斯对此有精辟的论述。他认为:“理论是容易而且简短的,但是除了它所给予的满足以外,没有别的结果。反之,实践是困难而且冗长的,但有极大的效用。”“一个人如果看见过一次人体解剖,较之读完了最详尽的解剖学,对于人体各部分的关系一定知道并记得准确得多。”“需要三件事情,才能学会一种艺术:材料的正确利用;熟练

---

① 徐国庆著:《实践导向职业教育课程研究:技术学范式》,上海教育出版社2005年7月版,第11页。

的指导；经常实践。”“凡是应当做的都必须从实践去学习。”①夸美纽斯的这些言论对职业教育是有启发作用的：理论不应画地为牢，应与实践携手并进；实践同样不能孤军深入，否则就会成为盲目的实践，机械重复的实践，枯燥乏味的劳作。因此，既应充分发挥实践在发展理论中的作用，也应充分发挥理论对实践的指导、优化作用。

4. 专业课程体系结构②。

在工作任务分析的基础上，通过课程结构分析，获得以工作结构为基础的课程体系结构。学科性课程体系转变到工作结构课程体系，完成了课程门类的重新划分、课程的整合、课程学时的重新分配。课程体系中包括系列项目课程、综合素质课程、综合实践课程（见图5－5）。

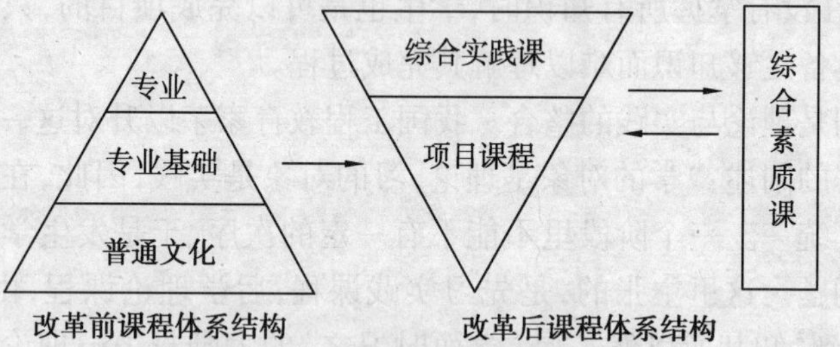

图5－5 课程体系结构转换图

5. 项目课程内容结构③。

根据以上思路，5种项目课程内容结构可供选择：递进式、网络式、套筒式、分解式、并列式（见图5－6）。

6. 项目课程标准结构④。

为了确保项目课程教材的质量和规范性，还必须制订明确的项目课程标准格式（见图5－7）。

---

① ［捷］夸美纽斯著，傅任敢译：《大教学论》，教育科学出版社1999年5月版，第142－149页。

② 常州机电职业技术学院《高职高专人才培养工作水平评估——创新项目报告》。

③ 常州机电职业技术学院《高职高专人才培养工作水平评估——创新项目报告》。

④ 常州机电职业技术学院《高职高专人才培养工作水平评估——创新项目报告》。

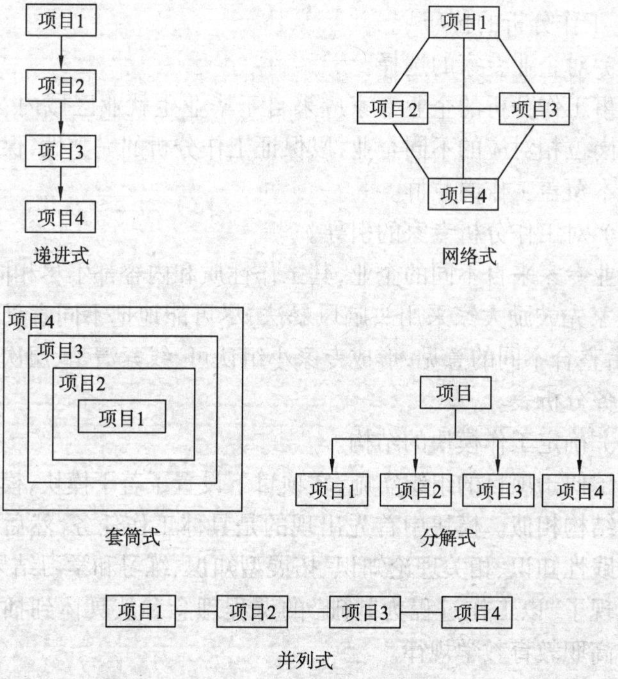

图 5-6　项目课程内容结构

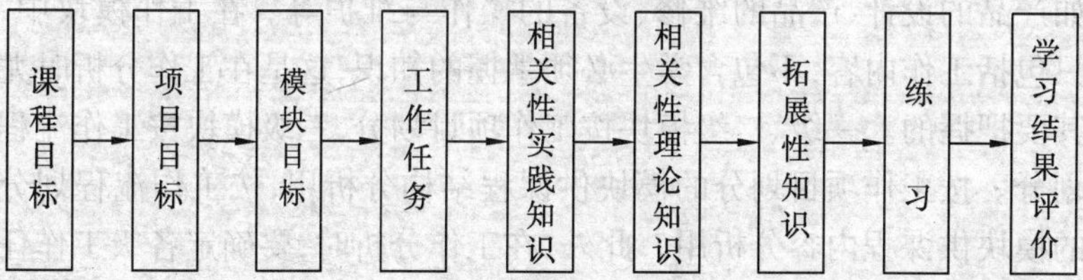

图 5-7　项目课程标准结构

其中，"相关性实践知识"是完成工作任务的必要步骤，主要包括技术规则、技术情境知识和判断知识，主要解决"是什么"和"怎么做"的问题；"相关技术理论知识"的主要作用在于促进学生对实践知识的理解，进而促进弹性的、可迁移的职业能力的形成；"拓展性知识"是对模块中"工作任务"所涉及知识的补充。另外，对于每个项目，都明确了评价标准和评价方法。

7. 工作分析的技巧[①]。

(1) 对企业专家的选择。

从事工作分析的企业专家应来自于毕业生就业区域内、与毕业生就业岗位相对应的不同企业,以保证工作分析的完整性,保证工作模块基本覆盖工作岗位群。

(2) 对工作分析专家的引导。

企业专家来自不同的企业,其工作性质和内容都不尽相同,工作分析专家先鼓励大家采用头脑风暴法,尽可能地把不同意见展现出来,然后整合不同的意见,形成专家小组认可、线索清楚、层次分明的工作任务分析表。

(3) 确定工作模块的结构。

为了便于项目的组织实施,在项目下设置了若干模块,模块结构和项目结构相似。模块中首先出现的是具体工作任务,然后依次是相关实践性知识、相关理论知识、拓展型知识、练习和学习结果评价,充分体现了"以工作过程为基础"的课程理念和从具体到抽象再到具体的高职教育教学规律。

工作模块可分一级、二级、三级模块等。一级模块是粗的模块,如产品的设计、产品的维修、设备的操作与维护等。在工作模块中,只包括工作内容,不包含学生必须掌握的知识,这是在工作分析时尤其要把握的。一级、二级模块按工作项目划分,三级模块按工作流程划分。按工作项目划分的模块供课程结构分析用,按工作流程划分的模块供课程内容分析用。此外,在工作分析时,要确定各级工作任务模块的重要性和难易程度,以便在学时安排中体现(见表5-1)。

8. 项目课程的实施。

华东师范大学徐国庆及其课题组在常州机电职业技术学院选取了教育部两年制试点专业——数控技术应用专业,进行了项目课程改革的试验。目前第一轮改革已结束,取得了满意的效果。实践证明,项目课程在实施过程中应做到以下几点。

---

① 常州机电职业技术学院《高职高专人才培养工作水平评估——创新项目报告》。

表 5-1　设备维护员工作任务分析

一级模块	二级模块	三级模块
常用设备维护(选用中档以上设备)A	设备操作 A1	
	图纸识读 A2	
	设备故障排查 A3	故障诊断 A31
		故障修复 A32
		故障归类总结 A33(维修记录)
	备品备件管理 A4	设备部件选型 A41
	点检设备 A5	传动部分点检 A51
		液压部分点检 A52
		气动部分点检 A53
		电控系统 A54
		润滑部分点检 A55
智能设备维护(PLC、加工中心、单片机、图形识别设备) B	设备操作 B1	
	图纸识读 B2	
	设备故障排查 B3	故障诊断 B31
		故障修复 B32
		故障归类总结 B33(维修记录)
	备品备件管理 B4	
	点检设备 B5	传动部分点检 B51
		液压部分点检 B52
		气动部分点检 B53
		电控系统 B54
		润滑部分点检 B55
	专用软件使用 B6	

续表

一级模块	二级模块	三级模块
企业供配电设备维护(400伏以下)C	设备操作 C1	
	图纸识读 C2	
	设备故障排查 C3	故障诊断 C31
		故障修复 C32
		故障归类总结 C33(维修记录)
	备品备件管理 C4	
	点检设备 C5	传动部分点检 C51
		液压部分点检 C52
		气动部分点检 C53
		电控系统 C54
		润滑部分点检 C55
	基本线路设计与安装 C6	
	遵守安全规范 C7	
特种设备维护(行车、空压机、中央空调、消防、安保等)D	设备操作 D1	
	图纸识读 D2	
	设备故障排查 D3	故障诊断 D31
		故障修复 D32
		故障归类总结 D33(维修记录)
	备品备件管理 D4	
	点检设备 D5	传动部分点检
		液压部分点检
		气动部分点检
		电控系统
		润滑部分点检

(1) 教学理念的合适性。

项目课程的改革体现了能力本位的教学理念,与高职教育的办学目标和高职学生的实际情况具有较高的一致性。在项目教学中,学生是学习的主体,学生在任务的驱使下成功地完成某一个项目任务后,他们的能力便得到了提高,因此学习的主动性也会大大增强。同时,由于是多人合作去完成一个项目,一个项目的完成需要周密的计划,需要有统一的领导,需要每一个成员的协调与配合。每一个成员在独立地开展自己的工作,同时,都要在工作的每一进程阶段和其他成员保持密切的沟通和协调。因此项目教学有利于培养学生的合作协调能力,有利于能力本位教学理念的贯彻。

(2) 教学过程的行动性。

项目课程是把真实的、完整的、具体运作的项目作为学生学习和实践的活动内容。这样的内容是一个职业活动真实情景的反映,具有鲜明的应用价值。学生的学习是从了解项目任务的背景情况开始,进而认识完成项目任务需具备的条件,在项目计划的制订和实施中,克服和处理项目工作中出现的困难和问题,直到项目工作成果出现。在全部过程中,学生有独立工作的空间,需要运用综合学习的知识、技能,去解决实际问题。一个任务的完成后,学生对生产有一个整体的体验和感受,能力和态度也有了一个整体性的提高。

(3) 教学环境的真实性。

实施项目课程的学习,让学习环境充分展现企业的职业情境,有利于"教学工厂"模式的搭建,有利于培养学生良好的综合职业素养。用生产对环境的严格要求去影响学生的行为,用严格的操作规范去教育学生,用生产人员完成任务的紧密配合性去促成学生提高工作责任性,用生产成果质量的好坏所带来的企业经济成本和效益高低来培养学生的敬业精神。重视典型工作情境中的案例以及学生自我管理式学习。保持学习中工作过程的整体性,学生在完整的和综合的行动中进行思考和学习。

(4) 教学内容的实践性。

项目课程的教学是以职业活动为主线、以完成项目任务为目标的学习活动。让学生在做中学,在学中做,理论和实践合二为一。用实际工作的需要去激发学生的学习积极性,用理论指导实践去解决实际工作问题,表明了理论指导实践的重要意义,从而增强学生学习知识的紧迫性。在项目实施操作的过程中,做到动作技能和实践思维技能同步训练,既知道怎样做,又知道怎样做才更好,提高了学生的心智水平和技术素养,使学生的实践能力得到更有效的发展。

(5) 教学评价的多元性。

学习结束时,师生共同评价项目工作的成果和学习方法。强调对学习过程的思考、反馈和分析,课程评价标准具有多元性,行动的过程和结果具有开放性。教学评价的开放,不满足于书面试卷评价方式,更注重在实际工作情境中评价学生的实际操作能力。

9. 项目课程的评价。

项目课程的优势主要表现在:有利于职业教育课程内容与岗位能力需求紧密匹配;有利于学生把所学的课程内容与工作任务紧密联系起来,有效地促进技术实践能力形成;有利于学生建构完整的技术知识,促进技术实践能力形成;有利于提高学生的学习兴趣;有利于形成职业教育课程内容的完整性[①]。

二、 合作探究的教学组织形式

现代社会里,由于信息技术的发展,人们几乎可以在任何时间、任何地点获取到所需要的信息。因此,学习的地点、方式、时间等变得异常多样化。以能力为本位的高职教育,要选择适合学生能力培养的教学组织形式来实现多样化的教学。

(一) 预设型教学组织形式及其批判

教学组织就是对教学活动的各种因素的安排、组合或者联结[②]。

---

① 徐国庆:《理论与实践整合的职教课程模式探析》,《职教通讯》,2003 年 9 月版,第 12 - 13 页。

② 董洪亮编:《新课程教学组织策略与技术》,教育科学出版社 2004 年 6 月版,第 1 页。

教学组织形式则是“教学活动中师生相互作用的结构形式,或者说,是师生的共同活动在人员、程序、时空关系上的组合形式”。这种教学组织形式有以下特点:第一,从外部特点来看,教师和学生的教学活动都要服从一定的教学程序,要么集体上课,要么小组或个人活动,以完成学习任务;第二,师生的活动必须服从一定的时空条件,并形成一定的搭配关系;第三,教师和学生以这种程序和搭配关系共同活动,直接或间接地相互作用;第四,在这种相互作用中,包括教学内容、教学方法、教学手段和教学步骤在时间和空间上的集结或综合①。

一定的教学组织形式是一定社会历史条件的反映。随着社会生产的变革和科学技术的发展,教学组织形式或迟或早地也要随之发生变化,并且是有规律可循的。从个别化教学开始,近、现代先后出现了班级授课制、贝尔—兰喀斯特制、道尔顿制、设计教学法、文纳特卡制等教学组织形式。这些教学的组织形式主要围绕两条主线同时展开:一条是围绕怎样使学生更快捷、有效地掌握知识和技能;另一条是围绕发展学生的能力和个性②。从广义上来说,探询、解决问题以及发现性学习,都是间接教学的不同教学形式。20 世纪 50 年代后,科学技术在社会的各个领域发生突破性进展并推动社会快速发展。科技的迅猛发展致使人类知识总量急剧增长,其更新时间和老化周期日益缩短。有人估计,20 年代末以来,每 10 年所出现的发明,比以往的总和还多。这种状况使社会对人才规格提出越来越高的要求,也使教学内容空前丰富。与此同时,教学条件和手段日益现代化。正如比尔·盖茨所说:“互联网技术的出现,使各种规模的组织边界都发生了问题,无论对于组织还是对于个体来说,数字化的工具都能使其重新定义自己的角色。”③在这样的社会历史条件下,出现了教学组织形式趋向灵活多样化、教学单位趋向合理化、教学组织形式的时空制约性越来越小等趋势。如美国教育学教授伊德·特朗

---

① 李秉德主编:《教学论》,人民教育出版社 2003 年 3 月版,第 214 页。

② 李秉德主编:《教学论》,人民教育出版社 2003 年 3 月版,第 218 - 221 页。

③ 于显洋编:《组织社会学》,中国人民大学出版社 2001 年 1 月版,第 16 页。

普创设了一个新的教学组织形式,即把大班、小班和个人3种教学形式结合起来进行教学,大班为40人,小班为20人,用于大班、小班和个人3种教学形式的时间分别为40%,20%,40%[①]。

新中国成立以后,我国从基础教育到高等教育,其中包括职业技术教育,受原苏联教学理论的影响,完全照搬苏联模式,形成了一套比较稳定的教学组织方式——预设型教学组织形式,也就是在时空安排上是固定不变的,时间是45分钟的过程,地点是在教室这样单一的空间进行的,"知识传授"成为教学的主要甚至唯一的任务,其主要特点是以线性的、确定的思维方式对待教学中的一切。教师系统地讲授,作单向灌输;学生反馈少,独立活动少。预设型教学采取的大多是讲授法,教师满堂灌,学生满堂记;教师满堂讲,学生满堂听;教师满堂问,学生满堂答,这似乎已经成为一幅亘古不变的图画深深地刻在人们心中。"这种教育的形式主义及与社会生活的脱节,致使学校成为一个令人沮丧和惹人厌烦的地方,整个教学过程充斥着死气沉沉的气氛。"[②]具体表现如下。在教师层面上,如何组织不同形式进行教学是一个教学专业技能问题。大部分教师目前所掌握的教学专业技能基本上都是在集体授课制的背景下形成的,都把注意力放在如何讲授上,也就是以"线性"的方式进行。课前,根据教学大纲、教材、教学参考书精心备课;课中,根据教案中设计好的教学环节,按照计算好的时间,在课堂上"演讲"备课笔记;课后,再根据教学大纲的要求,组织根据备课笔记的考试。在学生层面上,也表现为"线性"的学习方式,即上课记笔记,考前背笔记,考试回忆并誊写笔记。

教学过程更体现了一种"线性"组织形式。教室几乎成了学校的代名词,课堂教学几乎成了教学的唯一。从夸美纽斯、赫尔巴特到凯洛夫,以"三个中心"为特征的传统教育理念和运行方式都是产生

---

① 傅道春编:《教育学——情境与原理》,教育科学出版社1999年6月版,第308-309页。

② 单中惠主编:《外国教育思想史》,高等教育出版社2000年8月版,第227页。

和建立在班级教学基础上的，这种预设型的教学产生了消极的后果。严格的教学计划，机械化、程式化的教学过程，班级编制太大，学生人数太多，容易使"强者更强，弱者更弱"，结果造成大部分学生采取接受式学习方式，从而抑制了学生学习的主动性和积极性，不利于学生的独立性和创造性的培养和发展。行动导向的教学组织就是要"把教学看成一种动态生成的过程，反对追求同一性，并主张关注个体的个性和差异"①。

(二) 合作探究教学组织形式的构建

合作学习的代表人物约翰逊(D. W. Johnson)认为，教育工作者和心理学家历来重视教师和学生之间的相互作用。通过师生之间的相互作用，才能使学生掌握知识、发展智力、培养社会能力。因此师生关系是实现学校目标的最重要的关系。生生互动也是教学活动成功的不可缺少的重要因素。合作学习把生生互动提到了前所未有的地位，并作为整个教学过程中一种十分重要的互动方式来加以利用，为教学体系注入了新的活力，使教学建立在更加广阔的交流背景之上。因此，用什么样的形式来组织教学，取决于教育者的教学理念及对教学任务的理解，也取决于社会发展的程度及教学技术与设施条件等。职业教育的教学组织，从现代教育观的意义上说，就是学习过程的组织。它与普通教育不同。它对经济社会发展，尤其对技术的变化，特别是劳动组织的变化，特别"敏感"。决定职业教育教学组织形式的主要有两对关系：一是教师和学生的搭配关系；二是教学内容、教学方法、教学手段和教学程序与教学地点的搭配关系。这两对关系共同决定教学组织形式。

1. 教学主体搭配的合理性。

教学过程是在教师指导下学生自主学习，师生共同参与的统一活动。教师与学生是对立统一的关系，教师与学生缺少了任何一方都不能构成教学过程。教学一定包括教与学，但又不是将其简单地

① 李文阁，王金宝著：《生命冲动——重读柏格森》，四川人民出版社 1998 年 8 月版，第 38 页。

相加，而是有机地结合。教师可以指导学生学习，但不能代替学生学习，学校的教学活动最终都要落实到学生的学习上。

教师的重要作用在于充分调动各种教学信息资源，为学生构筑良好的学习环境，帮助学生有效建构知识意义。教学中师生关系大致呈现为4种类型：一是单向型，视教学为教师把信息传递给学生的过程，教师是信息的发出者，学生是信息的接受者；二是双向型，视教学为师生之间相互作用获得信息的过程，强调双边互动，及时反馈；三是多向型，视教学为师生之间、生生之间相互作用的过程，强调多边互动，共同掌握知识；四是成员型，视教学为师生平等参与和互动的过程，强调教师作为小组中的普通一员与其他成员共同活动，不再充当唯一的信息源。有学者对新、旧教学目标观作了这样的对比：平凡的教育是期待受教育者成为预想的那种模式，卓越的教育是期待受教育者成为使教育者大吃一惊的人物；平凡的教学是教授者设法使学习者认可自己之所授而自己顺顺当当，卓越的教学是教授者使学习者频出奇思并使教授者自己陷于困境；平凡的讲授是使学生频频点头，卓越的讲授是使学生频频发问；平凡的教师让学生听懂，卓越的教师让学生创造；平凡的教师成为"人类灵魂的工程师"，卓越的教师使学生成为他自己灵魂的"工程师"①。

由此可以认为，教学主体搭配的合理性，不仅表现为教师与学生之间的双边互动的过程，还表现为这种互动过程是一个有机统一体，是一种复合活动。这种复合的活动为营造卓越的教育和培育卓越的教师提供了条件。

2. 学习时间的合理性。

"时间消费的合理性"是巴班斯基首先提出来的。他在《改进课堂教学的若干问题》一文中说："所谓最优化的教学，就是在教养、教育和学生发展方面保证达到当时条件下尽可能大的成效，而师生用于课堂教学和课外作业的时间又不超过学校所规定的标准。我们认为，最优化的基本标准就是获取尽可能大的成效和师生消费合理的

---

① 张楚廷：《教育中，什么在妨碍创造》，《高等教育研究》，2002年第6期，第4页。

时间去取得这些成效。”①

时间的合理性首先要关注教学效益，要求教师有时间与效益的观念。教师在教学时既不能跟着感觉走，又不能简单地把“效益”理解为“花最少的时间教最多的内容”。教学效益不同于生产效益，它不是取决于教师教多少内容，而是取决于单位时间内学生的学习结果与学习过程的综合情况。其次，要科学地对待定量与定性、过程与结果的结合，合理安排教学内容和教学程序。要根据教学内容的特点，选择是从实践导入还是从理论导入，是先讲后做还是先做后讲，还是边做边讲，这些都需要教师科学合理的安排，使学习时间与学习内容的配合达到最合理状态。

3. 学习空间的合理性。

传统的学习地点主要是教室，这与教学内容的单一性是匹配的。但是，工作过程导向的教学则要求教学地点的多样性，不仅需要教室，还需要教学车间、实验室，以及具备非集中式的企业里的学习位置，如学习站、学习岛、学习角等。“理论实践一体化”的专业实训室是较为普遍的学习地点。这种技术实训环境接近企业技术发展水平，拥有先进的生产设备和教学装备，融理论教学、实践教学、技术服务与生产为一体，便于营造浓郁的职业氛围，实现了学习内容与学习空间的有效搭配。

4. 时空搭配的合理性。

行动导向的高职教育要求教学地点多元化，各学习地点又由于其技能与知识学习的差异性，不同教学地点和不同教学内容的教学组织，就必然有着基于地点或基于内容的方法论选择。陶行知非常强调“在做上教，在做上学”，认为“在劳力上劳心，是一切发明之母。事事在劳力上劳心，便可得事物之真理。人人在劳力上劳心，便可无废人”②。以项目课程为主体框架，以工作任务完成为目的的教学必

---

① [苏]巴班斯基著，李予卓等译：《教育学》，人民教育出版社1986年7月版，第168页。

② 中央教学科学研究所编：《陶行知教育文选》，教育科学出版社1981年3月版，第80页。

须在模拟企业现场的真实环境中完成,并配以合适的实验实训设施、设备。与此同时,这些实训场所对学生实行全天候开放,从而实现教师、教学内容、学生、教学设施之间在时间上的有效匹配。

三、 任务导向的教学方法

所谓教学方法,是指教师在教学活动中使用的各种方式、手段的总和。它是教师完成教学任务的工具和载体。从一定意义上说,教学方法是教学中连接教师和学生的桥梁。学生通过它学到知识和技能,完成学习任务。

李悠把教学方法分成3个层次。(1) 原理性教学方法。其最大特点是为具体教学方法提供理论指导,本身不具有操作性。(2) 技术性教学方法。诸如讲授法、讲演法、谈话法等等,每一种方法都适用于学校各科目或几个科目的教学。(3) 操作性教学方法。这是具体到学科中各自具有的特殊教学方法,如劳动技术课的工序教学法、外语课的听说教学法等。它只适用于特定科目教学,具有与各科目的教学内容相结合的基本固定的程序和方式。教师一旦掌握便可立即操作应用①。我们这里讨论的是第二层次的教学法,即技术性的教学方法,探索这种教学方法与高职院校学生的实际情况的适应性,因为"我们的教学方法要适应学生的学习,而不是让学生去适应教学,适应课程"②。

(一) 教育名家看教学方法

夸美纽斯认为"教导的方法应该减轻学习的苦楚,使学生在功课上不受到任何阻碍或耽误他们的进步",同时要"寻求并找出一种教学的方法,使教员因此可以少教,但是学生可以多学"。"所教的学科如果合于学生的年龄,解释得清清楚楚,它们本身对于青年人就

① 李悠:《论高等职业教育教学方法的实施策略》,《职教通讯》,2003 年第 10 期,第 39 页。

② [美]约翰·D·布兰思福特等著,程可拉等译:《人是如何学习的——大脑、心理、经验及学校》,华东师范大学出版社 2002 年 9 月版,第 3 页。

是有吸引力的;假如解释能用幽默的,至少是比较不甚严肃的语调加以调剂,那就尤其如此。因为这样一来,快乐和有用就合而为一了。"①

巴班斯基提出并实践了他的"教学教育过程最优化"的思想。他研究了如何选择不同的教育方法以适应不同的教育内容。除了因材施教这一古已有之的思想外,他增加了因课施教的思想,即要因课程内容的不同而选择最优的方法②。

阿莫那什维利则认为:"我所致力的目标,是要找到这样一种教学方法:不是把知识填入儿童的脑袋,而是让他们设法向我'夺取'知识,经过与我的'智力搏斗',去掌握知识,通过孜孜不倦的探索去获得知识。"③

加涅与布鲁纳(J. S. Bruner)认为教师可以根据教学目标中所确定的学习结果类型及某类学习当时所处的学习阶段,选择最适合的教学方法④。

《有效教学方法》的作者鲍里奇认为教学方法"正像木匠、电工和水暖工必须为特定的任务选择合适的工具一样,你必须为某一学习结果选择合适的教学策略"⑤。

我国著名教育家蔡元培十分重视教师的教学能力,他要求教师"不但研究所教的学科,还得研究教学的方法",甚至具体到"我们教书并不是像注水入瓶一样,注满了就算完事。最要紧的是引起学生读书的兴会"⑥。

---

① [捷]夸美纽斯著,傅任敢译:《大教学论》,教育科学出版社 1999 年 5 月版,第 92 - 94 页。

② 查有梁著:《教育建模》,广西教育出版社 1998 年 11 月版,第 161 页。

③ 杜殿坤编:《原苏联教学流派研究》,陕西人民教育出版社 1993 年 4 月版,第 271 页。

④ 朱立明,邢新华:《加涅理论对教育技术学发展的影响》,《开放教育研究》,2004 年第 6 期,第 59 页。

⑤ Gary D. Borich (2000), Effective Teaching Methods [4th Edition], by Prentice-Hall, Inc. Pearson Education. Upper Saddle River, New Jersey. 160.

⑥ 高平叔编:《蔡元培教育论集》,湖南教育出版社 1987 年 4 月版,第 576 页,第 116 页。

徐特立认为教学重在“学”而不重在“教”。他重视教师“教”的方法，更注重学生“学”的方法，强调“教”的方法中要突出“学”的方法。他认为学是中心，以学为主；教是辅助，是指导学的；做是学的目的，也是学的方法。其教学思想的核心思想是“钥匙问题”。他说：“学习马克思主义是钥匙问题，整个的教育学习也是钥匙问题。不是给他们成品，替他们把门都打开，要给他工具，让他自己去生产；给他钥匙，让他自己去开门。”为此，学习要有正确的方法态度，掌握学习的方法远比掌握知识重要，掌握了知识是为了应用，他认为：“着重记忆不着重理解，着重知识不着重思考，着重书本不着重事实，着重仿效不着重创造，着重信仰不着重批评，着重劳心轻视劳力，着重理论不着重实践，着重吸收、贩卖，不着重生产、经营，着重装备不着重应用。财富虽多，但仅起到商店作用、仓库作用。这还是奴性的东西，为他人作嫁衣裳，捞得一点破布断线，只成零售店。”①

陶行知一贯反对死教、死学、死考。他从美国留学回来后指出了重教轻学的弊端，一针见血地指出：名誉上叫学校，实际上成了教校，教学的方法称为“教授法”、“满堂灌”、“填鸭式”，让学生被动地接受灌输的书本知识。这样做，压抑和抹杀了学生自主学习的主体性。他明确指出，学生是学校的主人，是学习的主体，先生的责任不应该专教书，应该教学生怎么学，教法与学法要结合。他率先把传统的“教授法”改为“教学法”，晓庄时期又提出了“教学做合一”的教学论，主张手脑并用，理论和实践相结合，并把它作为晓庄师范的校训②。

这些教育家指出教学方法在教学过程中的重要作用，着重强调了教学方法要与教育目标相符合，要与课程内容相符合，要与教育对象的实际情况相适应。

（二）能力本位教学理念指导下的教学方法举隅

高职教育要实现“以就业为导向”的教育目标，就必须贯彻“能

① 吕景美：《徐特立教育思想与新课程理念的契合点》，《湖南教育》，2006 年第 16 期，第 42 - 43 页。

② 方明编：《陶行知教育名篇》，教育科学出版社 2005 年 1 月版，第 132 页。

力本位"的教学理念，能力本位与就业导向是辩证统一的关系。能力本位理念指导下的教学方法突出培养学生的岗位能力、行业能力和社会能力。

1. 任务驱动法——旨在岗位能力的培养。

建构主义学习理论强调，学习资源不仅包括信息资源、认知工具、教师等资源，还包括任务情境等资源。任务情境在学习环境中起着集成其他各种学习资源的作用。一种学习环境是否是建构主义的，关键看任务情境的性质，因此任务情境是建构主义学习环境的核心。所谓任务情境是指呈现给学习者解决问题的情境，学习任务的真实性是反映任务情境与知识、技能被应用的实际情境相联系的程度，建构主义学习环境的学习任务是真实性任务。因此，学生的学习活动必须与任务或问题相结合，在真实的教学环境中，以探索问题来引导和维持学习者的学习兴趣与动机，让学生带着真实的任务学习，使学生拥有学习的主动权。

任务驱动教学法通常由创设情境、确定问题（任务）、合作学习和效果评价等 4 个环节组成。第一，创设情境。学生能在与现实情况基本一致或相类似的情境中进行学习。需要创设与当前学习主题相关的、尽可能真实的学习情境，引导学习者带着真实的"任务"进入学习情境，生动直观的形象能有效地激发学生联想，唤起学生原有认知结构中相关的知识、经验及表象，从而使学生利用相关知识与经验去"同化"或"顺应"所学的新知识，发展新能力。第二，确定问题（任务）。在创设的情境下，选择与当前学习主题密切相关的真实性事件或问题（任务）作为学习的中心内容，让学生面临一个需要立即去解决的现实问题。问题（任务）的解决有可能使学生更主动、更广泛地激活原有知识和经验，来理解、分析并解决当前问题，问题的解决为新旧知识的衔接、拓展提供了理想的平台。第三，自主学习、协作学习。不是由教师直接告诉学生应当如何去解决面临的问题，而是由教师向学生提供解决该问题的有关线索，如需要搜集哪一类资料、从何处获取有关的信息资料等，强调发展学生的自主学习能力。同时，倡导学生之间的讨论和交流，通过不同观点的交锋、补充、修正,使每个学生不断完善对当前问题的解决方案。第四,效果评价。对学习效果的评价主要包括两部分内容:一方面对学生是否完成当前问题的解决方案的过程和结果进行评价,即对所学知识的意义建构进行评价;另一方面是对学生自主学习及协作学习能力进行评价。

任务驱动教学方法的实施需要教师和学生共同努力和配合。从学生的角度说,任务驱动是一种有效的学习方法。它从浅显的实例入手,带动理论的学习,大大提高了学习的效率和兴趣。一个“任务”完成了,学生就会获得满足感、成就感,从而激发他们的求知欲望。从教师的角度说,任务驱动是建立在建构主义教学理论基础上的教学方法,将以往以传授知识为主的传统教学理念,转变为以解决问题、完成任务为主的多维互动式的教学理念;将再现式教学转变为探究式学习,使学生处于积极的学习状态,使每一位学生都能根据自己对当前任务的理解,运用已有的知识和自己特有的经验提出方案、解决问题,为每一位学生的思考、探索、发现和创新提供开放的空间,使教学过程充满民主、个性和人性,使教学氛围真正活跃起来。任务驱动的教与学的方式,能为学生提供体验实践的情境和感悟问题的情境,围绕任务展开学习,以任务完成结果的检验和总结学习过程等,改变学生的学习状态,是学生主动建构探究、思考、实践、运用、解决的学习体系。

任务有两种不同的形式。一种是结构良好的任务。这是在环境和条件确定情形下可以清楚界定的任务形式。另一种是结构不良的任务。这是一种环境不确定、界定也不十分清楚的任务。对一些技术性比较强的工作而言,任务的结构性相对良好,比如电气专业中的接线技术。结构不良的任务可称为问题解决,一般不能遵循常规的路径,而必须打破旧有的思路,找到问题解决的方法,如商务谈判和数控编程等。如果要完成一项任务,就要根据任务的不同性质,采用不同的教学方法。

(1) 基于结构良好任务的教学方法。

基于结构良好任务的教学就是把所要学习的新知识隐含在一个或几个任务之中,学习时,学生对任务进行分析、讨论,设计出完成任务的方法,最后通过任务的完成来实现对知识和能力的意义建构。教学过程分为确定任务—制订工作计划—实施计划—进行质量控制与检测—评估反馈等,这一过程为学生提供了体验完整工作过程的学习机会,可增强学生适应实际工作环境和解决综合问题的能力。

结构良好的任务具有一定的层次性,一般可分为全封闭性、半封闭性、开放性 3 个层次。第一层次的任务要求内容新颖,能激发学生的学习热情,按实际工作和岗位的需要重组教学内容,使学生能够独立自主地顺利完成任务。第二层次的任务是基本任务,教师给出一个具体的样例,其中包含所要学的新知识、新方法等内容,要求应该十分明确,使学生了解所学内容,让学生切身感受他要从事的工作和岗位,同时激发学生的探索热情。第三层次的任务是开放任务,让学生走进实际工作岗位,教师只提出部分具体的要求,给学生留下自由发挥的空间,允许学生有不同的思路和方法,通过综合性的训练,使学生在知识、技能和态度等方面有一个全面提高,培养学生解决实际问题的能力。

(2) 基于结构不良任务的教学方法。

“科技的高速发展,社会的变化多端,使得置身于其中的每个人在一生中都会遇到各种各样的问题。”①不过,这里的问题既包括学生在专业能力形成过程中的问题,也包括今后在行业、企业或在岗位迁移过程中的问题。因为“在解决现实问题时学生往往学得更好。所以,许多学校已经致力于重新组织课程。目的是促进现实问题的解决和应用”②。

实践是人类获取知识和能力最基本的源泉,解决实际问题是能力养成的最佳途径。解决问题的教学是“帮助学生学会独立识别问题、提出问题、解决真实复杂问题的一个十分重要的教学范型”③。

---

① 高文著:《教学模式论》,上海教育出版社 2002 年 2 月版,第 4 页。

② E. Boyer (1993, March), Making the Connections. Address presented at the meeting of the Association for Supervision and Curriculum Development, Washington, D. C.

③ 高文著:《教学模式论》,上海教育出版社 2002 年 2 月版,第 5 页。

问题解决可以培养学生 3 个方面的能力：智慧技能，那些为使问题能得以解决而必须知道的规则、原理和概念；组织化的言语信息，以图形为形式，使对问题的理解和答案的评估成为可能；认知策略，使学习者能够选择合适的信息和技能，并决定何时及如何运用它们以解决问题[①]。前苏联科学院院士 M·N·马赫穆托夫把解决问题分成问题情境的创设、问题的提出和问题的解决 3 个阶段[②]。

第一，问题情境创设阶段。在组织问题时，不像一般的学科教学那样围绕一个学科问题进行讨论，而围绕对社会、行业和对学生自身都具有意义的问题。要求学生面对现实中的真实的问题进行研究，目的是寻找对真实问题的真正解决方法，为学生创造一个真实的情境，学生在这个情境中能够体会到问题的真实性。

第二，问题提出阶段。马赫穆托夫认为问题解决教学法的关键是如何提出问题。提出问题能培养学生的高级思维和解决实际问题的能力，通过学生的探究过程，通过教师不断鼓励并放手让学生亲自寻找问题的答案，从而使他们学会独立解决问题的能力，成为一个自主和自发的学习者。

第三，问题解决阶段。在问题解决过程中，要取得满意的效果，必须做好 3 个方面的工作。一是解决问题过程中的合作性。要解决问题，学生之间要分工合作，共同进行探索、研究和实验。学习过程具有明显的合作性。合作研究有助于对所面临的复杂问题产生持续的研究兴趣，并同时提供了共同探究的机会，有利于促进学生的高级思维和社会技能的发展。二是实施过程的有序性。实施过程包括建立研究小组、制定合作计划、帮助学生进行独立或合作的研究、展示成果和分析评价问题解决过程等 5 个阶段。三是成果的开放性。问题的研究和解决的结果最后形成一个模型、一个报告、一盘录像带或

---

① R·M·加涅著，皮连生，王映学，郑葳译：《学习的条件和教学论》，华东师范大学出版社 1999 年 11 月版，第 186 页。

② 王庆莉，王恒：《探究教学：职业教育的新模式》，《运城学院学报》，2003 年第 4 期，第 78 - 79 页。

者一个计算机程序。任务驱动法在强调成果的实用性的同时,也注重解决过程的创造性。

2. 合作学习法——旨在通用能力的培养。

《心理学大辞典》中指出:合作是“为了共同的目标,各方相互作用,协调各自活动的过程”。合作的关键在于各方利益要一致。影响因素包括: 信息沟通的情况;奖励的方式,是鼓励竞争还是合作;各方的人格特点;彼此的信任程度①。合作学习(Cooperation work)是一种教学理论与体系,20 世纪 70 年代初兴起于美国,20 世纪 70 年代中期至 90 年代中期取得实质性进展。

美国当代著名教育评论家埃利斯和福茨在其新著《教育改革研究》一书中断言:“合作学习如果不是当代最大的教育改革的话,那么它至少也是其中最大之一。”②钟启泉也认为“教学是一种沟通和合作的活动的本质”③。合作学习的内涵可以概括为:以小组活动为主体,在学习同伴之间开展的有目标导向并由教师分配学习任务和控制教学进程的教学活动。合作学习 5 个基本要素包括:积极地相互依赖性的确立——即每个小组成员对小组的成功都起了重要的作用;促进面对面的互动以及小组技能的提高;每个人必须保持对学习任务掌握的个人责任感;社会交往能力的提高;确保各小组获得成就以及有效人际关系的保持④。

合作学习可分为“正式的合作学习”、“非正式的合作学习”和“基于合作的小组”3 种类型。行动导向教学的合作学习一般是正式的合作学习,并分成小组进行,分组的原则是“组内异质,组间同质”,即每个合作小组的内部成员在性别、性格、学习成绩、家庭背景等方面要具有差异,这样才能保证在学习中,每个学生各尽所能、互

---

① 林崇德等主编:《心理学大辞典》,上海教育出版社 2003 年 12 月版,第 479 页。

② 王坦著:《合作学习的理念和实施》,中国人事出版社 2002 年 7 月版,第 2 页。

③ 钟启泉著:《基础教育课程改革纲要解读》,华东师范大学出版社 2001 年 8 月版,第 207 页。

④ D. Johnson & R. Johnson (1984), Circles of Learning: Cooperation in the Classroom. Alexandria, VA: Association for Supervision and Curriculum Development, 89 - 125.

相帮助,并且得到不同的锻炼,而各组之间,为了体现组间竞争的公平性,每个组的总体实力应该尽量保持一致。成功的合作小组分组并非“强强联合”,即并不是最优人员的组合,而应该是互补的,使各小组成员在合作的过程中能够优势互补、互相学习、互相帮助。

合作学习的生命力在于其合作目标。合作学习要让学生获得知识、提高能力的过程同时成为学会合作、体验合作、培养人际交往能力的过程。在合作过程中,学生要意识到个人目标与小组目标之间相互依赖的关系,认识到只有在小组其他成员都成功的前提下,自己才能获得成功,小组成员之间是荣辱与共的关系,合作学习是一种利己利人的学习情境。

合作学习的评价观与传统教学也有很大不同。传统的教学评价强调的是常模参照评价,关注个体在整体中的位置,热衷于分数排队,比较强弱胜负,单纯把分数高低作为衡量学生优劣的标准。在这种评价方式下,只有少数学生能够得到高分或好名次,取得分数意义上的成功,而大多数学生则注定是学习的失败者,这不利于调动大多数学生的学习积极性。合作学习把“持续进步”作为教学所追求的一种境界,并将其作为教学评价的最终目标和尺度,同时将常模参照改为标准参照评价,把个人之间的竞争变为小组之间的竞争,并形成“组内成员合作,组间成员竞争”的新格局,使得整个评价的重心由鼓励个人竞争转变成在合作基础上的竞争。随着经济社会的发展,社会用人单位要求高职学生胜任岗位工作的同时,还要有较强的合作共事、协调人际关系的能力。因此,通过合作学习,可以为培养学生的社会交往、人际关系处理等方面的能力搭建平台。

3. 情境教学法——旨在行业能力的培养。

潘懋元指出:“素质教育,对高职院校的学生应有所要求。当然,高职院校的素质教育有其特殊性,不能照搬普通本科院校素质教育的要求与做法。”[①]我们认为,高职院校的素质教育,指的是培养学

---

① 潘懋元:《发展高等职教亟待解决的几个问题》,《光明日报》,2006 年 10 月 11 日,第 6 版。

生爱岗敬业的精神，踏实严谨的作风，而这些正是培养行业能力的重点，途径则是要创设职业情境。情境之于知识，犹如汤之于盐。盐需溶入汤中，才能被吸收；知识需要溶入情境之中，才能显示出活力和美感。知识本身具有丰富生动的实际内容，而表达它的语言文字（包括符号图表）则是抽象和简约的，学生所学的正是语言文字所汇集成的书本知识即教材。这就要求学生不论学习什么知识，都要透过语言文字、符号图表把它们所代表的实际事物想清楚，以至"活"起来，从而真正把两者统一起来。从教育心理学角度讲，这样的学习就是有意义的学习。相反，如果学生只记住一大堆干巴巴的文字符号，而没有理解其中的实际内容，这样的学习便是机械的学习。教学情境就是以直观方式再现书本知识所表征的实际事物或者实际事物的相关背景，是学生认识过程中的形象与抽象、实际与理论、感性与理性以及旧知与新知的关系和矛盾①。

杜威也认为，学生要有一个真实的经验的情境——要有一个对活动本身感兴趣的连续的活动，在这个情境内部产生一个真实的问题，作为思维的刺激物；他要占有知识资料，从事必要的观察，对付这个问题；他必须负责一步步地展开他所想出的解决问题的方法；他要有机会通过应用来检验他的想法，使这些想法明确并且自己去发现它们是否有效②。

工作现场所形成的知识主要是实践的、特定情境的知识，也就是默会知识。这些知识常常是私有的，而不是公共的，它们只能通过经验而被建构。事实上，如果个体没有对经验做出反映，或者说根本就没有有意识地从经验中学习，那么个体的经验有可能不是学习。情境教学对于克服传统学校学习的僵化、无趣、与现实相脱离等弊端，提高学生的学习兴趣，整合理论知识与实践知识，促进工作诀窍、默

---

① 余文森：《为什么要创设教学情境》，《中国教育报》，2006 年 12 月 15 日，第 6 版。

② 赵祥麟，王承绪编译：《杜威教育论著选》，华东师范大学出版社 1981 年 1 月版，第 191 页。

会知识的学习以及实践能力的发展,无疑是非常有效的[①]。因此,情境教学法在我国职业技术教育中早就有了,不过以前称为认识实习、生产实习等,这种方式也可称为"工学整合式学习",就是工作和学习一体化的岗位学习,其学习过程在时间和空间上与工作过程是一体化的[②]。20 世纪 50 年代后期的中等专业学校和技工学校已开始有这样的做法,几十年中也积累了不少经验。例如,为了使生产任务与实习教学要求相协调,对产品各工作进行分析,按难易、复杂程度分别交给技能掌握或熟练程度不同的学生进行加工;从生产设备中划出一部分作为教学设备,着重对学生进行基本训练,在达到一定技能要求后再从事真实生产;在生产中渗入教学要求,实际要求过高者只完成教学要求能达到的部分(粗加工),其余部分由技术工人或高年级学生完成,实际要求不高,在不影响产品质量的前提下,适当提高加工的难度与精度,以满足教学要求;根据产品设计进行教学设计,使教学加工件成为正式产品的毛坯件,等等。护士学校学生到医院实习,旅游学校学生到宾馆饭店实习,商业学校学生到商场实习,都是与实际的服务工作相结合的[③]。

目前一些高职院校在三年制专科和四年制双专科专业中,尝试"2.5+0.5"和"3+1"模式,就是除了让学生接受校内的实训教学外,还要求每一位学生必须去校外的企业单位实习。校外实习不一定是全班的统一行动,而是把实习的实效性放在第一位,组织形式多样化。实习基地既有学校分派的,也有学生自己联系并得到学校认可的,有的基地甚至只有一个学生实习。学生必须定期回校在本专业师生召开的汇报会上报告实习情况,并提交经实习基地指导教师签字认可的书面材料;学校则组织教学人员和教学管理人员巡回检查,以确保实习的效果。学生的实习报告一定要有学生根据现场实

---

① 徐国庆:《工作本位学习初探》,《教育科学》,2005 年第 4 期,第 55 页。

② 赵志群著:《职业教育与培训学习新概念》,科学出版社 2003 年 6 月版,第157 页。

③ 张家祥,钱景舫主编:《职业技术教育学》,华东师范大学出版社 2001 年 6 月版,第 203-204 页。

况提出问题并解决问题的内容描述，并由企业给予恰当的评价，最后教师根据实习报告分别对学生进行综合考核，给出实习成绩。通过这种形式，学生的通用能力和岗位能力得到了提高，学生的行业能力得到了显著提高。

美国约翰·肯尼迪学校的施奈德文印公司是情境教学法又一成功的案例。施奈德文印公司就是现实生活中的实践型出版公司，由三年级的学生经营。公司的印刷技术与其他现代出版公司一样——制作条幅、节目单、小广告单页、证书等。与现实生活中的企业一样，施奈德文印公司的发展赖于每个成员能力的综合发挥。为使学生实现知识迁移，这个班级的教师采取了以下几种策略：发挥学生的长处；提供体验式学习和真实的工作；支持有质量的工作；这些策略相互交叠。总之，它们帮助广大学生学习、运用学到的知识，出色地完成工作。这样的印刷事务对学生来说是一种学习的好方式，可以增强学生对语言艺术、数学、计算机、图形设计的理解。同时，这种现实生活中的体验能帮助学生获得组织能力，了解印刷品是怎样生产的，学习怎样进行商业运营，以及怎样为社会作出自己的贡献。这个项目给予了学生许多机会，去发展学生的语言智能、逻辑—数学智能、空间智能和人际关系智能，同时身体—运动智能和自然观察智能也可能涉及。为了使学生们的长处与所需要做的工作相匹配，学生们要正式地申请那些适合他们长处的工作。对于许多学生而言，特别是那些有特殊需求的学生，学校关注的是他们的弱点，很少会运用和感受他们的长处。但在施奈德夫人的班级里，所采用的策略是与之相反的："我们发挥他们的长处，并让他们看到自己的弱点，尽管有的学生在某些领域有困难，我们最起码，要让他们在一个领域内取得成功，而这个成功会激励他们。"①

① ［美］Mindy Kornhaber, Edward Fierros, Shirley Veenema 著，阎力译：《学校中的多元智能》，中国轻工业出版社 2005 年 2 月版，第 137 - 144 页。

四、工作过程导向的教学环境建设

杜威曾指出,"学校必须呈现现在的生活,即对儿童来说是真实而生气勃勃的生活"①。这里的"真实而生气勃勃的生活"对于高职教育来说是指教学环境的营造。布卢姆认为,除1%—2%的超常儿童和2%—3%的低能儿童外,95%以上的学生在学习能力、学习速度和学习动机方面并无大的差异。许多学生在学习中所以未能取得优异成绩,主要问题不是学生智慧能力有缺欠,而是由于未能得到适当的教学条件和合理的帮助造成的。他甚至断言:"如果学校提供了适当的条件,那么,几乎所有的学生都能学会学校所教的知识……几乎所有的人都能学会一个人在世上所能学会的东西。"②

教学环境是教学活动的一个基本因素,也是现代教学论研究的一个重要课题。建构主义理论认为教学有赖于学习者和环境,强调这些因素之间的交互作用。"包含在背景中的学习一定发生于所在的背景之中,在真实的环境中才有认知,因此教学必须在真实的情境中进行。"③也就是说,任何教学活动都是在一定的教学环境中进行的,不可避免地受到教学环境的影响。教学环境直接或间接作用于教学活动,可以发挥以下功能:导向功能、凝聚功能、陶冶功能、激励功能、健康功能和美育功能。教学环境的创设可以从两个方面着手:一方面是物理环境的创设,另一方面是心理环境的创设④。

依据不同的研究角度,可以将教学环境作多种分类。从环境的存在形态上可以把教学环境分为有形环境与无形环境、静态环境与

---

① 赵祥麟,王承绪编译:《杜威教育论著选》,华东师范大学出版社1981年1月版,第4页。

② 吴杰,薛风德编:《外国现代主要教育流派》,吉林教育出版社1989年3月版,第346页。

③ S. J Derry & A. Lesgold (1996), Toward a situated social practice model for instructional design. In D. C. Berliner & R. C. Calfee (Eds.), Handbook of educational psychology. New York: Macmillan. 787-806.

④ 谢利民,郑百伟编:《现代教学基础理论》,上海教育出版社2003年2月版,第225页。

动态环境；从环境的分布上可以将环境分为室内环境与室外环境、微观环境与宏观环境；从环境的某些局部特点上又可以分为时序环境、信息环境、人际环境和情感环境。《国际教学与师范教育百科全书》将教学环境分为物理环境（Physical Environment）和心理环境（Psychological Environment）两种类型。教学的物理环境指师生双方教与学活动所处的客观环境，如学校建筑，校园、教学设施，教室中的色彩、照明度、温度、噪音，班级规模，座位排列方式，等等。教学的心理环境指教师与教师、教师与学生、学生与学生之间相互作用而形成的心理环境，如师生人际关系、校风、班风、课堂教学气氛等。教学的物理环境和心理环境互相影响、互相促进，共同作用于学校的教学活动①。

姜大源认为，职业教育对象的智力类型主要具有形象思维的特点。它与"一维"线型的逻辑思维不同，是一种面型思维，至少是"两维"，甚至是"三维"的，总是与情境有着千丝万缕的联系，对知识的选择有明确指向性，是善于获取经验—怎么做和策略—怎样做更好的过程性知识。这类知识的习得与具体情境紧密相关②。

长期以来，职业院校硬件建设套用普通教育的硬件标准和做法，从建筑设计理念到评估指标体系都以普通教育为依据，是学科体系教学的具体体现，与实际职业情境脱节而缺少教育类型特色。帕金斯和萨洛蒙（Perkins and Salomon, 1988）指出，迁移首先要使学生学习的过程与将要迁移的情境相似，换句话说，学生学习某种知识、技能或态度、情感的情境要和运用这些知识、技能、态度、情感的情境相似，在什么样的情境中用到这些知识，就在什么样的情境中学习③。因此，工作过程导向教学强调情境性，尤其要强调学生在情境中"做"的行动。工作是一种行动，学习也是一种行动，学生不只是

---

① 谢利民，郑百伟编：《现代教学基础理论》，上海教育出版社2003年2月版，第227页。

② 姜大源：《基于学习情境的建设观》，《中国职业技术教育》，2005年第28期，第1页。

③ D. Perkins & G. Salomon (1988), Teaching for Transfer. Educational Leadership. Vol. 46.

"教"的受体,更重要的是"做"的主体。学习作为重要的行动,使个体获取完整的工作过程知识,这是教学环境建设成功的标准。

高职教育培养的是应用型人才,教学环境在高职教育中的地位非常显著,综合职业能力的培养、产学合作平台的构建等都有赖于教学环境。本书的教学环境主要指物理环境建设,包括建筑的设计、实训基地的建设等方面,建设的原则是以工作过程为导向。

(一) 体现"行动"的教学环境建设理念

随着科学和技术的不断发展,科学与技术的联系越来越密切,生产技术从以零散分布的经验技术为主转向以科学、理论技术为主。技术技能类知识也从"隐性"的转化形式转变为"隐性—显性—隐性"的螺旋上升模式。这时,显性知识已成为默会知识获取过程中不可或缺的一部分。默会知识是人类知识传播最古老也是最有效的方式,是在师傅带徒弟的过程中实现的转化。在该过程中,徒弟依靠观察、模仿和反复练习,形成与师傅基本相同的思维模式,从而使默会知识潜移默化地由师傅传递给了徒弟,这一过程意味着形成一种更高层次的默会知识形态——能力。

学生为体验完整工作过程的学习机会,必须经历从确定任务、制订工作计划、实施计划、进行质量控制与检测、评估反馈的整个工作过程。为此,高职院校要努力创造能发挥学生主动性的学习环境和学习资源条件,增强学生适应企业的实际工作环境和解决综合问题的能力。

1. 要确立"工作过程导向"的设计理念。

目前,我们正在使用的教学环境的基本元素——教室,就不符合"以学生为中心"教学理念的要求。美国的教室有门无窗,四面都有黑板,教师可以在任意一面给学生上课,有时上一节课要转几个面。课桌椅的放置也可随时根据教学需求而变化。教室里多媒体计算机、打印机、电视、录像、录音、投影、屏幕等现代化设备一应俱全,并配有大量的教学软件。教室里还有许多书架,一个20人左右的班级有图书500册。我们当今许多课堂,正如杜威在20世纪上半叶所说:"……按几何图形排列着一行一行的简陋的课桌,紧紧地挤在一起，很少有移动的余地；这些课桌的大小几乎是一样的，仅仅能够放书、笔和纸；还可以发现一个讲台、一些小椅子、光秃的墙壁，还可能有几幅画。这一切都是有利于'静听'的另一种形式，它标志着一个人的头脑对别人的依赖性。"[①]换句话说，在当前我国难以计数的教室里，"以课堂为中心"，"以教师为中心"，适宜学生安安静静地坐着"听"。

同济大学中育学校建筑设计研究中心副主任吴奋奋认为，中国一些所谓一流的学校建筑好比镀金的拖拉机，在许多"中国（世界）一流校舍"里展现的却是科学性的缺失、教育理念的滞后和对教育主体的漠视，并指出"一流"学校建筑应该体现教育对空间的要求，并且这种体现达到了一种境界，反过来可以促进现代教育的实施[②]。那么，高职教育的建筑与普通教育有何区别，其特点该如何体现出来呢？

学习环境设计是当前教育心理学中一个活跃的研究领域。许多专家学者正将更多的精力从传统实践中转移到学校良好学习环境的设计上，强调科学与应用的双向关系，即不仅是将科学知识用于实践而获得进步，实践也有利于理论的进一步发展。学习和教学研究已经步入了这样一个新的阶段：实践不仅检验理论，而且为基础研究提出了新的课题。

这一新课题反映在职业教育中，要针对每一个专业而开展职业活动分析，提出环境建设的要求。通过职业分析可以得出工作环境、使用的工具与设备、材料、技术与工艺、生产流程（服务程序）、工作规范或标准等，使这些成为实现不同专业培养目标所要求的学习环境建设的主要依据。它要求在学习环境建设之前，按照职业分析的基本程序对学习环境建设进行可行性论证，以便做出符合教学需要的学习环境建设方案。职业分析过程中，还要充分注意调查学校所

---

① 李安著：《美式教育成功之谜》，内蒙古人民出版社 2001 年 7 月版，第 208 页。

② 叶辉，朱振岳：《什么时候才能拆掉教室的墙》，《中国教育报》，2006 年 3 月 5 日，第 3 版。

在地区生产力布局结构和生产力发展水平，充分考虑职业教育课程目标地区或行业的定向性，根据本地区、本行业实际的职业分析结果制订相应的课程方案和课程标准，确定与课程内容或课程目标相适应的学习环境建设标准，充分体现学习环境建设先进性与适应性、实用性与可操作性的统一。

2. 要建立工作过程导向的学习环境。

（1）“学习岛”模式。在德国，原先的企业培训基地、中心，大多是脱离生产现场的独立培训车间，生产和教学是分离的。近年来，德国的许多企业改变这种做法，在生产车间建立了“学习岛”，使教学直接融于生产环境中。有了学习岛，既节省了企业的开支，又能使学生尽早接触生产实际，培训教师也可经常亲临现场，感受企业技术革命的不断变化[①]。

（2）专业教室模式。加拿大的许多教学场合，教室与操作车间连在一起，学生在教室中自学，遇到实际问题可以随时到操作车间进行练习，并有教师进行现场指导。操作车间设备齐全、先进，每个学生都有自己的工具箱，其实际技能的学习、练习、考核条件与环境，完全按就业后的工作条件布置[②]。一体化的专业教室是多功能的，既有传统的传授专业理论“教学区”，还有着眼于培养学生团队精神的小组“计划区”、强调职业技能培训的“实操区”和训练科学习惯的“实验区”。这样的硬环境将有利于采用理论与实践紧密结合的教学方法或组织形式，如项目教学、角色扮演、案例教学、模拟教学等等。

（3）工业中心模式。20 世纪 90 年代以来，出现了一种模拟企业实际生产过程的综合性高职教育训练场所——工业中心。工业中心的训练形式最初由香港理工大学所创。1992 年香港理工大学建成了面积为 1.1 万平方米的工业中心，中心设有 23 个工场、4 个特

---

① 聂渺：《关键技能理论及对高职教育发展的意义》，《职业教育研究》，2005 年第 2 期，第 18 页。

② 吴雪萍著：《国际职业技术教育研究》，浙江大学出版社 2004 年 5 月版，第306 页。

许训练中心、2 个专业训练单位、5 个电脑辅助设计及制造单元、3 个工程绘图室，拥有机械加工制作和维修、电脑辅助设计及制造、电子工程、建筑工程、各种材料的加工处理及成型工艺等设备。香港理工大学的学生要根据所学课程，接受累计 15 个星期的培训。实际应用过程中，学生需完成导师选定的专题制作。这些专题往往是工业界中常见的实际课题。学生要参与设计与制作，将在课堂上所学的理论知识和技能融会贯通，用自己的判断力解决种种难题，并在实践中体会生产过程与生产成本之间的关系。工业中心不单为香港理工大学本身服务，也为香港其他高等院校的学生提供培训，开设的培训课程得到香港工程师学会的认可，并作为衡量会员的入会资格之一。这种方式的优点是能够将与工业有关的各种学科训练放在同一场所，有利于不同学科的综合训练，使用起来较为方便，且模拟现代生产过程，有助于加强对现实生产过程的理解①。

（二）教学环境建设的重点——实训基地的建设

实训基地是高职教育为学生提供实践教学、保证学生掌握一定职业技能的重要场所，是高职教育教学体系的重要组成部分，是实现高职教育培养目标的重要保证。教育部在《关于以就业为导向，深化高等职业教育改革的若干意见》中强调：“要特别重视高等职业院校实习实训条件的建设。各地教育行政部门要根据本地区的实际需要，认真制定本地区高等职业教育实训基地的整体建设规划，并采取有效措施不断更新教学设施和仪器设备。”“高职高专的教学不是按照普通高校那样办，而是根据培养职业技术人才的方式来确定的，尤其是在实习、实训方面。”②为提高学生的职业能力，使学生得到高质量的实际动手训练，良好的实习实训条件是必不可少的。

1. 实训基地的内涵。

对什么是实训基地，不同的职教课程观有不同的理解。课程观

① 邓耀彩：《高职教育引进企业要素模式研究》，《职业技术教育》，2004 年第 16 期，第 23 页。

② 潘懋元：《我对高等职教的看法》，《职业技术教育》，2004 年第 18 期，第 36 页。

有两种:理论与实践分离的课程观,理论与实践整合的课程观。徐国庆认为,基于理论与实践二元分离的观点,实训基地是给学生提供直接“操练”的场所。教室的功能是进行理论教授,而实训基地的功能是对学生进行技能训练。实训基地强调实训基地内设备等硬件的陈列,不太注意配以相关讲授设施。基于理论与实践整合的课程观点,在职教课程中,理论与实践、教室与实训基地、理论教师与实习教师的二元分离是错误的。实训基地强调应当以培养学生的技术实践能力这一目标来整合理论与实践、教室与实训基地、理论教师与实习教师。一种模式是用理论整合实践,用教室整合实训基地,用理论教师整合实习教师;另一种模式则是用实践整合理论,用实训基地整合教室,用实习教师整合理论教师。普通教育选择的是前一种模式,而职业教育应当选择后一种模式。按照这种职教课程观,实训基地建设不仅要注重设备等硬件的陈列,还要注意配以相关讲授设施,并且要把二者有机地融合起来。因此在职业院校,实训基地将成为学生学习的主要场所,教室则成为次要的学习场所。

就目前来说,占主导地位的仍然是前一种看法。但是,随着我国职教课程理论的发展,随着对高职教育本质特征的理解以及对更高品质的职业教育的追求,第二种观点正越来越受到重视,开始成为实训基地建设的指导思想。

2. 高职院校实训基地的功能。

高等职业教育实训基地的主要功能应该是提供职业技能培训和综合素质培养,并具备完成特定任务所需的完整流程和真实的职业环境。

(1) 能力训练功能。能力训练功能是指为职业培训接受者在校学习期间提供实践教学、单项技能、岗位技能、关键能力培养等职业能力的培训环境。学生对一项技能或能力的掌握,需要时间,总有一个从陌生到熟练的过程,这个过程需要多次反复的训练。

(2) 职业环境熏陶功能。良好的素质和能力都不能单靠传授或演示而获得,都要在一定的职业环境中养成,要有相关“软环境”的熏陶。例如,现代企业特别强调的敬业精神、合作能力、质量意识、服务意识、创新意识,以及自控能力、承受能力、应变能力等等,学生必须在真实的职业环境下通过训练才能达到。

(3) 产学结合功能。高职院校的校内实训基地,应尽可能承担生产任务和一定的科研项目,积极主动地参与企业新技术、新产品的研究开发和技术推广活动,尽可能吸收教师和学生参与技术革新和产品升级换代的研究开发工作,以实现"产、学、研"的密切结合。校外实训基地则特别重视学生的学习要求,让学生尽可能多地参与生产、服务过程,尽可能让他们以生产者和服务者的真实身份从事实训、实习活动。

3. 我国实训基地建设的几种模式。

高职教育的专业都是针对行业、企业的某一岗位设置的,它培养的人才直接为行业、企业服务,学生毕业就能上岗。因此,高职院校都建立了有一定规模的校内实训基地。模式主要有 4 种。

(1) 学校自主建设模式。

要培养学生的实践动手能力,就必须兴建一定规模、设备精良的校内实训中心或基地,这是高职院校的一大办学特色。我们考察了一所高职院校 2002 年到 2006 年的教学实训设备的投入情况,该院校五年中用于教学实训设备的投入分别为 141.7 万元、822.8 万元、1 042.1万元、1 261.7 万元、341.2 万元,分别占该院当年总经费支出的 6.5%,23.2%,15.2%,13.9%,3.6%[①]。

(2) 政府建设模式。

在经济较为发达的地区,地方政府除逐年加大对职业教育的经费投入外,还积极投资兴建公共实训基地,对社会开放,并实行资源共享。如上海市职业培训指导中心就是由政府投资建设的现代化多功能实训基地。它集公益性的职业培训指导服务性机构、开放式的实训基地和辐射性的远程培训中心于一体。实训基地内建设了一批设施先进的专业实训鉴定室,这些实训鉴定室均配有代表该行业最新发展技术的先进设备和工艺软件,能充分满足实训的需要。

---

① 数据来源:常州机电职业技术学院 2002—2006 年财务决算报告。

(3) 政府支持、社会参与、学校配套建设模式。

教育部在2002年确定第一批国家高职高专精品专业的同时，决定对成都电子机械高等专科学校机电技术实训基地等12个基地建设项目给予资助，各投入启动资金50万元，同时要求学校主管部门应按照不少于国家投入资金数额1∶1的比例配套资金。黑龙江省实施“5523”工程，重点建设5所示范性职业技术学院，20个实训基地。湖北省提出了“高等学校人才培养质量与创新工程”建设目标：从2003年起，经过3年左右时间的建设，在省属高校重点建设20个高水平、现代化的基础课实验教学示范中心和高职高专教育工程实训中心。对纳入第一批项目建设的学校，省里对每校投入300万—500万元人民币专项资金，进行重点扶持。同时，学校应按高于1∶1的比例配套投入，主要用于实验教学仪器设备的更新、配套。再如，同济大学高职教育学院城市建设与管理实训中心也是政府支持、社会参与、学校配套建设的范例。该中心被教育部、上海市教委列入职业技术教育整体发展规划和1999年上海市政府实事工程。政府拨出专项建设经费1 000万元，学校则在场地、人员、技术及部分建设资金等方面积极予以配套。在其建设过程中，国内外几十个外资、独资、合资企业和公司、厂家等为实训中心提供了各种形式的赞助，赞助设备费等达1 000多万元，为学校节约了大量开支，并扩大了实训中心的建设规模。

(4) 校企合作建设模式。

在当前，高职院校积极寻求与行业和企业的合作，在实训基地建设中进行了有益的探索，也取得了成功的经验。一是寻求资金投入。宁波职业技术学院的敏孚机械系就是该院和敏孚企业联合举办，并以企业的名称命名的。敏孚企业专门为学生开设了实践教学场所和教室，并提供100多万元的生产设备，为该系装备了机械加工实训中心，建立了模具实验室。敏孚还每年为学生提供10万元奖学金。该院还与同创东方科技工业园合作，共同创建了信息专业培训基地，由企业为学生提供上机训练和工艺操作指导，并设立了10万元同创奖学金[1]。二是寻求设备支持。如广州民航职业技术学院用于实训的8架大中小型飞机、48台发动机均是各民航企业无偿提供的,航空公司还支持了一大批导航、雷达、机电类检测专业设备和航材等,为培养学生实践能力创造了良好的“硬件”条件[2]。三是用冠名的方式合作共建实训中心。如常州机电职业技术学院“广茂达能力风暴机器人”实训室、“北京阿奇”华东培训中心、西门子数控技术应用江苏培训中心和SOLIDEAGE产品技术培训考试中心均是由有关企业投入资金或设备并冠名成立的。

4. 实训基地建设有待解决的问题。

在高职教育实训基地建设中,校内实训基地始终是建设的重点。企业内实训基地由于企业的改制,其规模已逐步缩小,其作用越来越小,而公共实训基地则是一种发展趋势,但目前影响还不大,仍还处于探索之中。实训基地目前需要解决的问题还很多。

(1) 公共实训基地的规划和运作问题。

第一,公共实训基地的公平问题。由于公共实训基地是集中建立的,这就导致在地理位置上离公共实训基地近的职业院校必然能受益较多,而离公共实训基地远的职业院校由于交通等原因受益必然较少。这就要求公共实训基地在区域规划上要充分考虑产业和职业院校的分布。第二,公共实训基地规划问题。中央在建公共实训基地,地方也在建公共实训基地;教育部门在建公共实训基地,劳动部门也在建公共实训基地。相互之间缺乏沟通与分工,导致重复建设,使得有限的教育资金不能发挥更大效益,因此需要打破中央与地方、教育部门与劳动部门的界线,对公共实训基地建设进行整体规划。第三,公共实训基地的运作和管理问题。从资金的角度看,公共实训基地建成后的维护仍然需要大量资金。如果公共实训基地提供

① 余彦:《今朝甬江今朝潮——浙江省宁波职业技术学院采访手记》,《职业技术教育》2002年第12期,第58页。

② 吴万敏,蔡建平:《产学合作培养高等职业技术人才的实践与探索》,《南京航空航天大学学报(社会科学版)》,2001年第2期,第77-78页。

免费培训，政府势必要增加日常开支；如果公共实训基地实行有偿培训，院校有可能转而将这部分资金转移到校内实训基地的建设中，使投资巨大的公共实训基地可能被闲置。这是公共实训基地建设过程中不得不考虑的问题。

(2) 企业内实训基地的效果问题。

随着政府机构的改革，一些政府的工业部门纷纷被撤并，这些工业部门举办的职业院校也划转到政府教育部门。同时，随着企业逐步改制，这些企业出于对经济效益考虑，企业内的实训基地已基本用于生产。企业接受学生实习没有法规的约束，企业也没有义务接受学生的实习和实训，因此，即使少数企业愿意接受学生的实训，也因为学校或企业对学生的整个学习过程缺乏足够控制，整个实训过程随意性太大，使得学生在企业内实训的效果受到很大影响。

(3) 校内实训基地的平衡和校办企业问题。

首先，不同职业院校的校内实训基地建设水平差别很大。有些职业院校的校内实训基地已具相当规模；有些则非常落后，设备简单而陈旧；有些职业院校甚至没有校内实训基地。从总体上看，由于办学经费不足，目前我国职业院校校内实训基地建设水平还很落后。

其次，许多职业院校的校办企业，由于指导思想上的错误，已经从原来主要服务学生实训转变为主要从事生产。在生产过程中，与社会上的企业在竞争过程中始终处于不利地位，因为在规模、资金、技术和服务等方面根本无法与它们展开竞争。目前这些校办企业既没有搞好实训也没有搞好生产，使职业院校原本存在深层次的校企合作的优势丧失了。

5. 创新管理体制和运行机制，探索高职院校实训基地建设的新路子。

(1) 变“教学实训”为“实训科研”。

高职院校要充分发挥现有校内实训基地的作用，进一步挖掘潜力，积极寻求与社会的合作，提高设备的利用率。在满足学生实训的同时，拓展实训基地的社会服务功能，发挥实训基地的人才和设备优势，积极为企业开展技术服务。如可以将实训中心作为企业产品的陈列场地，可以作为企业的研发中心、产品开发工作室等，还可以与劳动部门合作作为转岗培训的基地，把"教学型"实训转变为"科研型"实训。

（2）变"教学实训"为"实训生产"。

为提高实训设备的利用率，降低实训运行成本，可以探索实训基地企业化管理的模式，以实训基地的设备和师资为依托，以企业化管理改革为导向，积极寻求为企业的生产提供配套服务，把产品制造和加工等项目引进实训基地，使实训基地成为高职教育产学合作的主要载体，从而提高实训基地的经济效益，使"教学型"实训逐步向"生产型"实训转变，真正实现产教结合、工学结合的目标。

（3）变"消耗型"实训为"经营型"实训。

教育部在《关于以就业为导向深化高等职业教育改革的若干意见》中指出："要在中心城市或高等职业院校比较集中的地区，创建一批起示范作用的高等职业教育实训基地，实现该地区职业教育的资源共享，担负该地区相应专业学生的实训、教师培养以及职业技能鉴定等任务。"常州高职园区正在按照这一思路进行股份制实训基地建设的探索。该园区的实训基地已经征地 1 150 亩，由研发中心、实训基地、成果转化中心和后勤服务中心 4 部分组成。其中，实训基地计划建设 15 个实训中心。市政府投资 1 亿元，省教育厅给予 2 000万元专项补贴，园区内的 5 所高职院校各投资 500 万元用于实训设备的购置。园区管理委员会从项目论证、建设到运行实行全过程管理。运行机制遵循"谁投资谁受益"的原则，采用市场化的方式进行运作。

第四节 行动导向教学质量的控制子系统构建

系统科学的控制论主要涉及控制、信息和反馈 3 个重要概念。控制、信息和反馈这三者之间是相互制约、相互依存的关系。系统在运行过程中，要达到最优的目的，就需要控制，控制的对象是系统，并通过信息和反馈来达到控制的目的。教学体系是一个系统,它通过收集信息并给予反馈来实现对教学过程的控制。下面探讨行动导向教学质量控制子系统的构建与管理。

一、不同学科视角下的控制与反馈

(一) 系统理论的视角

"学习是学习者吸收信息并输出信息,通过反馈和评价知道正确与否的整个过程。"[①]由此可以看出,控制、信息与反馈学习活动的紧密关系。首先,是信息的识别与收集。对信息的收集,主要有3种维数,即阶段维数、层次维数和时间维数。"阶段维表示信息是否有关,只有有关的信息才有用处。层次维表示信息的详细程度,如:信息的精确度、广泛性和完整性。时间维表示需要信息的具体时间和频率。"[②]因此,对信息的识别与收集系统进行设计时,需要运用系统分析的方法,即需要了解信息的类型、质量、地点和时间,需要了解系统的外界环境,需要了解信息传输通道的基础,同时需要识别什么样的信息是有效信息。其次,是信息的处理与反馈。按照系统原理,任何系统只有通过信息反馈,才可能实现有效的控制,从而达到预期的目的。所谓反馈,就是将已施行的控制作用的效果,作为决定或修改下一步控制作用的依据。日常生活中伸手取物,总是根据目标与手的位置决定动作,而不是先量出手与物的距离为一尺,然后大脑发令:手伸出一尺拿物。反馈是一个闭合线路,任何误差不论来源,都可利用"反馈原理"加以消除。系统动力学也认为,通过建立系统的反馈机制,可以清楚看到系统中各元素对执行某一决策的反映,为执行该决策提供依据。通过系统内部的反馈作用机制可以对系统进行长期、动态的分析。再次,是对系统的控制与修正。所谓控制,就是通过反馈来实现有目的的活动,有效的教学体系也必须要有一个良好的反馈控制系统。根据反馈信息的量来比较、纠正和调整其发出

---

① 查有梁著:《系统科学与教育》,人民教育出版社1993年3月版,第14页。
② 霍绍周著:《系统论》,科学技术文献出版社1988年10月版,第140页。

的控制信息的量，从而达到控制和修正体系的目的。

（二）现代精益管理理论的视角

现代精益管理理论认为，人是学校和社会发展的革新者和设计者。成功的学校管理必须把学校建成一个持续进步的学习化组织，使其具备不断获取、传播和创造新知识的能力，并在这一基础上不断改进。每个人都渴望有更多的自主权、发挥更多的创造性，这不仅仅是工作质量的标志，也是提高工作质量的有效手段。要想使全体教职员工的创造热情和创新能力与学校的整体发展目标相吻合，必须建立一个科学的质量监控与评估机制（monitoring and evaluation，简称 M&E）。按照现代质量管理理念，一个机构对自己工作质量的控制和管理，在很大程度上就是开发自己的评估能力（evaluation competency development，简称 ECD）。评估能力开发就是“确定做得怎样”、“发现错在哪里”和“知道怎样修正”的过程。在评估能力开发工作中，“监控与评估”是最为重要的工作内容。一个完整的 M&E 系统包括“监测”、“评估”、“成本/效益评估”和“效果评估”4 大部分①。

对于高职院校来说，M&E 是投入较高、耗时较多和技术复杂的工作，经常会遇到信息滞后和不准确等问题的困扰。因此，付诸实施并非易事。但监控与评估又是一个涉及整个学校管理的长期而持续的变化过程，是一个为所有参与者（如家长、老师、学生、学校、企业和社会等）都带来好处的、能持续提高学校教育教学质量和工作效率的现代化管理手段。从理论上看，监控与评估是一个强大而有效的管理工具。因此，实施监控与评估对提高教学质量具有重要的实践意义。

（三）心理学的视角

行为主义学习论将学习过程解释为一种条件作用和制约下的个体所形成和产生的反应，称为刺激反应学习理论（stimulus-response

① 赵志群著：《职业教育与培训学习新概念》，科学出版社 2003 年 6 月版，第 256-257页。

learning theory)。这一理论将个体习得的行为解释为刺激与反应之间关系的联结,即个体在适应环境的过程中,与环境中各种刺激所建立起来的稳定的关系。因此,只要能够清楚地理解和把握环境刺激与个体反应之间的关系,就能够通过对环境中的刺激进行设计和控制,从而建立起预期的反应,并通过反复的强化形成或消退复杂的行为。其教学的基本观念或理念,与这样一种对学习过程的解释相对应,就是行为控制或过程控制。据此,行为主义学习理论认为,教学就是为学生提供各种规定的学习情境,提出应达到的目标,通过训练、反馈和纠正性补救对学习过程进行控制,形成了所要求的行为,立即给予强化,出现了非要求的行为,则不予强化并进行纠正教学。就是在这样的一种循环往复的行为控制中,学生逐步形成了复杂的学习行为,逐步靠近教学目标,最终达到了教学目的。无论是斯金纳的程序教学、布卢姆的掌握学习,还是凯勒的个性化教学系统,其实质都是一种行为控制。

(四) 教育管理理论的视角

20 世纪初,管理理论先驱亨利·法约尔就提出了“管理的五职能”说,把控制职能作为计划、组织、指挥、协调和控制 5 个职能中的重要方面,并从管理学角度对其进行了比较详细的阐述。美国学者维纳在 20 世纪 40 年代首创的控制论中正式提出了反馈控制理论。维纳提出,反馈是控制系统把信息作用于被控制对象后所产生的反应,作为信息全部或部分回收,通过比较、鉴别和分析,对控制系统信息再输出产生影响的过程。要保证系统能及时有效地实施控制,就需要有健全的反馈组织机构和反馈设备装置,为系统提供真实可靠的反馈信息。尽管维纳曾把控制论只作为关于在动物和机器中控制和通信的科学,但这种理论在后来的发展中被广泛地应用于社会活动的各个领域,如教育管理学领域。现代教育管理中的评估就是对决策过程和执行过程实施有效控制的一种手段。

在我国,教学质量监控与评估主要分成两部分:一是学校内部的自我评价和监控系统,侧重对教学过程的质量进行监控,主要是由学校内部人员进行;二是官方和半官方的专业权威评估机构,其中包括政府认可、以专业人才为主形成的中介机构，兼顾过程监控和质量评价，一般由学校外的专家承担。我们讨论的是高职教育的内部质量监控，着重是行动导向教学体系的内部监控与评估，目的是要加强对教学质量过程的管理，提出改进措施，及时调整和改进工作，纠正教学过程中的偏差，不断提高教学质量。

二、教学质量监控有关概念辨析

1. 质量。

质量评价标准的多样性，带来了对"质量"一词本身的多种理解。因此，学术界对"质量"这一概念的理解各有不同。在《IS09000:2000质量管理体系基础和术语》中，"质量"被定义为"一组固有特性满足要求的程度"。在《辞海》和《现代汉语词典》中，"质量"词条下的释义有两个：一是量度物体惯性大小的物理量；二是产品或工作的优劣程度。国际标准化组织将"质量"定义为："反映产品或服务满足明确或隐含需要能力的特征和特性的总和。"因此，概括地说，质量就是某一事物符合其内在规定性的程度。

2. 教学质量。

教育作为一种培养人、教育人的社会活动，其内在规定性就是满足受教育者对知识技能的需求，提高人类整体的文明素质，促进经济发展，从而推动社会进步。《教育大辞典》把"教育质量"界定为"教育水平高低和效果优劣的程度"。因此，教学质量的定义可以表述为：在特定的社会条件和教育活动客观规律的限制下，一定教育所培养的人满足社会需要的程度与促进学生身心发展的程度。

3. 教学质量目标。

质量目标是指某个社会组织在质量方面所追求的目的。教学质量目标就是学校在教学质量方面所追求的目的。教学质量目标包括2个方面的含义：一是满足个人发展需求的程度；二是满足社会发展需求的程度。

4. 教学质量标准。

教育部《关于全面开展高职高专院校人才培养工作水平评估的

通知》对高职高专的教学质量标准作了3个"符合度"的概括：学校培养目标和质量标准符合社会、学生需要和国家规定的程度，学校实际工作状态符合学校确定的培养目标和质量标准的程度，学校人才培养结果（毕业生）符合学校确定的培养目标和质量标准的程度①。

5. 教学质量监控。

所谓教学质量监控，是指控制者作用于被控制者，使其保持某种运行状态，以达到教学质量要求的运行过程。从监控目的来分，可以分为4个：一是为了改进和发展正在进行中的活动或方案，即形成性功能；二是为了用来选择、证明或说明一些问题，即总结性功能；三是为了激励和提高认识，即心理功能；四是为了行使上级对下级的监督和评价权力，即管理功能。从监控的主体来分，又可分为学校内部监控和学校外部监控。从监控的性质来分，分为规范性教学监控（期初、期中、期末教学检查、督导）、诊断性教学监控（教学评估）和发展性教学监控（促进师生成长）等3种。

三、高职不同教学质量观的比照及选择

任君庆等认为高等职业教育的质量观有3种。(1) 知识质量观。它是以学生掌握理论知识的深度、广度及学科理论知识的系统性、完整性来衡量教育质量的一种观点。培根的"知识就是力量"，我国传统思想中的"学而优则仕"，就是这种质量观的体现。在这种质量观的观照下，容易产生重理论、轻实践，重科学、轻技术应用的教学思想。(2) 能力质量观。这是20世纪70年代在北美兴起，90年代进入我国的一种质量观念。刚开始，它是一种"能力本位"思潮，在职业教育的实践中形成了"能力比知识更重要的观念"，称之为能力质量观。在发展过程中，能力质量观又有任务本位能力观、整体主义能力观和整合能力观的区别。整合能力观是对前两种能力观的折中，认为能力是个体的一般素质及其在职业任务中的操作表现二者

---

① 教育部高等教育司编：《高职高专院校人才培养工作水平评估》，人民邮电出版社2004年6月版，第70页。

之间的整合，并把能力理解为有不同的层次或水平的差异。澳大利亚和英国的能力本位理论都是整合能力观的体现。(3) 全面素质质量观。中共中央、国务院在《关于深化教育改革全面推进素质教育的决定》中指出，高等教育要重视培养学生的创新能力、实践能力和创业精神，普遍提高学生的人文素养和科学素质。这要求由知识质量观、能力质量观向素质质量观转变①。

余菁认为，高职教育的教学质量观可以分为3类。(1) 内适性质量观。以教学为中心，教师在教学活动中占绝对优势，学校教育系统封闭，衡量教师和学生成绩以刻板的教条规定为标准。(2) 外适性质量观。根据外部需要来界定教学质量，强调教育适应外部需求，以市场导向(相对就业率)和顾客评价(用人单位、学生)作为教学质量的评定标准。(3) 个适性质量观。强调学生是学校教育的主体，关注学生的特性，以学生的能力提高和自由发展意识为教学质量标准②。

贾继海等把高等职业教育的质量观表述为以下3点。(1) 精品质量观。精品质量观认为，高职教育尽管培养的是高级技术应用型人才，但同样可以办出精品，办出一流，办出高质量，同样可以培养出社会欢迎的卓越人才。(2) 发展质量观。一是以高等职业教育发展为核心，为高职教育发展服务的质量观；二是用发展的眼光来看待高等职业教育的质量，通过发展解决质量问题；三是高等教育质量观本身具有鲜明的社会和时代特征，它是不断发展的，不是僵死的教条。(3) 服务质量观。首先，必须强化服务意识，充分认识高职教育在当今市场经济条件下在高等教育中的地位，转变观念，树立服务质量观，全方位提高服务质量，推动高职教育良性发展；其次，要根据区域经济发展需要及时调整服务方向和服务范围，不断增强服务能力，提

---

① 任君庆，苏志刚：《高等职业教育的质量标准和质量观》，《职业技术教育(教科版)》，2003年第25期，第13-14页。

② 余菁：《高等职业技术教育发展特点与教学质量提升研究》，《天津成人高等学校联合学报》，2005年第3期，第47页。

高服务水平，从而满足顾客要求，赢得市场，赢得生存和发展壮大的空间①。

杨德广提出要树立科学的教育质量观②，具体表现如下。（1）发展的质量观。发展的质量观有以下含义。首先，发展是质量的基础和前提，发展是首要任务。只有发展了，有了一定的数量，才能谈质量，必须树立为教育发展服务的质量观。其次，用发展的眼光看待教育质量问题，只有通过发展才能克服困难，才能解决问题。再次，质量观是相对的，是发展变化的，要从特定的时空特点出发确立止确的质量观，只要是不断提高，不断发展就是质量。（2）合适目标的质量观。不同的大学有不同的目标，不同的质量标准。高等学校有不同的类型、不同层次的学校，只要达到既定的目标就是质量。每所学校都要正确定位，把自己放在同类学校的平台上去比，然后再向高一层次的平台发展。（3）需求性的质量观。需求性就是适应性，教育要满足不同人的需求，满足不同行业的需求。教育的适应性是教育质量的本质。（4）特色的质量观。特色就是发挥学校的优势，就是集中学校的智力、财力，在某些领域独占鳌头，就是满足社会某些方面的需求，满足学习者个人特长、兴趣爱好的发展。特色是学校求发展、求生存的有效途径。各类学校应善于利用学校实力最强的师资、实验设备，集中人力、财力、物力加大发展力度，形成优势，形成特色，如果每所大学都有几个特色专业、品牌专业，就能满足社会各方面的特殊需要。特色性的质量观不仅体现在学科特色上，而且体现在校风和学生素质上。

潘懋元总结了高职教育在质量观上存在的问题："一是传统的知识质量观就是以知识的多少来看待一个学生的质量高低；而21世纪的人才素质不只是掌握知识的多少，还有能力的强弱、整体素质的高低。因此，如果还是用传统的知识质量观看待今天的人才，得到的

---

① 贾继海，杨百梅：《论大众化阶段我国高等职业教育质量观》，《教育与职业》，2005年第12期，第34-35页。

② 杨德广：《树立科学的教育质量观》，《中国教育报》，2007年1月29日，第5版。

结论就不一定正确。二是用单一的精英教育质量标准衡量多样化的大众化教育质量。三是以理论型普通大学的尺度来培养实用型的高职人才。虽然高职教育现在另行制定一套标准,但实际上这一体系是从原来的普通高等教育发展而来的,还不完全适应高职教育。因此,我们应该转变我们的教育质量观,采取多样化的质量标准,这是我国高等教育质量战略的重要对策之一。"[①]潘懋元同时认为,高等职业教育的质量标准应与传统大学的质量标准有所不同。它的主要质量标准是:基础理论知识适度、应用知识较宽、技术能力很强、具有诚信的职业道德。它的检验标准是就业市场适销对路。也就是说,教育质量,办学效益,要以就业为导向[②]。

进入21世纪,我国高职教育已经渐渐地从"卖方市场"进入"买方市场",其教育质量的概念和标准发生了重大变化,用人单位对人才培养数量和规格"需求和满意"的程度,学生对学校和所实施教育的认可程度等,将成为高职教育质量的新标准,具体包括:质量目标的合适性,符合学生及其家长的期望和社会的需求,学生知识、能力和素质等方面的增值等。因此,在现阶段,我国高职教育要确立能力本位的质量观。这里的能力,是指综合职业能力,包括岗位能力、行业能力和社会能力3部分。高职教育为社会培养的人才,能否得到社会的认同和欢迎,关键在于学生综合职业能力的高低。学生是否具备综合职业能力,必须接受社会和用人单位的检验与评价,不是以学生掌握知识多少、学术水平的高低来评价,而是按照"三个符合度"的要求对高职院校的学生进行评价。这正是行动导向教学体系质量监控的重点。

四、国外发达国家教学质量保障体系特色

有学者对国外发达国家的教学质量保障体系进行了归纳,总结

① 潘懋元:《新时期中国高等教育的质量战略》,《国家教育行政学院学报》,2006年第2期,第5页。

② 潘懋元:《"高等职业教育发展研究"序》《高等职业教育——天津职业大学学报》,2004年第3期,第12页。

出了以院校审核为特色的英国模式、以认证制度为核心的美国模式和五位一体的澳大利亚模式等3种高等教育质量保证体系模式[①]。

英国素有大学自治和重视质量的传统。但是自20世纪70年代末起，由于英国的经济形势恶化以及高等教育规模的扩大，大学的教学质量下滑，政府对大学的信任程度日趋下降，曾寄希望于通过建立一套评估系统承担起对教学质量进行评估的责任。然而经过20年左右的实践，这一改革被证明是不成功的，招致了社会各方的猛烈抨击，因而在2002年4月，政府不得不再次改变评估方法，以“院校审查”的方法，代替原先使用的“延续审查”和“学科评估”，把质量保障的责任重新落到院校自己身上，外部评估主要是确认院校内部质量保障体系的有效性。它标志着英国高等教育质量保证体系的一次重大变革，同时也在某种程度上宣告了英国在高等教育质量管理上对大学自治管理观念上的回归。新的院校审查评估方法的最大特点在于：审查的重点不是直接评估高等学校的教育质量，而是评估高等学校内部质量保障机制的有效性。它主要包含以下3个方面：第一，根据院校课程项目质量和标准的常规评估方式，评估院校内部质量保障机构和机制的有效性；第二，院校发布的课程项目质量和学术标准信息的准确性、完整性和可靠性；第三，院校内部质量保障过程在课程项目层次或院校层次运用的一些例证。在审查过程中，审查组对院校质量管理与学术标准的可靠性及其课程项目质量与学术标准的信息发布的准确性、诚实性、完整性及坦率性进行审查和判断，并写成报告公开发布。值得注意的是，作为外部评估的实施者，英国高等教育质量保证署（QAA）是一个非官方性的独立组织，其运行经费来自于与各高校拨款机构所签合同拨付的款项以及各高校的捐赠资助，主要面向社会、学生和高校负责，并不受英国政府直接管辖，但也对高等教育各项政策的制定提供相关信息和建议。

美国特有的历史文化传统和社会发展环境孕育了其以认证为核心与特色的高等教育质量保证模式。它主要通过非政府组织的认

---

① 朱鹏：《国外高教质量保证体系》，《中国教育报》，2007年1月29日，第5版。

证、排名和博士点评价等活动来保障高等教育质量,没有官方的专门评估机构,联邦政府不直接参与评估活动,但是众多认证组织需要经过民间的高等教育认证委员会(CHEA)认可。美国高等教育认证机构种类繁复、数量众多。从类别上分,可以分为院校认证和专业认证,其中提供院校认证的既有全国性的认证机构,也有地区性的认证机构。此外,还有一个非官方性的组织——高等教育认证委员会,它是对认证机构的"再认证"。作为美国高等教育质量保证模式的基础和核心,它在高等教育内部以及高等教育与社会、政府的关系中具有多重功能。在高等教育内部,认证制度为高等教育市场提供了基本的标准,对市场的自由竞争起着一定的制约作用。同时,认证制度又是一种内在的统一协调力量,使地方分权管理的美国高等教育能够在必要的时候协调一致应对来自自身和社会环境的各种挑战。在与政府的关系中,认证制度是一种政府管理的重要媒介,也是对政府管理的一种制衡。认证制度与政府之间既有联合合作的一面,又有对抗抵制的一面。在与社会的关系中,认证制度成为高等教育与社会的信息传递之窗,同时也是社会公众参与高等教育的管理之门。社会需要认证制度提供关于院校和专业的信息,也通过认证制度参与高等教育的质量管理。不同认证机构之间所使用的认证标准也不同,这正好因应了美国高等教育多元化和多样化的发展特征。认证活动和媒体推动的学校排行,国家学术咨询机构对博士学科的评价同时并存、相得益彰,政府主导活动和民间自律活动各不统属、互不排斥并能互相补充,使得美国高等教育认证制度虽然机构众多,但整个体系却能够长期稳定,表现出多元、有序和稳定三者兼备的特点。2006年9月,备受瞩目的高等教育改革报告《领导力的检验:美国高等教育未来指向》出台,为美国的高等教育发展提出了更高的质量要求,以认证制度为核心的高等教育评估体系还需要进一步提高质量标准,顺应并促进大学的发展,同时还需要向公众和社会提供更有效的信息,增强透明度和绩效责任。

在澳大利亚,联邦政府、州与地方政府、大学、大学质量保证署(AUQA)以及澳大利亚学历资格评定框架署(AQF)5方共同组成了澳大利亚高等教育质量保证体系，各方职能明确，既合作又分工。联邦政府负责向大学提供资金，公开大学报告，以此促进大学质量，大学要向联邦政府提供质量保证计划和研究计划。州和地方政府根据有关规定负责所属大学的资格认定。大学负责自身的内部管理和质量保证。大学质量保证署（AUQA）负责开展外部质量检查，并提供最终的检查报告。学历资格评定框架署（AQF）负责大学的注册与学位的颁发。在这5个主体当中，2000年大学质量保证署（AUQA）的成立尤为引人注目，它标志着澳大利亚新的高等教育质量保证体制全面建立。作为一个独立的、非营利性质的机构，它是由澳大利亚就业、教育、培训与青年事务部倡议成立的，但却独立于政府开展工作。作为一个中介机构，它在政府与大学之间都保持了适当的距离，从中起着重要的协调作用。与英国和美国不同的是，澳大利亚建立起了高校与公众普遍接受的质量标准，但是这一标准的建立却是基础性的，它并不对高校的多样化发展产生根本的抵触，相反却是对高校自我评估和自我提高的一种激励，可以提升被检查学校或学术项目的声誉，同时通过统一标准的建立，参加质量保证体系的学校可以实现学分互换，从而给学生更大的选择权。

从以上分析可以看出，国外主要发达国家对高等教育质量控制采取的主要措施是：以高校内部质量监控体系建设为主，政府参与资格审核或者再认证；多样化趋势非常明显，各类高等教育都建立了质量评估指标体系；建立了科学而严格的质量标准；充分发挥民间组织的作用，注意处理政府、专业组织和学校的相互关系。这些措施对我国高职教育构建教学质量监控体系都具有借鉴作用。

五、 行动导向教学质量监控子系统的构建

（一） 行动导向教学质量监控体系的特征

高职教育教学监控主体主要由2个方面构成：一是校内监控，二是社会监控。校内监控一般由教学部门针对教学整体过程进行监控，从教、学两个角度进行。社会监控2个方面组成：一是由上级教育主管部门或委托其他机构对高职学院的办学条件、教学水平、办学

成果等进行监控，二是社会通过评价学生实际工作能力来促进其教学工作质量的提高。我们主要讨论行动导向教学质量监控在教育内部的机制转变。

1. 从刚性走向柔性。

以往的教学监控比较刚性，是以监视、控制为出发点的，其作用在于了解教学情况、控制教学行为、保证教学活动有序进行，并且多以定量的指标来评价。这种监控看似保证了教学的有序和规范，但可能在一定程度上压抑了教师和学生的积极性、创造性，可能难以达到预期的教育教学目的。柔性教学监控则强调发展性、自主性和研究性，重在对教学过程的重点和难点进行诊断，强调用动态的、发展的眼光来看待教师和学生的潜在优势和整体进步，达到以评价促发展的目的。对教师的评价重点，从教学基本功到教研、教改及创新教学的转变；对学生学习的评价，从重视终结性评价到形成性评价和发展性评价的转变，从关注考试成绩到重视学习过程、学习方法、学习态度及创新意识与能力的转变。

2. 从单一走向多元。

在以往的教育研究和教育实践中，人们始终把课堂教学活动圈定在“特殊的认识活动”范围，认为教学过程是学生在教师指导下有目的、有计划、有组织地学习人类已经创造出来的最基本的文化知识的过程。在这种思想支配下，课堂便成了教师演出“教案剧”的特殊场所，学生在课堂上实际扮演着配合教师的角色，由此不但形成了以教师为中心的教学理念和教师单向输出的教学方式，而且形成了教师是教学监控的唯一主体的单向教学监控模式。行动导向的教学监控则强调从单一走向多元，运用多种方式对整个教学体系监控，把所有参与教育的要素和活动都纳入监控范围，既重视一般常规教学和理论教学的监控，又重视对实践教学的监控；既重视对专任教师教学活动的监控，又重视对兼职教师教学过程的监控；既重视对学生知识的考核，又重视对学生实际能力的考核；既重视对静态教学的监控，又重视对动态教学的监控；既重视学生的校内评价，又重视社会评价等，从而形成各要素相互配合、各活动相互协调、资源优化配置、整体推进、效果最优的教学质量监控评价体系。

3. 由静态走向动态。

以往的教学评价或者教学监控,主要侧重于对结果的考核;行动导向教学质量监控体系要求就是要对教学体系的各个要素、教学的各个环节进行动态监控,包括前期保证、过程保证、终期保证3个阶段。前期保证是对教学准备情况进行评价。过程保证是对运行中的各项教学活动进行检查,及时发现问题并予以纠正。终期保证是通过对测试结果的分析,找出影响学习效果的因素,从而改善下一周期教学的状态。

(二) 行动导向教学质量监控体系的构建

美国质量管理专家戴明提出了著名的PDCA管理系统循环,又称戴明环或质量环。这一管理系统要求按照计划(Plan)、实施(Do)、检查(Check)、处理(Action)的工作方式对质量进行控制。因此,行动导向教学质量管理体系的构建,也可借鉴这一模式,建立一个从学生入学前、学习中到毕业后整个过程的教学质量监控体系。高职教学质量监控体系主要包括4个部分:一是教学质量标准的建立;二是教学质量过程的控制;三是质量的评价;四是质量控制的信息反馈(见图5-8)。

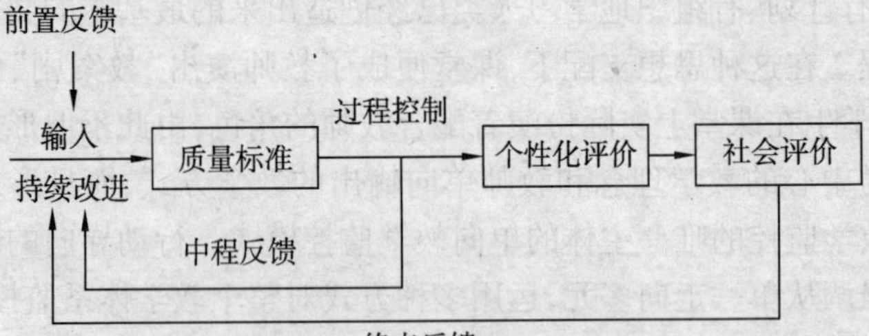

图5-8 行动导向质量监控体系模型图

1. 质量标准——能力本位评价体系的建立。

按照市场理论的要求,要把消费者的利益放在首位。学校是教育服务的提供者,学生、家长或用人单位是教育服务的消费者,供需双方构成了教育市场。因此,学校必须尊重和满足受教育者的需求,同时教育水平的高低和质量的好坏,应由消费者来评价。高职教育在一定意义上说是以就业为导向的教育,要实现这一目标,就要贯彻能力本位的教学理念,也就是要建立能力本位的质量标准。建立能力本位的质量标准主要包括制订质量标准的内容和评价方法。

乔纳森提出了目标自由的评价、以真实任务为标准的评价、以知识的建构为标准、以经验的建构为标准、背景驱动的评价、依靠学习背景的评价、多种观点和多种形态的评价标准、以社会建构意义为标准的评价等9条标准①。其中,以真实任务为标准的评价比较符合能力本位的质量要求。也就是说,职业能力可以通过一些典型活动来体现,作为职业活动样本的评价项目设计要合理,并且完成这些评价项目所需的能力与实际工作所需的能力在很大程度上达到等值的要求。

对能力评价的主要方法是标准参照。“标准参照评价要贯彻如下三条原则。第一,为确保能力推测的合理性和有效性,要尽可能地采用多种评价方法(如技能评价、模拟练习、口头与书面问答、直接观察、考察原有学习证据等等),使评价证据具有广泛性和代表性。第二,针对当前评价的能力要素(或单元),应采用与之最适合的、最相关的评价方法。第三,每一次评价或测试应同时覆盖相关的多种能力要素(或单元),而不是针对个别能力要素(或单元)分别孤立地进行评价或测试。”②标准参照比以往采用的常模参照有许多优越性。从评价内容看,常模参照评价强调的是学科知识、思维能力、记忆力等学术性学习结果,标准参照强调的是完成实际工作任务的能力,也就是工作任务完成的成绩。从评价采取的测量方法看,常模参照评价采取的通常是纸笔测验,即给学生一份试题,然后根据学生答题的情况,推断学生是否掌握了相应知识,发展了相应的能力。标准参照采取的通常是工作样本测验,即从某岗位中抽取出一些有代表性的工作任务(工作样本),然后根据被评价者完成这些任务的实际

① 高文:《建构主义学习的评价》,《外国教育资料》,1998年第2期,第24-29页。
② 石伟平著:《比较职业技术教育》,华东师范大学出版社2001年6月版,第322页。

情况,推断他们是否获得了相应的工作能力。测试情境要求尽量与实际的工作情境相似。从评价所依据的标准看,常模参照评价依据的是教师、学科专家、课程专家、教育部门共同拟定、颁布的课程标准;标准参照评价所依据的是职业能力标准,它是由雇主、行会、劳动部门等共同参与开发的。从评价的组织形式看,常模参照评价通常采取集体评价的方式,而标准参照评价通常采取个别化评价方式。

2. 质量控制——质量形成于全过程。

教学质量是对教学“产品”生产全过程管理的结果,教学“产品”质量有一个产生、形成到实现的过程,这一过程中的每一环节都直接或间接地影响到教学质量。也就是说,教学质量保证的关键在于整个教学过程,任何结果都是通过过程来实现的,只有保证过程质量才能保证最终质量。因此,要保持教学质量在一个稳定的水平上不断提高,仅监控结果是不够的,还必须对影响教学质量的全过程进行监控。

(1) 控制环节。教学质量形成的全过程是由若干环节构成的,具体包括:劳动力市场研究、人才培养目标的确定、人才培养方案的设计、课程标准的制定、教学设施的准备、教学实施过程的控制、学生学业评价、毕业生就业与跟踪调查等。

(2) 关注变化。教学质量是一个动态性、发展性概念。劳动力市场是变化的,具有动态性。一是经济社会的发展,使劳动力就业市场的人才需求规模在不断变化;二是产业结构的不断调整,劳动力就业市场的职业岗位在不断变化,从而对不同类型的人才提出新的需求;三是随着科学技术进步,劳动力市场的技术结构在不断升级,对人才素质的要求不断变化;四是劳动力市场人才的流动性,劳动者就业空间不断扩大,带来了劳动者对就业岗位的选择性逐步增大,对学习的需求更加多样化。

(3) 以人为本。教学质量形成全过程中的每一个环节都要依靠人去完成,人的素质以及对人的管理水平是过程质量及工作质量的基本保证。因此,人是教学质量形成全过程中最重要、最具能动性的因素。教学质量管理应重视人的因素,强调以人为本。通过对教学质量的持续监督，可以把影响质量的诸多因素有机协调、统一、组织起来，促使教学沿着确定的方向并按一定的程序运行。

3. 个性化评价——综合职业能力的评价方法。

冯增俊在《当代国际教育发展》中指出："近年来，传统评价中统一的、标准的评价手段和评价方式受到了人们的批判，各国纷纷探索新的评价形式，单一的评价必然为评价的多元化所取代，这已经成为世界课程评价的一个趋势。"①其中最为引人注目的是个性化评价，因为个性化评价是对学习结果进行明确界定而建立的一种评价形式。个性化评价"把教学看成一种动态生成的过程，因而它反对追求同一性，主张关注个体的个性和差异"②。在这种评价形式中，对一般的或特定的学习结果予以明确界定，使得评价人员、被评价者或任何感兴趣的第三方，对是否达到这些结果均能恰当地作出客观判断。

钟启泉介绍的"档案袋评价"（Portfolio assessment）是个性评价的典型方法③。"档案袋评价"能够反映能力本位质量观的本质特征。这一方法在美国自20世纪80年代以来得到广泛推行。所谓的"档案袋"是指针对某生从事的学习活动，旨在用于其评价、信息与表彰以及回顾学习过程而收集的"收集物"——作品与工作案例。这样的"档案袋"能全面反映学生掌握知识和运用知识的情况以及个性心理品质。"档案袋评价"大体有两重含义：一是归纳学习者的学习、表现与交流及学习者自己编辑制作的作品；二是形成素材，便于学习者与教师进行多元评价。"档案袋评价"之所以应运而生，大体出于两个原因：一是对于20世纪70年代美国"回归基础"运动中过分的"标准测验"学力竞争的一种反思，作为替代性评价的一种摸索；二是寻求儿童"理想学习"和"真实学习"，以替代扭曲了的应试教育的一种尝试。后一个原因是更深层的，牵涉到学习观的转换以

---

① 冯增俊编：《当代国际教育发展》，华东师范大学出版社2002年10月版，第230页。

② 李文阁，王金宝著：《生命冲动——重读柏格森》，四川人民出版社1998年8月版，第38页。

③ 钟启泉：《建构主义"学习观"与"档案袋评价"》，《课程·教材·教法》，2004年第10期，第20-24页。

及由此带来的教育评价观的转换。

“档案袋评价”既非一堆档案夹卷宗，更非剪贴簿，而是“实绩评价”（performance assessment）与“真实评价”（authentic assessment）的结合。“档案袋评价”的实施主要有如下 7 个主要成分：确立明确的评价目的、内容、主题，保障每一个学生有自己的成长记录袋；发展清晰明确的说明或是使用指南，选择广泛多样的不同类型的作品样本；依据所收集的作品样本的性质归类存放；师生合作明确评判作品质量的标准；在教师指导下总体地或是分项目地评价作品；举办作品交流会；鼓励家长参与评价的过程。

总之，高职教育实施个性化的评价，要从多角度来看待学生的知识、素质、能力特质，不能重知识而轻能力，更不能凭单一的分数来确定学生能力的高低；在个性化评价中，要制订个别化的标准，对学生个体是否达到了既定的教学目标，不宜“一锤定音”，而应把诊断性、形成性、终结性评价综合起来，给予多种机会；个性评价要求评价形式灵活多样，既有客观测验也采用论文测验、问题情境测验，既考察陈述性知识也考察程序性知识和策略性知识。通过查阅工作绩效记录，并通过相关的追踪，面谈、口头和书面提问、模拟操作等来鉴别、评价和认定其职业能力。

4. 持续改进——质量反馈机制的建立。

系统、信息和反馈是控制论中最重要的几个概念。控制什么？控制的对象是系统。靠什么控制？靠信息。怎样实现控制？靠反馈。反馈的概念最初从电子放大器设计中引进的，它是把放大器的输出（一部分）送回输入端，以获得我们需要的某种性质。所谓反馈原理，就是将已施行的控制作用的效果作为决定或修改下一步控制作用的依据。控制论的创始人维纳解释说，“反馈即将系统以往的操作结果再送入系统中去”，其特点在于“根据过去的操作情况去调整未来的行为”，因此，反馈就是指用系统活动的结果来调控整个系统活动的过程①。

---

① 霍绍周著：《系统论》，科学技术文献出版社 1988 年 10 月版，第 122 页。

教学质量的控制，是以信息为基础的，在很大意义上，教学质量控制就是一个信息的收集、处理和加工过程。因此，教学质量反馈机制的建立包括 3 个方面：一是反馈信息网络的建设；二是反馈信息的利用；三是教学质量监控体系的管理。

(1) 教学质量信息网络的建设。

教学质量信息网络建设包括校内信息网络和校外信息网络建设 2 个方面：校内教学活动信息，以教务处为中心，建立教务处—教研室—教师—学生的纵横交叉的信息跟踪、反馈网络，在学生和学校之间建立起顺畅的沟通渠道，听取、收集学生对学校教学工作的各种意见和建议，并进行整理分析，及时反馈到教学部门和教师本人，使发现的问题及时得到修正；校外信息网络，是学校—社会行业、企业事业单位之间的双向信息跟踪反馈系统，由就业指导中心在对学生就业指导的同时，负责收集人才市场和用人单位的信息，还可在毕业生人数较多的单位建立教学信息反馈点，每年进行毕业生跟踪调查，召开招生、就业研讨会等，将有关信息及时反馈到各教学单位。

要达到控制的目的，必须建立"多层次、全方位"的控制组织制度。所谓"多层次"，是指以教研室为基本教学质量保证监控组织单位，由院、系、教研室三级组织共同承担教学质量保证责任，形成自下而上、层层把关的教学质量保障体系。不同的管理层次有不同的工作内容和教学质量保障监控重点，从而形成一个互保互联、各有侧重、分工协作的教学质量保障监控组织共同体，可以强化教学活动的规范化管理和过程监控。所谓"全方位"，是指学生、督导、系部主任、教研室对教学质量进行系统性的评估。这种由学校专职督导部门或教务部门统一管理的全面立体交叉督导评估组织体系，能够对教学过程的各个环节都进行规范化管理。在全程监控中，把影响教学质量的各种不利因素降低到最低限度，并把构成优质教学的各种有利因素最大限度地发挥出来，从而达到质量目标。

(2) 教学质量信息的利用。

教学质量信息的利用包括信息的收集、处理与反馈。

信息的收集主要有"人员调查法"和"活动调查法"两种渠道。

"人员调查法"是指通过对与教学有关的各类人员的调查获取信息。学生信息,主要通过调查问卷、师生交流会、校长信箱、网上留言板等形式反映;部门信息,获得的途径有毕业生就业情况、教师教学评估、专项检查、学生日常数据等;领导信息,主要通过定期或不定期的听课来获得;社会信息,主要通过专业管理委员会、家长调研、人才需求调研等途径获得。通过各种渠道获得教学的质量信息后,负责人员将信息进行分析、整理后分别上传和下达;有关宏观和共性的教学质量信息上传至教学管理及决策机构,一些微观和具体的问题则直接向相关部门通报。"活动调查法"是通过一系列的调查活动获取教学信息的方法。常用方法如下。一是问卷法。即组织学生独立填写学校印制的"学生评教调查表",逐项进行判断评定,最后再确定综合评分。问卷法便于学生进行全面比较和定性、定量判断,有利于学生充分发表自己的看法和意见。因此,问卷法是目前高职院校开展学生评教采用的主要方法。二是座谈法。由教学管理人员深入各教学班与学生座谈或组织各班学生代表召开座谈会,听取对任课教师的教学意见和建议。这种方法一方面由于具有公开特性,使学生提出的问题和意见仅限表面和共性,而一旦涉及深层次问题尤其是涉及具体教师时,大多避而不谈或很少谈及;另一方面还受时空局限,不便了解每位学生对每一位教师教学情况的反映,所以该方法只作为学生评教的辅助方法。三是意见箱法。即建立教学意见箱,让学生随时将对任课教师的教学意见写成文字投入其中。这种方法不受时间、空间的限制,获取的教学信息时效性也强,而且比较具体;但往往缺乏全面性、系统性和普遍性,不便了解所有任课教师情况,因此也常常只作为学生评教的辅助方法。四是网上评价法。通过设立网络评价系统,使评价具有即时性、经常性,但可能不太全面,人为因素可能较重。"人员调查法"和"活动调查法"两种方法各有利弊,"人员调查法"受到人员数量的限制,一般用于定性分析;"活动调查法"面广量大,一般用于定量分析。两者要结合使用。

信息的处理就是对收集的信息进行分析,提出存在问题,研讨解决办法，采取有效措施，对教学质量管理组织系统、人员系统进行调整，对相关制度进行修改完善。

信息的反馈就是把教学过程的状态信息真实、全面、快速地反馈给教学管理的部门、教学管理的决策者和教学实施的参与者，它是教学质量监控系统运行中的一个重要环节。教学信息反馈要建立网络，实现时间和空间上的组合。从反馈的时间来分，可以分成3个阶段。

第一阶段，前置反馈。在控制系统中，当施控系统的输入信息作用于受控系统但尚未产生输出信息之前，施控系统即提前发出控制信息来纠正即将发生的偏差，而不是产生了偏差之后再通过反馈信息来纠正，这就是前置反馈，有时又称“思维内反馈”，也叫正反馈，即事前预测及调控。它可对系统运行结果作前瞻性的控制。影响教学质量的因素很多，包括办学理念、目标定位与发展模式、专业设置与培养方案、教学与管理体系以及教师、学生、环境、信息、设备等，如对生源质量的监控，这是培养优秀人才的重要前提；对专业设置的监控就必须针对地区、行业和社会发展的需要，面向职业技术领域和岗位或岗位群的实际需求来确定；对教师素质的监控，就是教师必须具备“双师素质”，这是高职教育人才培养的特殊性决定的；对教学内容的监控，就要从分析岗位职业能力入手，以职业能力为本位来调整教学内容和开发、重组课程，突出专业特色，这是高职教育的起点和归宿。这些要素都是质量控制过程中要先期进行监控的，都属于前置反馈的范围。

第二阶段，中程反馈。它是指在施控系统发出决策控制信息（方案、计划、方法、内容、措施）作用于受控系统的过程中，由于环境变化的影响，常使决策信息出现自身不周密或与客观情况不相适应的地方，需要及时地把原决策信息与客观环境之间存在的矛盾情况输送给决策者，便于决策者对信息作出必要的修改或补充。这就是中程反馈，或称决策执行反馈。

第三阶段，后继反馈，又称终点反馈，有时简称“后馈”。它是指系统运行过程（控制过程）结束时，将其结果反输回来。后继反馈所传递的是最后的反馈信息,人们之所以要对系统运行施以有效的控制,目的在于通过控制,系统运行能达到预期的结果,这就需要在系统控制过程结束后,及时地对运行所产生的结果加以客观的全面的分析和考评,从而获得有关系统运行结果的信息。政府和社会作为外部教学质量监控的主体,主要通过设立专门鉴定机构、授权中介机构以及行业协会、民间团体、新闻媒体等对学校工作进行评价和监督。"国际上通常用就业率、对口率、稳定率、晋升率、收入水平、学生满意率、用人单位满意率7个指标来反应毕业生的质量和学校的水平"①。因此,通过毕业生的社会评价来反馈学校的教学质量是比较客观和科学的,而这些也属于后置反馈的范围。

从反馈的空间来分,可以分成3个领域。一是学生信息反馈。以系部为单位,组建学生信息小组,由系部或教务部门召开学生代表座谈会或进行问卷调查采集信息,听取学生的意见和建议。二是教师信息反馈。以系部为单位,组建教师信息小组,收集教学全过程的情况。三是社会信息反馈。用人单位和人事劳动部门对学校毕业生的质量进行评估,对学校人才培养的要求以及改革教学提出建议。

(3) 教学质量监控体系的管理。

教学过程中是否遵循了高职教育教学的特殊规律性?是否在这个过程中完成了教学任务,达到了教学目标,收到了应有的教学效果?教学输出产品是否合格,是否能适应社会生产发展需要?这些问题既是界定高职教育教学质量高低的起点,也是教学质量监控管理的重点。通过对教学质量监控体系有效的管理,可以把各个教学单位有效地组织起来,使各个教学环节有序运转,规范协调,使学校的各项教学决策迅速有效地得到贯彻实施,可使教学质量管理更加严密化和规范化,达到提高教学管理水平,提高教学质量的目的。对教学质量监控体系的管理,要从组织、人员和制度3个方面入手,紧

---

① 俞克新,李飞鸿:《高等职业教育的教学改革与素质教育》,《教育与职业》,2004年第17期,第71-72页。

紧围绕教学质量改进的目标进行。

第一,组织管理。

教学质量监控体系加强管理,首先要健全监控组织。通过组织对教育质量的持续监督和控制,把影响质量的诸多因素有机协调、统一、组织起来,按照一定的程序有机地运行,从而形成的一个多要素、多层面、多形式、范围广泛的综合组织体系。这一组织体系可以分为以下 4 种。

"一体型"组织。目前,大多数高职院校的教学督导是"一个部门,两种职能",督导组织挂靠于教学管理部门,由分管教学工作的院领导负责,对全校教学及其管理工作进行监督、检查、评估和指导。

"闭环型"组织。这一组织的特点是教学部门和质量监控部门分开,并且由不同的院领导分管。教学实施体系是以教务处为核心的教学运行一条线,以计划、执行为主,专门负责教学运行管理,由分管教学院领导、教务处、教学系统构成;教学质量监控体系是以督导部门为核心的教学质量监控一条线,以检查、反馈环节为主,专门负责教学质量监控和督导,由院长、督导部门、专业建设顾问委员会构成。教学运行与质量监控的闭环组织,可以使整个教学管理形成闭环管理系统,既可使教学运行管理部门有更多的精力进行教学改革,又可实现对教学质量适时有效的监控,确保教育教学质量的稳步提高。

"检查型"组织。主要是由上级教育主管部门组织的临时性评估组织。2002 年,教育部制定"高职高专教学工作合格学校评价体系"和"高职高专教学工作优秀学校评价体系",开始着手进行高职院校的教学质量评估。被选定进行试点的院校,领导都高度重视,成立专门的小组,主要领导负责,全体动员,组织自我评价和改进,寻找与合格标准之间的差距,优先使用资源解决不合格事项。检查型组织的主要任务是对高职院校的教学工作和人才培养工作进行检查,并给予结论性评价。

"咨询型"组织。这类组织主要是由院校聘请专业机构,按照 ISO9000 质量体系对院校的教学工作进行认证。从实践来看,这些认证机构的针对性不强，但其对质量管理的理念以及有些操作手段还是有借鉴意义的，因此要进行适应性改造。

实践表明，只有使教学质量管理运行机制运转灵活，学生、教师、管理者这三方形成良性互动时，才能有效地提高教学质量。高职院校要通过创新教学质量管理组织及其运行机制，因校制宜，才能在教学质量监控方面取得更大的实效。

第二，人员管理。

高职院校作为一个特殊的组织，不仅具有组织的一般特性，还具有特殊性。一般可以把学校组织的管理细化为对人的管理，包括师资管理和学生管理，以及对人才培养过程的管理，包括教学管理、行政管理和后勤管理等。加强教学质量管理，其实质就是加强对人才培养过程中的参与者的管理，使其处于受控状态，从而达到质量目标。参与人才培养过程的人员主要有3个层次。

决策层。包括院级领导及其相应的决策机构，在教学质量监控中起主导、组织、调度、指挥作用，负责制订质量控制内容与方案及制度和办法，组织开展教学质量检查评估等活动。其职能是建立健全各项教学管理规章制度，加大对教学质量管理规律的研究，探索高等职业技术教育院校教学质量管理的策略，不断提高高职院校教学管理水平。

管理层。主要包括教学实施部门、教学管理和教学质量监控部门，具体负责系部教学活动的计划、实施、检查、总结、提高等工作，对学生的学习活动和教师的教学活动进行有效的管理，加强教学管理队伍建设，提高教学管理人员的整体业务水平，制订并完善各种教学管理工作流程，有效监督和指导各个教学单位对各个教学环节进行质量控制，做到从严治教，强化管理，从而确保正常的教学秩序，为实现教育质量目标营造良好的环境和氛围。

操作层。主要包括教师和学生。教研室层面由教研室主任、副主任组成，负责教研室的教学质量管理，对各门课程的教学环节加以管理，编写教材讲义、检查教案、组织教研教改活动，交流教学经验、检查授课质量，收集教学信息，检查教学规章执行情况等。教育是一项复杂的劳动,劳动主体、劳动对象,管理主体和管理对象都要以人为本。教师是落实教学质量的主体,又是质量监控的客体,保证教育质量的关键在于发挥教师的内在积极性。学生是教学质量的直接受益人,是教学质量监控的主体,因此,要发挥学生参与教学质量管理的积极性;同时,学生是教学质量的代言人,是质量监控的客体,因此要落实学生的评教权。

第三,制度管理。

高职院校的质量控制不确定的因素很多,仅靠基本条件的改善和一次性的改进不可能保证长期质量。因此,要加强教学管理制度建设,建立起一套适合高职院校发展要求的、完备的规章制度。教学管理监控的关键在于建立健全各项教学管理规章制度,把各种约束和压力变成师生员工自觉的行动。只有不断建立健全教学管理制度,教学质量监控工作才有法可依,有章可循,教学监控工作才能有效进行。

高职教育教学质量管理制度建设要以过程监控为重点,按照人才培养的过程建立健全前置反馈制度、中程反馈制度和终点反馈制度。前置反馈制度主要有专业建设指导委员会制度、教学计划和教学大纲审定制度、“双师型”教师培养条例、招生工作条例等,中程反馈制度主要有教学常规管理制度、教学工作例会制度、教学质量检查制度、听课制度、师生座谈会制度、学生评教制度、督导工作条例、实习实训工作条例、毕业设计(论文)工作条例等,终点反馈制度主要有毕业生跟踪调查制度、就业基地、实习基地征求意见制度等。通过这些制度的建设,形成对教学过程各个方面、各个环节的系列化的管理制度,并严格组织实施和检查落实,提高教学管理和质量监控的规范化程度,为构建学校内部教学质量监控的长效机制提供制度保障。

本 章 小 结

行动导向教学体系包括驱动、受动、支持、控制等4个子系统。能力本位教学理念是行动导向教学体系的驱动子系统，是教学体系的动力源，它对教学体系起着引领作用，决定着教学体系的性质和方向。驱动子系统是一个信息传递系统，包括教学理念、领导者和教学实践等3个部分，教学理念是信源，是驱动源；领导者是信道，领导者是教学理念和教学实践的“桥梁”，起着催化和引领作用；教学实践是信宿，是教学理念在教学实践中的具体表现。在由教师和学生组成的受动子系统中，学生始终处于教学的中心，教师则成为平等中的首席。受动子系统关键在于构建行动型师生关系。支持子系统由课程、教学组织方式、教学方法和教学环境组成，行动导向教学体系的支持子系统是以项目课程、合作探究的教学组织方式、任务导向的教学方法和工作过程导向的教学环境为特征的。行动导向教学体系的控制子系统包括体系构建和体系管理。体系构建包括能力本位质量标准的确定、质量监控制度的完善、个性化评价方法的实施以及反馈机制的建立，体系管理则强调组织、人员和制度的管理。

第六章 行动导向教学体系的实施及效果分析

行动导向教学体系需要通过实施来检验其效果。为此,我们选定常州机电职业技术学院2004级两年制数控技术应用专业进行试点,通过试点来获得第一手资料,以便对行动导向教学体系进行完善。

第一节 行动导向教学体系实施的总体情况

在认真研究的基础上,常州机电职业技术学院确定了这样的改革理念:全面贯彻能力本位的教学理念,以就业为导向,以课程建设为抓手,以行动导向对教学体系的各个要素进行调整,通过实施由实践到理论的教学体系结构,达到发挥行动导向教学体系在高技能人才培养过程中的整体功能的目的。

一、 基本思路

1. 从领导者到管理人员再到广大教师,全面贯彻能力本位的教学理念,并把能力本位教学理念贯穿到整个教学体系中去。

2. 以课程改革为抓手,开发以工作任务为主体的高职项目课程。首先,广泛开展社会调查,根据数控技术应用职业岗位的实际要求,确定本专业人才培养的目标、规格,设计学生的知识、技能、素质结构;其次,聘请工程技术专家参与课程方案的制订。课程方案要在满足社会需求、遵循教学规律的基础上,以学生专业能力和基本素质培养为主线,突出基础理论知识的应用和实践能力的培养。

3. 加强教学环境建设，着力校内实训基地的建设，更新设备、完善配套，同时选择专业对口、规模适合、装备精良、技术先进、管理规范的企业建立校外实训基地。

4. 加强师资队伍建设，改善师资队伍结构，提高教师教学水平和工程实践能力，使该专业教师成为既有理论水平又有实践动手能力的“双师”型教师，同时聘任一定数量的兼职教师。

5. 注重现代教育技术手段的应用，大力采用计算机辅助教学，改革传统的教学方法和考核办法，实行过程与结果并重，以结果为主的评价方法。

6. 提高学生综合职业能力，不断提高学生职业素质。

二、实施范围

我们选择常州机电职业技术学院 2004 级两年制数控技术应用专业进行试点，主要基于以下考虑。

1. 该专业为教育部试点专业。

该院的数控技术应用专业开设于 2002 年，2003 年 9 月被确定为院级重点建设专业，2003 年 12 月被教育部、国防科工委、中国机械工业联合会确定为“数控技术应用专业领域技能型紧缺人才培养工程试点专业”（教职成厅[2003]4 号），并按照《两年制高等职业教育数控技术应用专业领域技能型紧缺人才培养指导方案》开展两年制数控技术应用专业的人才培养工作。

2. 该专业生源情况特殊，文化基础相差较大。

2004 级两年制数控技术应用专业共招收新生 174 人，其中来自普通高中 95 人，单招 79 人；男生 128 人，女生 46 人；入学成绩最高分 531 分，最低分 241 分；生源主要来自江苏省的 13 个地区。

3. 该专业特色明显，有较好的发展前景。

数控技术应用专业设置紧贴社会需求，既体现当今制造水平，又紧随社会发展趋势，能根据社会需求，培养数控紧缺技能型人才，人才培养具有明确的岗位针对性，从事工艺、编程、操作、维护、管理等工作，有较好的发展前景。选择该专业作为试点有较强的说服力。

第二节 行动导向教学体系实施的过程

常州机电职业技术学院以项目课程改革为抓手,系统整合教学资源,对行动导向教学体系各要素进行整体协调,同步推进,其教学体系的实施过程可以分为5个方面。

一、切实转变教学理念

2002年,国务院召开了全国职教工作会议,下发了《关于大力推进职业教育改革与发展的决定》,为高等职业教育的改革与发展指明了方向。同年,教育部推行《新世纪高职高专教育人才培养模式和教学内容体系改革与建设项目计划》和专业教学改革试点工作,并启动了高职高专示范性学校建设、品牌专业和精品课程建设及示范性实训基地建设工程,极大地推动了高职高专教育改革与建设,标志着高职教育从注重外延扩张向注重内涵提升的转变。常州机电职业技术学院在规模扩张的同时,充分认识内涵建设的迫切性和重要性,充分认识到教学改革在内涵建设过程中的核心地位。在内涵建设过程中,高职院校存在的共性问题主要有:一是高职教育沿用学术教育的教学理念,至今没有建立起体现其自身特点和规律的教学体系;二是高职教育的课程体系具有明显的学科性倾向,虽然知识的系统性和完整性已经逐步淡化,实践教学逐步受到重视,但是理论教学和实践教学还缺乏紧密的结合,还没有从根本上动摇知识在教学体系中的中心地位。因此,高职教学改革首先必须在教学理念上有所突破,彻底摆脱学科性倾向,围绕高职人才培养目标,从岗位工作分析入手,真正实现理论教学和实践教学的有机结合,实现教学体系从"知识中心"向"能力中心"的转变。

基于对这些问题的深层次思考,常州机电职业技术学院提出了"以岗位需求分析为依据,以职业能力培养为主线,以工作情境建设为支撑"的高职教学理念。以岗位需求为依据,就是在培养目标确定、课程设置、教学内容和教学方法的取舍方面,以岗位需求为基本依据,在课程开发时,根据工作结构确定课程体系结构和课程内容结构、划分课程门类、排列课程顺序,实现课程体系结构从学科结构向工作结构的转变。以职业能力培养为主线,就是在人才培养方案的制订过程中,坚持以职业能力培养为主线,在教学实施的过程中,充分考虑工作过程特点和教学过程特点两者的有机结合,以工作过程为基础组织教学过程,突出“任务中心”,突出职业能力的培养。以工作情境建设为支撑,就是在教学设施建设时,充分考虑工作情境对教学过程、教学结果的支撑作用,营造具有真实工作情境、具有职业环境特点的教学环境,突出“情境中心”。

二、整体提升师资队伍水平

“没有教师的协助及其积极参与,任何改革都不能成功。”[①]教师只有参与课程开发过程,才可能对新课程有深刻理解,从而能够更好地按照新课程的理念进行教学[②]。因此,加强师资队伍建设就成为实施行动导向教学体系的又一重要任务。

首先,通过“引进来”的办法,充实教师数量。近几年来,数控技术应用专业从企业引进了13名具有丰富工程实践经验的高级工程师、工程师充实到教学第一线,大大改善了师资结构,明显地提高了教师的双师素质,提高了教师产学研的综合能力。通过努力,该专业现有专任教师19人,兼职教师6人,副高以上职称5人,双师素质教师17人,硕士(含在读硕士)6人,占青年教师的50%。

其次,通过帮带和进修的办法,提高教师的教学水平和实践能力。帮带主要起到两方面的作用:一是企业引进人员通过帮带能尽快获得教学资格,通过教学“第一关”;二是高校应届毕业生通过帮带尽快提高教学水平和实践动手能力,通过教学和实践“双关”。因

① 联合国教科文组织总部中文科:《教育——财富蕴藏其中》,教育科学出版社1999年9月版,第15页。

② 石伟平:《我国职业教育课程改革中的问题与思路》,《中国职业技术教育》,2006年第1期,第8页。

此，不论是高校应届毕业生还是企业引进人员，都被视为新教师，都必须经过为期一年的“帮带期”。在这一年里，老教师要帮新教师尽快转变角色，适应教学环境，进入教学状态，逐步提高执教的水平，自觉地为学生服务。新教师还要通过岗前培训，取得教师资格证书。对于没有数控机床操作加工技能的新教师，首先让他们通过数控仿真学习典型数控系统机床的操作加工，然后有计划地安排他们到数控实训基地操作数控机床加工零件，进行实战练习，达到一定水平后，通过参加相应工种的技能考核、送入省职业技能鉴定中心进行考评员培训或到实践基地参加工程实践锻炼，提高他们的工程技术应用能力。

在从高校引进高学历专业人才的同时，积极鼓励青年教师报考相关专业的研究生，提高教师的学历层次，每年还选派骨干教师参加全国性和国际性学术活动，已有 4 名教师到国外进修，促进了教师综合水平的提高。与此同时，学院积极鼓励教师参加技能大赛和教学比赛，促进能力提高。2004 年常州市第七届职工职业技能大赛中，一名教师获得数控铣床第一名，荣获“常州市职工技术状元”称号，并被常州市人民政府授予“常州市五一劳动奖章”。2006 年由劳动和社会保障部、教育部、科技部、国防科工委、中华全国总工会、中国机械工业联合会六部委联合主办的第二届全国数控技能大赛决赛中，一名教师获得全国总决赛教师组数控车第四名，分别被江苏省总工会、江苏省劳动和社会保障厅、国家劳动和社会保障部授予“江苏省群众技术创新能手”、“江苏省技术能手”和“全国技术能手”的光荣称号。近年来，该专业的教师在国内期刊上发表论文 14 篇，公开出版发行教材 9 本。数控专业教研室 2003 年荣获常州市红旗班组。由该专业教师参与的技术改造项目 XH756 型卧式加工中心研发、XKA726 数控铣床研发两项成果均获省级科技成果奖，S—YZJ—D6/2200 圆织机获部级科技成果奖。该专业教师还积极发挥自身的优势，为企业提供技术服务，近两年共完成 14 项技术服务，2005 年承担了常州东风农机集团公司 CW630 加工中心技术改造任务，取得了较好的经济效益和社会效益。产学研结合有力地提升了教师的工程技术能力，大大丰富了课堂教学内容。该专业有6位教师常年被企业聘为技术顾问，2名教师被常州市经贸委、常州市科学技术局、常州市科学技术协会聘请为“科技兴企活动”首批科技创新促进者。

三、完善实训条件

（一）建立了国家级示范数控实训基地

为配合“数控技术应用专业领域技能型紧缺人才培养工程试点专业”建设，江苏省财政厅于2004年8月（苏财教[2004]96号文）给予该专业250万元的设备专项经费用于实训基地的建设。建成后的数控实训基地现在拥有机械加工实训中心、数控维修中心、现代设计中心、现代制造中心等13个校内专业实验、实训室，华中数控车床19台、数控铣床14台、加工中心9台、还有电火花、线切割等48台套数控设备，这些设备与企业保持同步，并配备先进的FANUC、SIEMENS、HASS等系统。高性能数控加工设备为培养学生的数控技术应用能力发挥了重要的支撑作用。

（二）建立了稳定的校外实训基地

江苏多棱数控机床股份有限公司、常州创胜特尔数控技术有限公司、常州东风农机集团有限公司、常林股份有限公司、江苏常发集团、中国南车集团戚墅堰机车车辆厂6家签约企业已成为数控技术应用专业稳定的校外实训基地。这些企业集团技术含量高、装备精良、管理规范，每年都接受学生到岗实习。学生在校外实习基地充当职工角色，进行全方位的综合学习与实践，校外实习基地在提高学生的产品质量控制意识、主人翁意识、环境制约意识、责任意识、专业职业意识等方面发挥了关键作用。这些企业还为学校提供学生毕业设计的工程课题等，使学生有机会在解决工程实际问题的过程中，提高专业工作能力。该专业还与江苏多棱数控机床股份有限公司共建数控实训基地，与西门子公司共建数控维修中心，与美国EDS公司共建Solid Ege三维造型设计室，与北航海尔软件公司共建CAXA制造工程师设计室。这些企业的部分工程师还成为该专业的兼职教师，他们不仅为学生授课、指导实习、开设技术讲座等，还积极进行技术交流，帮助指导青年教师提高工程实践能力。

四、开发项目课程

课程改革始终是我国高职教育的热点与难点。从改革现状来看，要摆脱原有课程体系的学科性和重视实践教学已经成为共识，但是高职课程改革尚未形成真正意义上的突破，仍然停留在“修修补补”阶段，而企业对高职人才的需求则是高职课程改革最直接的动因。针对这一课题，2004 年 1 月，常州机电职业技术学院召开了由行业专家、教学专家参加的两年制数控技术应用专业学制改革研讨会，与会代表一致认为高职学制改革将引发课程层面的大变革，是深入开展课程改革的重要契机。学院高度重视研讨会所达成的共识，决定以两年制数控技术应用专业为试点，以项目课程改革为抓手，全面实施行动导向教学体系。为此，该学院成立了由课程专家、行业专家和教师组成的课程开发组，对数控技术应用专业进行项目课程改革的试点工作。

2004 年 2 月，课程开发组在课程专家指导下着手有关项目课程的调查研究工作。调查结果显示，一些学校根据新加坡“教学工厂”理念建立实训中心，采用“项目式”教学；也有一些学校在综合实践教学组织中采用“项目式”教学，但项目课程和“项目式”教学也仅在小范围内实行，并没有得到推广，其主要原因在于，项目课程多数是学科课程的补充，即在原有的学科课程体系中增加个别项目课程，用以整合、应用所学的学科知识，并没有真正解决课程体系的内部结构问题。因此，这样的项目课程普遍存在以下问题：一是理论知识和实践知识的整合缺乏理论指导，有较大的随意性，推广价值不大；二是项目课程中的项目比较大，理论和实践知识的涉及面较广，对软硬件条件要求很高，增加了教学实施的难度；三是项目结构不明确，项目设置较随意，有效覆盖面偏窄；四是部分项目课程的形式，沿用学科教育的主题式或开放式，明显不适合高职教育。

课程改革的主要工作是确定改革的基本流程、基本方法，确定培养目标、能力结构，构建课程体系，制定课程标准，编写教材等。

(一) 确定课程改革的基本流程和基本方法

为了确保改革的顺利进行,在能力本位理念的指导下,课程开发组设计了课程改革的流程图[①],明确了课程开发的主体(who)、过程(how)和目标(what)。课程开发的关键是开发过程,包括6个主要环节:需求分析、工作任务分析、课程结构分析、课程内容分析、教材模式开发、教学过程分析。课程开发形成6项成果:培养目标、知识能力框架、课程体系、课程标准、教材、教学实施方案和成效。教学实施方案的成效最终要反馈到需求分析这一开发环节,从而使整个开发过程构成了一个有序的封闭环(见图6-1)。

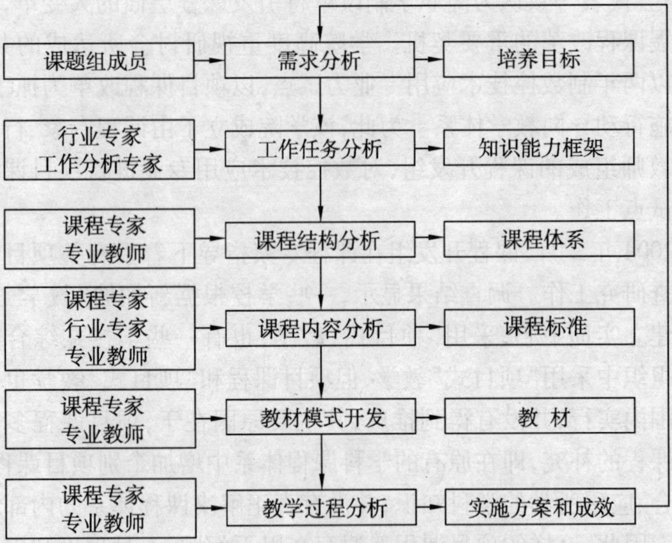

图6-1 课程改革流程

(二) 深入市场调研,确定培养目标

为了准确定位数控技术应用专业的培养目标,课程开发组通过发放调查表、走访、邀请企业工程人员座谈等形式,深入相关行业、企业,开展岗位需求情况调研。通过调研,了解了企业数控技术人才需

① 常州机电职业技术学院《高职高专人才培养工作水平评估——创新项目报告》。

求的状况,为确定数控技术专业的人才规格设计专业人才知识、能力、素质结构,为建立理论和实践教学体系打下了坚实的基础。在此基础上,由企业、院校专家组成数控技术应用专业建设指导委员会,召开专题研讨会,就数控技术应用专业的专业定位、培养目标和知识能力素质结构进行研讨,确定了数控技术应用专业是培养掌握数控技术应用专业必备的基础理论和专门知识,具有工艺设计、数控编程、操作加工和维护保养数控机床能力的高等技术应用型人才。

（三）分析工作岗位,确定能力结构

我们在调研中发现,专科层次的数控技术应用专业的岗位主要是数控加工工艺设计、数控编程、数控机床操作加工、数控机床维护保养、生产技术管理等。2004 年 4 月,课程开发组成立了"工作任务分析小组"并召开了数控技术应用专业岗位工作分析会议。分析小组成员包括 1 位课程专家和 11 位企业专家。为了保证工作任务分析的准确性和覆盖面,邀请的 11 位企业专家分别来自于与毕业生就业岗位相对应的不同的性质、类型、规模、层次的企业。在课程专家的引导下,企业专家采用头脑风暴法对数控技术应用专业进行了岗位工作分析,形成了工作任务分析表。该表包括 7 个一级工作任务模块、50 个二级工作任务模块、31 个三级工作任务模块。这些只包括工作内容、不包括知识的工作任务模块是课程体系和课程内容开发的基础。同时,统计分析各级工作任务模块的难易程度和出现频率,其结果可作为教材编写时各部分内容和课时分配的重要依据。

结构决定功能的理论认为,不同的能力不仅来自于不同的知识,而且来自于不同的知识结构。高职教育的主要功能是培养高级技术应用型人才,强调知识的应用性和实践性,其课程体系结构应当来源于工作结构。课程开发组遵循"以工作结构为框架"的课程改革理念,从岗位工作分析着手,确定了数控技术应用专业的能力结构:具有与数控技术应用专业领域方向相适应的文化水平;掌握数控技术应用专业领域方向的技术知识;具备相应实践技能以及较强的实际工作能力;熟练掌握数控加工工艺和数控加工程序编制;能够在生产第一线进行数控加工设备的操作和维护;具有良好的职业道德和创新精神(见表6-1)①。

表6-1 数控技术应用专业人员能力结构表

一级	二级
通用能力	思想政治
	团队精神
	工作作风
	学习态度
	创新精神和立业创业能力
	吃苦耐劳与健康体魄
行业能力	英语应用能力
	数学与计算能力
	计算机应用能力
	识图与绘图能力
	电工技术应用能力
	机加工机床操作能力
	机械设计基本能力
	机械加工工艺能力
岗位能力	数控机床中级操作技能
	设计数控加工工艺的能力
	手工编制一般数控加工程序的能力
	应用CAD/CAM软件进行数控编程的能力
	数控机床维护保养的能力
	阅读本专业外语文献的初步能力
	创新精神和立业创业能力

(四)确定课程结构,构建课程体系

2004年5月,该院召开了主要由课程专家、专业教师参加的课程分析会议,制订了课程体系构建的三大原则:课程门类划分原则、课程顺序展开原则和课程学时分配原则。其中,课程门类划分原则

① 常州机电职业技术学院《高职高专人才培养工作水平评估——创新项目报告》。

是指课程门类的划分是以工作任务之间的区别为边界，而不是以知识门类之间的区别为边界；课程顺序展开原则是指课程顺序的展开是以工作过程顺序的展开为依据，而不是以知识本身的顺序展开为依据；课程学时分配原则是指课程学时的分配是以工作任务的重要性和难度为依据，而不是以知识的难易程度为依据。为了打破学科性课程体系，顺利实现从工作结构到课程结构的转换，在课程专家的指导下，课程开发组设计了由工作结构到课程结构的转换流程。根据该流程图，在实现工作结构向课程结构的转换时，剔除了那些几乎不需要专业知识和特别训练的模块；然后挑选出知识含量非常大的模块，独立设置课程。对于那些知识含量比较少的模块，则根据模块之间的关系，对模块进行合并，形成一门课程。合并时遵循相关性原则和同级性原则。

通过上述转换工作，来自于工作结构的全新的数控技术应用专业课程体系得以构建。该课程体系包括综合素质课程、系列项目课程（专业课程）和综合实践课程。其中，系列项目课程包括《机械制图》、《CAD/CAM 应用》、《机械制造基础》、《数控机床故障诊断与维修》、《数控车削技术》和《数控铣削技术与加工中心技术》6 门课程，从而打破了传统的“三段式”（普通文化课、专业基础课、专业课）课程体系结构，实现了课程体系的创新。

（五）分析课程内容，制订课程标准

课程开发组通过分析工作任务发现，岗位工作是以项目的形式来呈现的。与此相适应，高职教育课程内容结构的主体也应该是项目内容结构的形式。同时，项目课程从具体到抽象再到具体的教学过程也符合高职学生思维特点。项目课程内容结构的总体思路为：高职教育的项目课程应该是以工作任务为中心的项目课程；项目课程内部的项目应当由易到难、循序递进；项目来自于岗位工作任务分析；要充分考虑项目的典型性、真实性、完整性和覆盖面。根据以上思路，课程开发组首先构建了 5 种项目课程内容结构（递进式、网络式、套筒式、分解式、并列式），其次明确了项目课程标准格式。

在制订课程标准时，项目的设计、理论和实践知识的整合是最关键的环节。首先,在设计项目时,为了保证项目的覆盖面和实施的可行性,主要考虑三大因素:岗位工作分析结果、课程目标、教学组织的可行性。其次,还兼顾以下几种情况:项目课程要尊重学生的学习兴趣,但不完全以兴趣为基本出发点;项目不一定对应于完整的产品。项目课程开发的最终目的是学生职业能力的发展,任何一项产品,比如一个零件,只要它有利于教学,并能促进学生职业能力的发展,就可以作为项目;项目不一定必须是真实的,只要能达到课程目标,模拟项目也可以。通过以上措施,课程开发组找到了整合理论和实践知识的有效途径,为编写校本教材奠定了坚实的基础。

(六)以项目为载体,编写校本教材

要真正体现高等职业教育的本质特点,教材建设就必须充分体现"以能力为本位、以学生为主体、以实践为导向"的指导思想,教材内容要紧密地与实际职业活动的过程相统一。在教材编写过程中,应遵循针对性原则、实用性原则、先进性原则、浅显性原则。与此同时,以课程标准为基础,确定教材编写体例(见图6-2)[①]。

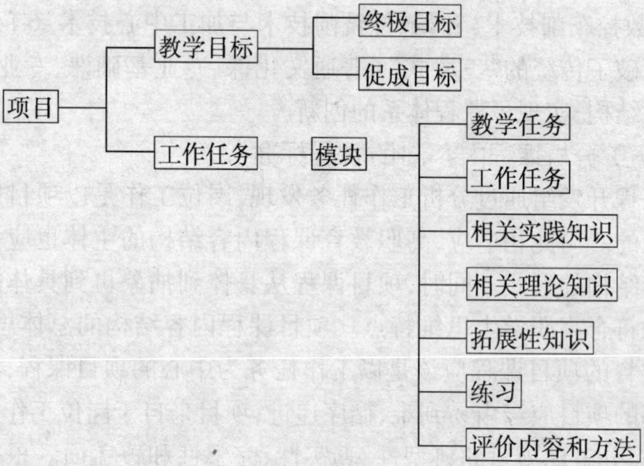

图6-2 两年制教材编写体例

① 常州机电职业技术学院《高职高专人才培养工作水平评估——创新项目报告》。

为了保证教材质量，学院选择既有良好工程实践经验又有良好教学积累和课程开发经验的骨干教师任教材主编。2004 年 7 月，课程开发组完成了数控技术应用专业 6 门校本教材初稿编写工作，并邀请了行业专家、教学专家对校本教材进行了审稿。审稿会上，专家们对新教材的内容、体系和开发方法给予充分肯定和高度评价，同时，对项目课程的实施环节也提出了指导性建议。

经过两年的试点，课程改革取得了以下成果：形成了以工作任务为中心、以项目课程为主体的数控技术应用专业课程方案；制订了 7 门项目课程标准；编写了 6 本项目课程校本教材，其中，《数控车削与加工中心技术》被批准为江苏省高等学校立项建设精品教材，还有 3 本教材被列为国家"十一五"规划教材；制订了 7 门项目课程教学实施方案。

五、 教学实施

在项目课程改革方案确定以后，如何实施好这一方案就成为行动导向教学体系能否取得实效的关键。为此，从 2004 年 9 月起，在 2004 级两年制数控技术应用专业的 4 个班中进行项目课程改革的实施工作。在教学实施过程中，主要抓了组织管理、过程管理、质量管理和教学评价 4 个主要环节。

（一）组织管理

在组织管理上，健全机构，明确职责。学院实行院、系、教学研究室三级管理机构对教学进行管理，成立了项目教学研究室，教研室组织呈三级架构，即专业负责人、课程负责人和教师三个层次。教研室主任兼任专业负责人，全面负责该专业的建设，包括项目课程的开发和教学管理工作；课程负责人负责有关课程的开发、建设和质量控制工作；教师按项目课程的要求开展教学工作。

（二）过程管理

在教学组织形式上，采用分组教学和集中教学相结合、教师主导教学和学生自主学习相结合、规定项目训练和自选项目训练相结合的形式。为了充分模拟教学场所应有的实践理论一体化教学环境，设置了项目课程教学实验教室。在空间划分上,实验教室划分为理论教学区、训练区和讨论区;在环境布置上,实验教室采用企业化的环境格局;在管理上,实验教室采用开放式管理。

在教学方法上,实行"任务中心"的"开放式"教学。首先,项目课程指导教师在教学实施过程中,提前给每组发放项目任务书。在任务书中明确课堂教学时,教师讲解演示内容及时间安排,学生应准备的知识、讨论的内容及时间、完成的训练内容等。其次,指导教师将工作任务以不同的形式呈现给学生,并且以分组的形式对工作任务进行讨论,提高学生的积极性和主动性。再次,指导教师围绕项目或模块的工作任务需要来安排理论教学,并且进行知识的拓展。此外,还保证学生有充分的课堂时间和课外时间来完成工作任务。

(三)质量管理

教学质量监控体系主要包括人才培养目标、人才培养过程、人才培养结果评价3个方面。对人才培养目标的监控主要体现在对课程方案制订的开放式管理上,在课程方案的制订过程中,由企业兼职教师、用人单位组成的专业建设指导委员会全面参与;在人才培养质量监控方面,则通过健全制度规范管理来促进教学质量的提高。学院逐步建立、完善了教学质量保证和监控体系,对人才培养的各个环节实行全方位质量控制,从而达到切实提高教学质量的目的。人才培养过程监控采用教学实施部门和教学督导部门分离的"两条线管理模式",主要监控师资的配备、教学设施建设、教材的选用、课堂教学质量、教学内容和手段的改革、考核方式、试卷质量等。

为了保障教学质量,根据系内建立的教学质量保证体系和监控机制,本专业分别在期初、期中、期末开展教学检查,并不定期抽查;同时严格执行学院的教学督导条例,配合学院教学督导室完成日常教学的监控与督导,能在保障良好教学质量的同时,及时了解学生的意见,形成教与学的相互监督制约机制,有力地保证了教学质量。在教学质量评价方面,积极开展学生评教、教师评教、教师评学活动,以学生评教、同行评教、系部考评组评教为重点,严格执行有关制度,常抓不懈,收到了较好的效果;在对人才培养结果的评价监控方面,主要对专业进行社会需求调研、毕业生跟踪调查和新生素质调研，并对信息进行定性和定量的系统分析，对专业结构调整和培养方案的优化起到了促进作用。

（四）教学评价

以工作任务为中心的项目课程决定了其教学评价多样性，为此建立了“五结合”的评价体系，即教师评价和学生互评相结合、过程评价和结果评价相结合、课内评价和课外评价相结合、理论评价和实践评价相结合、校内评价和校外评价相结合。对学生实践能力的测评，就是采取在岗位学习、也在岗位上进行考试的方式，主考的不仅是学校的老师，更多的是企业的工程技术人员，而且企业人员占有主导地位。

由于改革发动得早，教师教学理念有了较大的转变，教学水平和工程实践能力也有了较大提高，加上数控技术应用专业的实训条件相当完善，因此，项目课程的教学在数控技术应用专业的实施是比较顺利的。

第三节　行动导向教学体系实施的初步效果及努力方向

一、初步效果

（一）实现了教学理念的提升

首先，行动导向教学体系在数控技术应用专业的实施，既是一次教学改革成功的尝试，更是一场教学理念的成功提升。通过广泛的市场调研和系统的工作分析，该专业的教师充分认识到了当前高职教育人才培养结果与人才需求之间的差距，充分认识到教学改革的重要性，进一步提高了对高等职业教育规律的认识，在参与课程开发的过程中逐步形成了以岗位需求为依据，以职业能力为主线，以工作情境为支撑的教学理念，并在教学实施过程中自觉地贯彻这一理念。

其次，增强了教师的改革意识。在两年多的改革实践中，通过各种课程改革专题研究活动，教师们看到了高职现行课程中存在的主要问题，找到了课程改革的突破口，提高了教育理论水平，掌握了课程改革的程序和方法，增强了全面、深入开展课程改革的信心和决心，更为重要的是培养了一批课程改革的积极行动者，为教育教学改革的深化积累了经验，准备了骨干力量。

（二）实现了课程改革的突破

高职两年制数控技术应用专业“以工作任务为中心，以项目课程为主体的课程模式”在高职课程理论和实践上取得了明显的突破。在传统教学中，教学的主要目的是传授知识，并以学生获得知识的多少来衡量教学的成功与否，教学内容以学科理论为主，强调系统性、完整性，而项目课程则强调能力本位的理念，把培养学生的综合职业能力作为目标。对原有高职课程模式的学科性架构进行了较为彻底的改造，较好地解决了理论与实践的整合、项目或模块的设置、项目课程的组织实施等难题，找到了一条连接岗位职业能力和高职课程之间的纽带，符合高职课程改革的发展方向，体现高职教育的特点和优势，初步实现了培养目标与社会需求、培养过程与培养目标、培养结果与培养目标的统一。学生通过真实的任务驱动和问题引领来展开教学，使学生在完成任务和解决问题的过程中，运用相关理论与方法，实现了理论与实践的有效整合。这一改革赢得了教育行政主管部门、同行院校和课程专家的充分肯定。国内知名职教专家对这项改革给予了高度评价，认为“这项改革突破了传统职教课程模式，形成了完整的项目课程理论框架，操作性强，能有效地指导高职课程改革，为高职课程理论的进一步发展奠定了重要基础，并在我国高职教材建设上形成了重大突破”。2005 年 10 月，全国高职高专精品课程建设经验交流研讨会，与会代表慕名来校参观学习，他们对两年制数控技术应用专业在课程改革上的成果给予高度评价。2005 年 12 月，教育部“高职高专人才培养工作水平评估专家组”对这一改革也予以认可，将此视为常州机电职业技术学院人才培养工作的创新项目。

（三）实现了教学方式的转变

首先，通过实施项目课程，学生的学习兴趣明显提高。传统教学中，教师以传授知识为主，并期待学生到工作岗位上能够应用所学知识。但是，由于老师所"讲"与现实之间的距离，"用"起来很困难，因为从教学的各个环节都不重视"应用"，更没有"应用"的环节，结果造成学多用少、学而难用或学而不用的情况。但行动导向的教学将"做中学"作为主题，并贯穿于整个学习过程，同时将"用"与"学"整合在一个完整的过程中，从而实现了在解决问题过程中掌握知识、提升能力的目标。在项目教学中，每个项目或模块，每堂课都有具体的学习任务、评价方法，按照特殊到一般再到特殊的教学思维开展理论实践一体化教学，能够发挥高职学生的思维特点优势，增强学习自信心，所以学生的学习兴趣和学习主动性有了很大的提高。

其次，学生的职业能力也有了很大的提高。传统的班级授课，几十名甚至上百名学习者共处一室，相互之间极少有交流；而行动导向的学习，则要求学生组成小组以互动方式进行学习，通过相互间的支持与质疑激发反思和创新，培养团队精神和合作能力。在"项目教学实验教室"进行的项目教学，教学内容是围绕工作任务的项目（或模块），教学过程以工作过程为基础，教学环境以工作情境（职业环境）为支撑，学生在实践性学习的过程中掌握了技能，学会了知识。此外，学生的协作意识、竞争意识、自学能力都得到进一步的增强。

（四）实现了教学评价的转变

传统教学是预设型的，即在教学过程中一切都是教师预先设计好的，教学评价也按照预设的情况进行。因此，教学评价出现"几多几少"现象，即：一是封闭性评价多，开放性评价少；二是笔试方式多，口试、答辩形式少；三是理论考试多，实践能力考核少；四是理论与技能相互独立的考核方式多，而二者结合的考核方式少。在行动导向教学中，教学评价实现了三大转变。（1）从注重对知识的考核转变到对能力的考核。在知识传授型教学评价中，记忆力的考核处于中心地位，在一定程度上说，知识的记忆相对能力的发展是必需的，但是知识的记忆并不一定导致能力的提升，而死记硬背却往往导致思考、判断的依赖性，导致想像力的缺乏。在行动导向的教学评价中，操作能力、分析能力、批判思维能力则处于中心地位，以学生完成具有真实应用背景的任务所取得的成果对学生进行评价，既考核专业知识，又考核关键能力，并通过反馈来给学生以导向和激励，所以考核记忆到考核能力的转变，其本质与高职教育培养生产、服务、管理一线的技术应用型人才的目标是一致的。(2) 从单一评价到多元评价的转变。由于教育活动的复杂性、多因素制约性及评价技术和手段的局限性，使得任何一种教育评价方法都不可能是万能的，每种评价方法都有长处和缺陷，有特定适用范围和界限。使用单一的评价方法会影响评价结果的客观性、科学性。因此，在行动导向的教学评价中，把各种评价方法结合起来，例如把定性方法与定量方法，自评与他评，结果评价与过程评价，诊断性评价、形成性评价与终结性评价相结合，这样既可以充分发挥各种评价方法的优势和特长，又可以互相弥补缺陷和不足，从而使评价的结果更加客观、公正。(3) 从注重结果到过程结果并重的转变。传统的评价往往注重结果的评价，而行动导向要求以任务和问题来引领教学，通过解决接近现实的问题来完成学习任务，因此，学习结果是可以观测到的。通过对学生学习结果的观测与评判，可以评价学生获得的知识和对知识技能的应用能力；而过程目标的评价，则关注学生参加协作活动或探索活动的积极性、态度、合作精神、解决问题的能力以及学习的方法。这样就实现了学习结果与过程目标评价的统一。

(五) 实现了学生能力的提升

在传统教学中，教学内容、教学方式全由老师确定，学生始终随着老师的思路和节奏走，按照“三个中心”模式进行学习。在行动导向的学习过程中，学生不再是知识信息的被动接受者，而是在与教师、同伴以及实践的交互作用中，主动地建构着自身的知识和能力结构。学生变成了主角，学生能够对教学内容进行能动的、自主的选择，对学习过程进行自我的意识与调整，超越了传统教学中的那种受动性与依附性。教师和书本知识不再是权威，学生可以根据自己的思考、体验和想像，对问题发表自己的观点和看法，甚至对所谓的

"标准答案"提出质疑。更为重要的是,在讨论、质疑、探索的过程中,学生的探索欲望得到满足,同时学会了思考、学会了"学习"和创造。老师变成了促进师,是"平等中的首席",是一个令人信任的中立者、客观的观察者,其主要任务和职责是引导学生以更有效的方法思考问题,以更有效的方式进行交流,营造一个安全的、有利于说真话、有利于反思、有利于深入问题根源以及有利于创新的氛围,从而激发学生内在的潜能,找到突破性的对策。

2004 级数控技术应用专业学生的综合职业能力有了较大提高。英语应用能力证书、全国计算机等级考试一级证书、数控车、数控铣或加工中心中级操作证书通过率 100%,其中数控车、数控铣或加工中心有许多学生取得了多个证书,部分学生取得了高级技术等级证书。在各类比赛中,数控技术应用专业的学生也取得了优异成绩:在"全国第一届数控技能大赛江苏赛区选拔赛"中获得数控铣床工种第一名,数控车床工种第二名;在"常州市首届现代制造技术技能竞赛"中获得数控车床工种第一名、数控铣床工种第二名;在常州市首届大学生数控技能比赛中获得 3 个项目中的两项冠军。学生的毕业设计课题大都来自企业,其中 N285T 型柴油机机体三维造型、工程图转换、加工工艺设计、工装设计、数控编程,汽车方向盘模具数控加工等毕业设计成果具有一定的应用价值,从一个侧面反映了学生扎实的专业基础,实现了"行动导向教学"与"就业导向教育"的成功结合。数控技术应用专业学生就业率高,一次性就业率达 100%。

二、 今后努力的方向

1. 教学方法和教学手段还需进一步改革和加强。项目课程在结构上是"以工作任务为中心"的课程,如何在教学过程中围绕"工作任务"开展教学,充分发挥教师的主导作用和学生的主体作用,提高教学效益,建立教学方法体系,特别是教学上的应用软件开发、数字化、网络化教学环境建设需进一步加强。要加强现代教育技术的推广和应用,引进成熟的教学软件与自主研制开发相结合,改革传统的教学方法和手段,适应信息社会的发展。

2. 项目课程的优势是明显的，尤其是项目课程的教学效果不容置疑。但是，项目课程对师资队伍的综合素质要求相对较高。从两年的改革来看，配备一个专业的师资队伍是容易的，但要提高师资队伍的整体素质和业务水平是困难的，尤其当前一些高职院校在师资数量上还存在较大的缺口，要实现师资队伍的合理结构和理念提升非一朝一夕就能完成。

3. 尚需进一步完善和强化项目教学的实施环境。对比传统的课堂讲授式教学，行动导向教学体系是一种系统的实践性教学活动，与传统的教学相比，它对物质支持的需要大大增加。它不再停留在“纸上谈兵”阶段，需要学生在掌握理论知识的基础上，在具体的实际操作中，体验知识、技能、态度以及三者之间的内在联系，这将使他们对实验、实训、实习设备、图书馆、信息资源等硬环境的需求大大增加，而这必将对学校的物质资源提出新的挑战。一旦处理不好，行动导向教学体系将在实施中因“高效率、高成本、长期性”而中止。

4. 要研究高职课程模式多元化问题。不同的类型、不同口径的专业各有其特点，课程模式不可能是单一的。即使就一个专业而言，课程模式也必然有多元化的成分。项目课程打破了成熟的学科性课程体系。随之而来的是，面对不同的专业，如何保证项目设置对岗位群的知识、技能的覆盖面。项目课程的项目设置规律还需要进一步研究。

5. 要加强配套政策和管理制度的研究。现行的管理制度和政策是在学科型教学体系的条件下制订的，但在实施行动导向教学体系的过程中，需要从制度和配套政策上予以保证。对教师的教而言，教师所面对的是理论教学与实践操作一体化教学。从教学的全过程来看，投入的精力将远远大于传统的课堂理论教学。所以，要制订针对教师进修、分配等方面的与行动导向教学体系相匹配的一系列政策。如在教师引进过程中，就要特别重视工程实践能力的考察，而不是仅仅考察师资队伍的学历层次；在分配制度中，开展项目课程教学准备的工作量相当大，教学过程实施小组教学，指导的任务相当重，因此，课时津贴就要有所倾斜。

6. 学校与企业合作的深层次问题需要研究。在我国现阶段，行业、企业参与职业教育的积极性不是很高，学校与企业还未进入深层次的合作。因此，高职院校要研究如何充分利用现有院办企业的作用，为提高学生的职业能力服务。

全书结语

我们研究的重点就是努力回答以下6个问题。

为什么要构建行动导向教学体系？行动导向教学体系是怎样的教学体系？构建行动导向教学体系的理论依据是什么？行动导向教学体系有几种范式？怎样构建行动导向教学体系？实施的效果如何？

高职教育是有别于普通本科教育的一种教育类型，两者的教学体系也应该有所不同。因此，构建高职教育行动导向教学体系的意义就成为本书研究的出发点。

构建怎样的教学体系是本书研究的重点。行动导向强调在行动中学习的理念。行动导向教学体系的特征可以概括为：以能力为本位的教学目标特征，以工作任务为导向的教学内容特征，"知行并进"的教学方法特征，真实和模拟相结合的教学环境特征和以标准参照为主的教学评价特征。我们指出了行动导向教学体系8个要素的特殊内涵，通过分析高等教育"知识传授型"和"实践导向型"教学体系的结构，论证行动导向教学体系有利于高职教育人才培养整体功能的发挥。

行动导向教学体系是以当代知识论、学习论和教学论成果为理论基础的，分别回答"学什么"、"怎么学"和"为什么学"的问题。从知识论的角度看，默会知识在职业能力形成过程中具有重要的作用。从学习论的角度看，默会知识要通过基于任务、情境和合作的学习方式来掌握。从教学论的角度看，现阶段我国高职教育教学应体现能力本位的教学理念，这有利于高职教育实现以就业为导向的目标。

行动导向教学体系的演进，从时间上可以分为生成、发展和整合3个时期，从形式上可以分为硬件主导型、课改主导型和系统整合型3种类型。这3种类型的教学体系具有阶段性、持续性、层次性、功能性4个特点。

怎样构建行动导向教学体系是本书研究的又一重点。基于系统论的观点，我们着重论述整合期的行动导向教学体系的构建，将行动导向教学体系分为驱动、受动、支持、控制4个子系统，即以能力为本位教学理念的驱动子系统，由教师和学生组成的受动子系统，由课程、教学组织形式、教学方法和教学环境组成的支持子系统以及质量控制子系统。其中，能力本位教学理念控制着行动导向教学体系的方向，决定着教学体系的结构；行动型师生关系是行动导向教学体系的构建重点，决定着教学体系功能能否充分发挥；项目课程、合作探究的教学组织方式、任务导向的教学方法和工作过程导向的教学环境为行动导向教学体系提供支持与保障；质量控制则对行动导向教学体系的运行实施控制并进行反馈。

在教学中实施行动导向教学体系是本文研究的归宿。通过实施行动导向教学体系，实现了学生综合职业能力的提升，基本达到了构建行动导向教学体系的预期目标。

附录一　高职教学情况问卷调查表(教师用)

(说明:1. 本调查表仅用于教学科研,将严格保密;2. 请在相应选项的后面□内打√。)

1. 您的年龄:(1) 50 岁以上□　(2) 40—49 岁□　(3) 30—40 岁□　(4) 30 岁以下□
2. 您的职称:(1) 正高职□　(2) 副高职□　(3) 中职□　(4) 初职□　(5) 无□
3. 您担任的主要教学工作:(1) 基础课□　(2) 专业课□　(3) 实训课□
4. 您所教的年级:(1) 一年级□　(2) 二年级□　(3) 三年级□　(4) 其他□
5. 您所选用的教材是否是高职统编教材:(1) 是□　(2) 否□　(3) 近三年出版□　(4) 三年前出版□
6. 在所担任的课程中,使用了何种教学设备(可选多项):(1) 挂图模型□　(2) 幻灯或投影仪□　(3) 录像□　(4) 多媒体□　(5) 少用或不用□
7. 您所担任的课程(有实验)的实验开出情况,仪器设备满足教学需要情况:(1) 设备完好能满足教学要求□　(2) 设备基本完好,能基本满足教学要求□　(3) 设备基本完好,配套数太少□　(4) 设备常出故障,难以满足教学要求□
8. 您认为学校在教学基础设施方面:(1) 教学楼好□　(2) 实

训室好□　(3) 图书馆好□　(4) 体育设施好□　(5) 多媒体教师及计算机多□　(6) 教师工作条件好□

9. 您担任课程的考试题目来自:(1) 试题库□　(2) 教研室其他教师出题□　(3) 自己出题□　(4) 校外题库□

10. 听课情况:(1) 校系领导经常听课□　(2) 学校组织的督导人员听课□　(3) 教师相互间听课□　(4) 不经常听课□

11. 您参加业务进修情况(可多选项):(1) 自学□　(2) 国内培训(进修)□　(3) 国(境)外培训(进修)□　(4) 没有□

12. 您参加科研(包括教育教学)情况:(1) 科研是教师工作的一部分□　(2) 没时间参加□　(3) 不参加或没机会□

13. 您目前参加科研情况(指已立项):(1) 国家级(部级)□　(2) 省市级□　(3) 校级□

14. 您对教学改革试点重视程度:(1) 很重视□　(2) 较重视□　(3) 一般□　(4) 不重视□

15. 专业教学改革与企业合作状况:(1) 合作良好,有成效□　(2) 基本符合培养目标要求□　(3) 有一定程度的合作□　(4) 欠缺□

16. 您对专业教学改革精力投入程度:(1) 积极参加□　(2) 承担一部分工作□　(3) 较少参与□　(4) 想参加但没时间□

17. 学生校外实习情况及效果:(1) 能上岗实习效果好□　(2) 在现场接受指导,但不操作□　(3) 以现场参观为主□　(4) 走马观花,无明确要求□

18. 三年来实践教学及应用环节安排情况:(1) 很充足,符合培养目标要求□　(2) 较充足,能满足培养目标要求□　(3) 基本符合培养目标要求□　(4) 不够□

19. 学生独立完成作业情况:(1) 很好□　(2) 较好□　(3) 一般□　(4) 较差□

20. 考风考纪情况：(1) 很好□ (2) 好□ (3) 一般□ (4) 差□

21. 您认为应在哪几方面提高学生素质：(1) 计算机应用能力□ (2) 专业技能□ (3) 外语能力□ (4) 业余爱好□

(5) 自学能力□ (6) 社交能力□ (7) 思想道德素质□ (8) 心理素质□

22. 您认为学校以什么方式培养学生的：(1) 注重培养学生动手能力，加强校内实训□ (2) 教学过程与生产一线紧密结合，有计划深入企业□ (3) 请实践动手能力较强的教师或企业工程师授课□ (4) 加强课堂理论授课，重视学生基础理论知识学习□ (5) 学生在校主要学好数学、外语和计算机□

23. 您参加过哪些进修、培训：(1) 攻读学位□ (2) 专业或课程□ (3) 外语培训□ (4) 计算机培训□ (5) 其他□

24. 您参加过哪些学术会议(近三年)：(1) 校内__次 (2) 国内__次 (3) 国外__次 (4) 无□

25. 近三年，您公开发表论著篇(本)：(1) 论文__篇 (2) 主编书__本 (3) 专著__本 (4) 无□

26. 你认为学院的教学理念与实际情况符合吗：(1) 符合□ (2) 不符合□ (3) 不清楚□

27. 你认为一个好老师的课应该是：(1) 讲课有深度□ (2) 讲课有广度□ (3) 教学方法好□ (4) 教学态度好□

28. 您在教学中采取了哪些课程形式：(1) 理论课程□ (2) 实验课程□ (3) 实训课程□

29. 您在教学过程中比较注重：(1) 知识传授□ (2) 能力培养□ (3) 素质教育□

30. 您认为教师对教学的态度：(1) 教学态度认真，业务水平高□ (2) 观念方法陈旧，素质与水平一般□ (3) 对教学投入的精力不足□

31. 您认为老师和学生的关系:(1) 良师益友□　(2) 关系一般□　(3) 比较淡漠□
32. 您认为高职院校的教师与普通本科院校的教师的差距主要在:(1) 学术水平上□　(2) 教学水平上□　(3) 科研能力上□　(4) 其他□
33. 您认为高职院校与中职校的学生相比,优势在:(1) 理论知识□　(2) 实践能力□　(3) 理论和实践并重□　(4) 其他□
34. 您认为高职院校的"高"应体现在:(1) 高深的理论上□　(2) 高技能上　(3) 高就业率上□　(4) 其他□
35. 您认为高职院校的"职"应体现在:(1) 职业技能上□　(2) 创业能力上□　(3) 其他□
36. 您认为高职院校的教学理念应该以:(1) 能力本位□　(2) 素质本位□　(3) 人格本位□
37. 您认为高职教育应以:(1) 学科理论为导向□　(2) 实践应用为导向□
38. 您认为高职学生:(1) 智力差□　(2) 智力不差只是他们不用功□　(3) 智力不差只是教学方法不符合他们的实际□　(4) 三者兼具□
39. 您认为高职教育的教学组织方式应该是:(1) 以课堂为主传授知识□　(2) 以实训室为主技能训练□　(3) "教学工厂"模式开展"理实一体化"教学□
40. 您认为您目前教学工作中最缺乏的是:(1) 专业理论知识□　(2) 专业实践能力□　(3) 教学能力□
41. 您的教学能力的提高主要是通过:(1) 自学教育理论□　(2) 观摩同行的课□　(3) 教研活动研讨□
42. 您在制订授课计划时,往往把下列哪个方面放在第一位来考虑:(1) 教学目的和目标□　(2) 学习者□　(3) 学习内容□　(4) 教学方法□

附录二　高职教学情况问卷调查表(学生用)

(说明：1. 本调查表仅用于教学科研，将严格保密，绝不外传；2. 与贵校的评估无关，不会对贵校的声誉有任何影响，请实事求是填写；3. 在相关选项后面的括号内打√。)

一、 基本情况

学院：工业□；信息□；纺织服装□；工程□；轻工□；机电□

专业：工科□；文科□；管理□；艺术□；其他□

年级：一年级□；二年级□；三年级□

性别：男□；女□

二、 教学情况

(一) 教学理念

1. 你认为本院的教学理念与实际情况符合吗：(1) 符合□ (2) 不符合□ (3) 不清楚□
2. 你认为本院的教风如何：(1) 好□ (2) 一般□ (3) 不好□
3. 你认为本院学生的学习动力如何：(1) 很足□ (2) 一般□ (3) 不足□
4. 你认为高职学院的教学应：(1) 以就业为导向□ (2) 以升学为导向□ (3) 以素质发展为导向□
5. 你认为学院是以什么方式培养你的：(1) 注重培养学生动手

能力,实训课较多□　(2) 主要是课堂理论授课□　(3) 理论和实践并重,由“双师型”教师或企业工程师授课□

6. 你认为你所学的专业:(1) 专业口径较宽,能适应社会需求□　(2) 基本能符合培养目标□　(3) 可能社会不需要□

(二) 教学组织形式和教学方法

7. 你对教师的教学方法:(1) 很重要□　(2) 无所谓□　(3) 不重要□

8. 教师运用多媒体教学手段情况:(1) 经常使用挂图模型□　(2) 经常使用多媒体设备(幻灯、投影仪、录像等)□　(3) 偶尔使用□　(4) 不用□

9. 贵校的校外实习情况如何:(1) 能上岗,实习效果好□　(2) 能在现场但不能操作□　(3) 以参观为主,无明确要求□

10. 你认为学校教学设备和设施利用率最高的是:(1) 教室□　(2) 实训室□　(3) 图书馆□　(4) 多媒体教室及语音教室□　(5) 体育场地□

11. 你不喜欢某门课程的主要原因是:(1) 不愿学这门课□　(2) 课程内容太深听不懂□　(3) 老师讲课枯燥无味□　(4) 不喜欢讲课老师□　(5) 课程内容太浅□　(6) 感觉以后没有用□　(7) 其他□

12. 你喜欢听一个老师的课首先是因为:(1) 讲课有深度□　(2) 讲课有广度,信息量大□　(3) 教师的教学方法好□　(4) 教师教学认真,态度好□　(5) 讲课老师有魅力□　(6) 其他□

13. 你不喜欢听一个老师授课首先是因为:(1) 讲课照本宣科,不生动、教学方法单一□　(2) 讲课没有条理□　(3) 课程内容过深或过浅□　(4) 不喜欢讲课老师□　(5) 其他□

14. 你比较喜欢的教学组织形式是:(1) 只讲授不练习□　(2) 边讲授边练习□　只练习不讲授□　(4) 其他□

15. 老师在课堂讲授中要能吸引学生,应主要靠:(1) 教学内容

适宜□ (2) 教学方法灵活□ (3) 教师人格魅力□ (4) 严格课堂纪律□

16. 在整体上来说,你认为本校教师讲课的吸引力:(1) 较强□ (2) 一般□ (3) 较弱□

(三) 课程和教学内容

17. 你认为下列哪类最容易影响学生的学习积极性:(1) 文化基础课□ (2) 专业课□ (3) 实践训练课□

18. 你用的教材主要是:(1) 普通本科教材□ (2) 高职高专教材□ (3) 中职教材□ (4) 本校自编教材□

19. 这些教材都是:(1) 近三年出版的□ (2) 三年前出版□

20. 你认为高职学院应以培养学生的什么为主:(1) 实践动手能力□ (2) 基础理论知识□ 外语和计算机能力□

21. 你认为目前在教学中哪些课程太多:(1) 理论课程□ (2) 实验课程□ (3) 实训课程□

22. 教师在教学内容的选择上应更加注重:(1) 知识传授□ (2) 能力培养□ (3) 素质提高□

23. 你对职业资格证书的态度是:(1) 应该多考一些□ (2) 与专业有关的,不一定要多□ (3) 没有也可以□

24. 你目前已经获得的职业资格证书有:(1) 1 张□ (2) 2 张□ (3) 3 张以上□

25. 你认为教学内容是否与今后的职业相联系:(1) 是□ (2) 不是□ (3) 不清楚□

26. 教学内容是否考虑到了你们的接受能力:(1) 是□ (2) 没有□

(四) 教学管理

27. 你了解你所学专业的培养计划吗:(1) 很了解□ (2) 一般了解□ (3) 根本不了解□

28. 你对本校目前的教学管理满意吗:(1) 很满意□ (2) 一般□ (3) 不满意□

29. 你认为本校的教学质量有保证吗:(1) 有□ (2) 没有□

(3) 不清楚□

30. 经常有人来你班听课吗:(1) 有□　(2) 很少□　(3) 没有□

31. 你认为学生对老师的测评(或打分)对提高教学质量起作用吗:(1) 有很大作用□　(2) 有一定作用□　(3) 没有作用□

(五) 教学条件

32. 你对本校教学条件满意吗:(1) 很满意□　(2) 一般□　(3) 不满意□

33. 你认为本校所有专业的教学条件均衡吗:(1) 很均衡□　(2) 比较均衡□　(3) 不均衡□

34. 本校的教学仪器设备情况:(1) 设备完好能满足教学要求□　(2) 设备基本完好但配套数少□　(3) 设备少难以满足教学要求□

35. 你对本校的教学基础设施的态度:(1) 教学楼好□　(2) 实训室好□　(3) 图书馆好□　(4) 体育设施好□　(5) 多媒体教室语音教室好□　(6) 其他设施好□

(六) 师资队伍

36. 你认为教师教学的态度是:(1) 老师的素质与水平一般□　(2) 教师对教学态度认真□　(3) 教师对教学投入的精力不足□

37. 你认为老师和学生的关系是:(1) 良师益友□　(2) 关系一般□　(3) 比较淡漠□

38. 你认为教师普遍:(1) 教学观念落后、教学业务水平不高□　(2) 教学观念陈旧、教学业务水平一般□　(3) 教学观念先进、教学业务水平较高□

39. 教师在教学过程中能利用各种手段调动学生的学习积极性吗:(1) 能□　(2) 不能□

40. 你认为教师在教学中起什么作用:(1) 主导作用□　(2) 引导和指导作用□

41. 你认为目前高职院校学生的学习是：(1) 自主学习□ (2) 被动学习□

42. 学生有机会独立寻求解决问题的方法吗：(1) 有□ (2) 没有□

(七) 教学评价

43. 你的课程重修情况：(1) 经常需要重修□ (2) 偶尔重修□ (3) 没有重修□

44. 导致重修的原因：(1) 偶尔失误□ (2) 不想学习、对课程不感兴趣□ (3) 教师讲得不好□ (4) 学习习惯不好、学习方法不对□ (5) 基础差□

45. 对考试作弊的态度：(1) 反对□ (2) 想效仿□

46. 对目前考试方式的态度：(1) 考试方式单一，不能反映学习效果□ (2) 虽然方式单一，但基本能反映学习效果□ (3) 用多种考试和考查方式，才能全面反映学习效果□

47. 你比较喜欢的考试类型是：(1) 理论考试□ (2) 实验考试□ (3) 实习训练考试□ (4) 与社会接轨的职业资格证书和技术等级证书考试□

48. 你比较喜欢的考试形式是：(1) 笔试□ (2) 面试□ (3) 操作评定□

(八) 学生情况

49. 你认为在学习过程中外部的最大障碍是：(1) 师资水平□ (2) 教学条件□ (3) 教学管理□ (4) 办学理念□

50. 你的课余时间用于学习所占比例：(1) 30% 以下□ (2) 31% ~50%□ (3) 51% ~70%□ (4) 71% ~100%□

51. 课余时间主要用于：(1) 上网□ (2) 宿舍呆着或睡觉□ (3) 看电视、玩游戏、打牌等□ (4) 学习□

52. 通过学习，你认为在学校你的什么能力提高最快：(1) 理论水平□ (2) 实践技能□ (3) 信息处理能力□ (4) 事务处理能力□ (5) 语言表达能力□ (6) 团队合作能力□ (7) 沟通能力□ (8) 创新能力□ (9) 自我管理能

力□ (10)其他能力□

53. 你在在学习中投入的精力:(1)100%□ (2)80%以上□ (3)80%以下□

54. 完成作业情况:(1)能按时独立完成□ (2)基本能独立完成□ (3)大多数情况是抄别人的□

55. 你经常去图书馆或阅览室吗:(1)经常□ (2)偶尔□ (3)不去□

56. 你对其他同学的态度:(1)对自己有积极影响□ (2)对自己有消极影响□ (3)没有影响□

57. 你本人的学习动力如何:(1)很足□ (2)一般□ (3)不足□

58. 你能合理安排自己的学习吗:(1)能□ (2)不太能□ (3)不能□

59. 你认为学校在管理和教育学生:(1)过于严厉死板□ (2)严而有理,严而有情,寓教于乐□ (3)比较松、不管或基本不管□

60. 你认为本校培养出的毕业生:(1)质量高,素质好□ (2)绝大部分质量一般□ (3)没学到什么□

61. 你认为本校对学生的教育和培养工作情况如何:(1)好□ (2)一般□ (3)差□

三、问答题

1. 作为一名高职学生,哪几方面能力在今后的工作中最重要?
2. 本校在教学工作中哪些方面需要改进?

附录三　常州机电职业技术学院2004级数控技术应用专业部分毕业生座谈会

时间：2007年1月6日（星期六）上午8：00—11：30

地点：常州机电职业技术学院会议室

参加：数控技术应用专业2004级学生（见下表）

主持：壮国桢

记录：黄亚栋（机械工程系办公室主任）

姓名	年龄	原班级	现工作单位	岗位
张锦程	23	数控04G2	绿点科技（苏州）有限公司	数控加工
苏建福	22	数控04G3	住友电工运泰克（无锡）有限公司	制图员
姚嗣伟	23	数控04G3	江苏移动常州分公司	网络维护
端礼虎	21	数控04G1	江阴吉鑫机械有限公司	数控操作
徐才敏	22	数控04G1	常州戚墅堰双马电机电器厂	数控机床维护
李　辉	23	数控04G4	昆山宝隆金属科技有限公司	品保部
束菊华	21	数控04G1	常州兰生数控销售有限公司	网络维护与管理
崔亚威	21	数控04G2	常州创胜特尔数控技术有限公司	数控操作

壮国桢：今天利用星期天的半天时间，我和黄老师在这里开一个小型座谈会，主要是想了解我们数控技术应用专业两年制教学改革的情况，以及企业对各位的总体评价，也是对我们学院教学工作的反馈。大家已经毕业半年了，对学院和企业双方面的情况都有所了解了，希望大家对我问的问题畅所欲言。

壮：第一个问题，大家在学校里学的课程都是一样的，你认为哪些课程最重要？

张锦程：我认为数控编程基础、机械加工/制造基础、UG建模基础教程、数控专业英语、UG加工最重要。

崔亚威：在工作中数控维修与编程是最重要的，其次就是PLC和机械制图了。

束菊华：我感觉在工作中，机械制图、专业英语、金属切削最重要。

李辉：在工作中，我认为CAD/CAM应用、机加工、数控机床操作最重要。

苏建福：我觉得应该是CAD/CAM。

姚嗣伟：在工作中我觉得信息技术，计算机C语言，还有CAD/CAM在我现在的工作中尤其重要。

端礼虎：工作中感觉车削技术、机械制造基础为重要课程。

徐才敏：在工作中我觉得CAD，UG，数控车削技术都比较重要的。

壮：你们对数控技术应用专业的“项目课程”教学改革情况是否了解？

姚嗣伟：有所了解，主要是通过完成项目和工作任务来进行教学吧。

崔亚威：数控技术应用专业是我们学院的品牌专业，应该是结合实践给予学生更多学以致用的东西。

徐才敏：有点了解。

李辉：我毕业后的情况不是很了解！但我知道从我这一届开始是改革为两年制，以实践为主理论为辅，从而让我们更好更快地适应社会！

束菊华：我认为是不是学校的教学想与社会市场相接轨。由学生来参与来自社会上的一些项目的开展工作。

壮：你们现在的工作岗位与专业还是基本对口的，我想问一下，我们学校数控技术应用专业的设备与现在企业的设备是否一致？

张锦程：基本一致吧。

苏建福：不是很一致。好像学校里的要老一些，而公司里的机器的功能要强一些。

姚嗣伟：据我了解，我们学校的设备还是跟得上一些企业的。

端礼虎：我去的厂不多，可以说是井底之蛙，但以我看到的说，并不一致，像学校里的数控车床、铣床厂里用的好象很少，不过一些个体户，自已在家帮别人加工零件的，用的多点。

徐才敏：学校的设备和企业的设备大致相同，但是还有区别的。学校里毕竟是以教学为主的。

李辉：我在的公司设备基本一样，有"华中"，"法莱克"加工中心等。虽然在学校学的是"法莱克"数控车，但在学校有了一定的基础，学"华中"自然得心应手了。

束菊华：基本一致，大多数设备的品牌还是听说过的，虽然型号不同，但是使用起来也比较容易上手。

崔亚威：因为公司大部分都是 FANUC，OI，MC 的系统，所以跟学习的设备是一样的。

壮：你认为用完成工作任务的形式，也就是做中学的方法来教学，效果怎么样？

张锦程：这样比较好，理论与实践相结合，容易记住。

端礼虎：我的个人感觉，这是一个很好的教学方法，我感觉光有空洞的概念是没用的，必须结合操作才能体会那些所学的概念，也可以说是对所学的一个巩固，当然要想做得好，还是必须建立在有良好的概念之上。

徐才敏：我认为还是可以的。大学特别像我们这种——技术为主的学校更应该开放教学，理论联系实际更为重要的。只要任务设置的合理，贴合实际，学生在完成任务的同时能掌握必要的理论知识。

束菊华：可以试一试，可以使学生提前认识到以后就业的形势，提早对自身的目标有一个全面而感性的认识。

崔亚威：很好，因为在学习中联系实际可以让我们本来认为抽象难懂的问题变得简单，容易记住，并且触类旁通，加强了动手能力，使我们在实践中更加加强了理论的学习。

壮：你们喜欢什么样类型的课？实训课、理论课还是到企业实习？

张锦程：我比较喜欢实训课和到企业实习。

苏建福：没有说喜欢不喜欢，其实都很重要，你有了良好的理论课和实训课基础才能有资格去企业实习啊！

姚嗣伟：我比较喜欢理论课，先有了理论知识才能更好地用于实践嘛！

端礼虎：实训课吧。

徐才敏：我喜欢的就是在学校车间里一边理论一边动手。实训，到企业学习都很好的，那样能更快，更透彻的理解工业技术和一些要求。

李辉：我三种都喜欢，因为这是三道工序，就如加工一个零件，第一道工序没加工完（没基准），怎么进行下道工序的加工，就算加工出来也都是废品不合格的，道理就是这样。只有在学校里学到理论、实训，慢慢掌握知识并提高动手能力，这样就是基准，基准好了再到企业，企业通过你的动手和理论知识的掌握，才能放心的让你去做，也就是基准好了就做下道工序。否则没有哪家企业会接受一个生手上机操作，那样是浪费，企业不是培训班。所以三样都要，才能加工合格的零件。

束菊华：有实训没理论不行，有理论没实践也不行。我认为三者相结合地学才更好。

崔亚威：我认为是企业实习。因为我们苦读好几年就是为了找到一份好的工作，适应用人单位的需求和了解我们自身的劳动岗位是什么样的，是我们的共同目标，有很多学生就是因为没有预先了解自己的工作岗位与现状而导致找工作应聘时惊慌失措，以及后来实习时茫然与无奈。

壮：你们认为大学老师的教学方法与中学老师的教学方法有区别吗？

张锦程：有的，大学主要是靠自学。

苏建福：有区别。大学里主要是能让学生锻炼出自主学习的能力。

姚嗣伟：有，给我们发挥的空间比中学多了！

端礼虎：有啊，现在老师不是一味的给你灌输理论知识，有时也会相应的结合一点操作，还有老师不会面面俱到，他会留一点让你自学。

徐才敏：有的。现在的教学我们一般都能去机床操作。而中学受很多因素的限制，还不能做到这一点，所以很难理解的。

李辉：大有不同，中学老师教学方式很呆板，就讲书本上的内容，很少去讲书本外的内容，而大学老师理论少，实践多，课内课外结合，让我们全面发展。用中学的教学方式来教学肯定不行的，因为中学老师属主动，学生属被动，老师在台上讲得头头是道，很少学生全部了解老师的内容，老师讲到社会上面的事情，因为学生的年龄和见识，根本就不知讲的什么，所以中学的方式比较死板。

束菊华：有，中学老师教育学生如何考好的大学，大学老师教育学生如何找好的工作。

崔亚威：有一定区别，首先学习环境不一样，在中学是老师逼我们学，在学院是我们要求自己多学点东西，因为当今社会的就业压力越来越大。其次学习方式也不同，大学大多是提问和动手实践参照实物学习。

壮：你们认为学校教材的内容与企业的实际情况是否相符？

张锦程：比较符合吧。

苏建福：不是很一样啊！学校里只是学到了一个基础。

姚嗣伟：大致相符。

端礼虎：基本是一致的，相差不大。

徐才敏：技术类的还是能用到的。在工艺那方面我觉得学校应该多投入点。

束菊华：学校学习的是面，社会实际应用的是点，没有面的涉及，就不会点的应用。

李辉：大同小异。主要是你怎样去把教材内容转化为你所从事的工作。

崔亚威：学校不可能选取所有的数控系统给我们学习，侧重地选择了SIEMENS和FANUC的最具代表的系统来教我们的，是非常正确的，所谓万变不离其宗，所以我现在觉得很有收获。

壮：作为数控专业的学生，你们回过头来看，学校应以培养学生什么为主：(1) 实践动手能力；(2) 基础理论知识；(3) 外语和计算机能力。

张锦程：我认为应该主要培养实践动手能力。

苏建福：我觉得都很重要，有了好的基础理论知识，你才能更好地做好实践动手能力，而外语和计算机能力在平时的工作中起到了一个很重要的辅助作用，所以这三个一个都不能少！

姚嗣伟：实践动手能力。

李辉：应以学生的实践动手能力为主，后两个也很重要，21世纪，英语、计算机是法宝，现在机械行业图纸大多数是英语，有了基础就不会害怕，所以都重要。

端礼虎：我感觉这三方面都挺重要的，实践动手能力是建立在拥有过硬的基础理论知识，还有数控专业当然离不开计算机啊，不然就不叫数控了，中国现在有大多数厂用的是进口机床，说明书理所当然就是英语了。

徐才敏：我同意刚才那位同学说的，是实践动手能力。

束菊华：以实践动手能力为主，动手能力是指具体的将某件事情完成，或是将指定的某个任务完成。

崔亚威：实践动手能力，没有过硬的动手能力，说什么都是假的。

壮：在学校学习过程中，你们是否有机会独立解决学习和实训中的问题？

端礼虎：有啊，记得在实训时，老师都是让我们自己编程，让我们自己校验程序，操作时遇到什么问题尽量让我们自己解决。

张锦程：有的。

苏建福：就我个人来说，在学习的过程中，独立解决学习和实训中的问题，机会是很多的。

崔亚威：应该说老师都留了好多机会给我们的。

李辉：像在学校里实训，独立解决的很少，因为学的不是很透，需要自己去琢磨，但实训一台机不是一个人，得留点空间给别人，所以很少，一般会找指导老师帮助。在企业是可以的，因为你操作时可以去尝试，自己动手会加深印象。

徐才敏：有的。我们一般一个星期左右都会去实训基地，在那里会有很多的问题。自己不能解决的就请教老师。

壮：数控技术应用专业的考试形式主要有几种？你认为哪种考试方式比较好？为什么？

张锦程：主要有笔试和上机操作，上机操作比较好，因为这样才真正体现出动手能力与实际的掌握知识情况。

苏建福：我的理解有两种：一是理论考试，二是实训考试。两种都好。学习过程中理论考试和实训考试都能有效地检验这一阶段的学习成果。

姚嗣伟：数控技术应用专业的考试形式主要有理论和实践操作。两种的考试形式都不错。理论与实践相结合。

端礼虎：操作考试比较好。我觉得操作是建立在有巩固的理论知识的前提下的，不然什么都不懂，怎么操作啊。

徐才敏：笔试和上机床操作。上机床操作的话，那样能显示出个人的综合素质。例如，应变能力和思维敏捷能力。

李辉：理论知识和实践考试。我认为实践考试效果好点，因为实践让自己动手了，即使做错了也会比吸取理论知识来得快。

崔亚威：理论和实践，实践比较好，因为比较能锻炼人，因为理论再好，实际操作会有很多的状况，况且我们是侧重实践的。

束菊华：理论与实践相结合。考对专业技术要求比较高的那种，不是那种花些钱就能轻易考到的证书。

壮：在学校你们获得了多少职业资格证书或者技术等级证书？都有用吗？

苏建福：我在学校获得的职业资格证书有：UG—NX 中级、国家计算机一级 B、数控加工中心中级等。证书当然有用啊！

姚嗣伟：我获得了数控车床中级证书，英语A级，普通话二级证书，至少现在后面两证对我挺有用的。

端礼虎：计算机、数控车、CAD，证书肯定有用啊！

崔亚威：我在学校拿到了计算机一级B，CAD中级，数控车中级，数控维修，英语B级，应该说，对我的工作产生了深远的影响。

束菊华：我拿了7张，是否有用，要根据所在岗位的性质而定。

徐才敏：数控车中级，CAD中级。CAD还是比较有用的。

李辉：我在学校只获得数控车操作证。怎么说呢，如果没这证书，没人相信你会，就跨不进这门槛，所以也有用，大多数企业还是看实践技术。

壮：最后一个问题，每个人必须回答，当然是实事求是，企业对你们的能力是如何评价的？

张锦程：一般吧。

苏建福：综合评价应该是良好。我认为作为制图员，运用CAD还是很不错的！

姚嗣伟：评价还可以，尤其是计算机C语言，信息技术等！

端礼虎：还是比较好的。

徐才敏：良好。

李辉：具体的公司评价未当面说，自我感觉是良好，工作态度认真、细心、团结。

束菊华：专业知识有点薄，需要不断努力，不断学习，学海无涯。

崔亚威：应该是很好的，因为公司是学院的就业实习基地。参与了我们专业的策划和编制的，他们很欣赏我们的基础专业能力。尤其是数控编程。

壮：从刚才大家的发言可以看出来，大家对学校两年的学习还是有一定认同度的，在企业也得到了普遍的认可。我认为我们学院的教学改革方向是正确的，还是有一定的成绩的，但是还有许多值得改进的地方，如教学方法，实训条件等，希望同学们今后常回学校看看，为学校的教学多提宝贵意见。

参考文献

(一) 中文部分(著作)

[1] 阿莫纳什维利. 孩子们,祝你们一路平安[M]. 朱佩荣,译. 北京: 教育科学出版社,2002.

[2] 巴班斯基. 教育学[M]. 李予卓,等,译. 北京: 人民教育出版社,1986.

[3] 巴班斯基. 教学过程最优化——一般教学论方面[M]. 张定璋,等,译. 北京: 人民教育出版社,1984.

[4] 保罗·弗莱雷. 被压迫者教育学[M]. 顾建新,等,译. 上海: 华东师范大学出版社,2001.

[5] 毕淑芝等. 当今世界教育思潮[M]. 北京: 人民教育出版社,1999.

[6] 伯顿·克拉克. 高等教育新论——多学科的研究[M]. 王承绪,等,译. 杭州: 浙江教育出版社,2001.

[7] 查有梁. 教育建模[M]. 南宁: 广西教育出版社,1998.

[8] 查有梁. 系统科学与教育[M]. 北京: 人民教育出版社,1993.

[9] 陈向明. 在参与中学习与行动——参与式方法培训指南[M]. 北京: 教育科学出版社,2003.

[10] 辞海编辑委员会编. 辞海[M]. 上海: 上海辞书出版社,2000.

[11] 戴尔·H·申克. 学习理论: 教育的视角[M]. 韦小满,

等,译.南京:江苏教育出版社,2003.
[12] 戴维·H·乔纳森.学习环境的理论基础[M].郑太年,任友群,译.上海:华东师范大学出版社,2002.
[13] 单中惠.外国教育思想史[M].北京:高等教育出版社,2000.
[14] 邓聚龙.灰色系统理论教程[M].武汉:华中理工大学出版社,1990.
[15] 邓晓春.系统科学与现代高等教育管理[M].北京:职工教育出版社,1989.
[16] 董洪亮.新课程教学组织策略与技术[M].北京:教育科学出版社,2004.
[17] 杜殿坤.原苏联教学流派研究[M].西安:陕西人民教育出版社,1993.
[18] 杜威.我们怎样思维——经验与教育[M].姜文闽,译.北京:人民教育出版社,1991.
[19] 杜威.民主主义与教育[M].王承绪,译.北京:人民教育出版社,1990.
[20] 杜祖贻.杜威论教育与民主主义[M].北京:人民教育出版社,2003.
[21] 方明.陶行知教育名篇[M].北京:教育科学出版社,2005.
[22] 冯·贝塔朗菲.一般系统论:基础、发展和应用[M].林康义,魏宏森,译.北京:清华大学出版社,1987.
[23] 冯增俊.当代国际教育发展[M].上海:华东师范大学出版社,2002.
[24] 傅道春.教育学——情境与原理[M].北京:教育科学出版社,1999.
[25] 高平叔.蔡元培教育论集[M].长沙:湖南教育出版社,1987.
[26] 高平叔.蔡元培教育文选[M].北京:人民教育出版

社,1980.
[27] 高文. 教学模式论[M]. 上海：上海教育出版社,2002.
[28] 顾明远. 教育大辞典[M]. 上海：上海教育出版社,1998.
[29] 关文信. 当代教育新视野[M]. 长春：吉林大学出版社,2000.
[30] 国家教育委员会职业技术教育司. 中国职业技术教育概论[M]. 北京：北京师范大学出版社,1994.
[31] 何克抗,郑永柏,谢幼如. 教学系统设计[M]. 北京：北京师范大学出版社,2002.
[32] 黄济,王策三. 现代教育论[M]. 北京：人民教育出版社,1996.
[33] 黄俊杰. 大学理念与校长遴选[M]. 台北：台湾通识教育学会,1999.
[34] 黄克孝. 职业和技术教育课程概论[M]. 上海：华东师范大学出版社,2001.
[35] 霍绍周. 系统论[M]. 北京：科学技术文献出版社,1988.
[36] 教育部高等教育司. 高职高专院校人才培养工作水平评估[M]. 北京：人民邮电出版社,2004.
[37] 金生鈜. 理解与教育走向哲学解释学的教育哲学导论[M]. 北京：教育科学出版社,1997.
[38] 金一鸣. 教育社会学[M]. 南京：江苏教育出版社,2000.
[39] 瞿葆奎. 教育学文集·教学(中册)[M]. 北京：人民教育出版社,1988.
[40] 夸美纽斯. 大教学论[M]. 傅任敢,译. 北京：教育科学出版社,1999.
[41] 莱斯利·P·斯特弗,杰里·盖尔. 教育中的建构主义[M]. 高文,徐斌艳,程可拉,等,译. 上海：华东师范大学出版社,2002.
[42] 李安. 美式教育成功之谜[M]. 呼和浩特：内蒙古人民出版社,2001.

[43] 李秉德. 教学论[M]. 北京：人民教育出版社，2003.
[44] 李金松. 系统论、信息论、控制论与教育改革[M]. 武汉：湖北教育出版社，1989.
[45] 李文阁，王金宝. 生命冲动——重读柏格森[M]. 成都：四川人民出版社，1998.
[46] 联合国教科文组织国际教育发展委员会. 学会生存[M]. 华东师范大学比较教育研究所译. 北京：教育科学出版社，1996.
[47] 联合国教科文组织总部中文科. 教育——财富蕴藏其中[M]. 北京：教育科学出版社，1999.
[48] 林崇德. 教育的智慧[M]. 北京：开明出版社，1999.
[49] 林崇德等. 心理学大辞典[M]. 上海：上海教育出版社，2003.
[50] 刘德恩等. 职业教育心理学[M]. 上海：华东师范大学出版社，2001.
[51] 刘合群. 职业教育学[M]. 广州：广东高等教育出版社，2004.
[52] 鲁洁. 教育社会学[M]. 北京：人民教育出版社，1990.
[53] 欧内斯特·博耶. 美国大学教育——现状·经验·问题及对策[M]. 复旦大学高等教育研究所，译. 上海：复旦大学出版社，1988.
[54] 潘懋元，王伟廉. 高等教育学[M]. 福州：福建教育出版社，1995.
[55] 庞维国. 自主学习[M]. 上海：华东师范大学出版社，2003.
[56] 彭钢，蔡守龙. 新课程教学现场与教学细节[M]. 北京：教育科学出版社，2004.
[57] 彭贤智. 以学生为主——当代教育改革新思潮[M]. 济南：山东教育出版社，2001.
[58] 皮连生. 教育心理学[M]. 上海：上海教育出版社，2004.

[59] 钱学森等. 论系统工程[M]. 长沙：湖南科学技术出版社,1982.

[60] 全国十二所重点师范大学联合. 教育学基础[M]. 北京：教育科学出版社,2002.

[61] 盛群力,李志强. 现代教学设计论[M]. 杭州：浙江教育出版社,1998.

[62] 石伟平. 比较职业技术教育[M]. 上海：华东师范大学出版社,2001.

[63] 陶行知. 陶行知全集·第三卷[M]. 长沙：湖南教育出版社,1984.

[64] 陶行知. 陶行知全集·第一卷[M]. 长沙：湖南教育出版社,1984.

[65] 王灿明. 登上学习快车[M]. 上海：上海教育出版社,2004.

[66] 王坦. 合作学习的理念和实施[M]. 北京：中国人事出版社,2002.

[67] 温特贝尔特大学认识与技术小组. 美国课程与教学案例透视——贾斯珀系列[M]. 王文静,乔连全,等,译. 上海：华东师范大学出版社,2002.

[68] 沃纳西·赛弗林等. 传播学的起源研究和应用[M]. 陈韵昭,译. 福州：福建人民出版社,1985.

[69] 吴杰,薛风德. 外国现代主要教育流派[M]. 长春：吉林教育出版社,1989.

[70] 吴立岗,夏惠贤. 教学的原理、模式和活动[M]. 南宁：广西教育出版社,1998.

[71] 吴世宦. 法治系统工程学[M]. 长沙：湖南人民出版社,1988.

[72] 吴雪萍. 国际职业技术教育研究[M]. 杭州：浙江大学出版社,2004.

[73] 谢利民,郑百伟. 现代教学基础理论[M]. 上海：上海教

育出版社,2003.
[74] 徐国庆.实践导向职业教育课程研究:技术学范式[M].上海:上海教育出版社,2005.
[75] 许思园.中西文化回眸[M].上海:华东师范大学出版社,1997.
[76] 薛天祥.高等教育管理学[M].桂林:广西师范大学出版社,2001.
[77] 叶春生.二十年的实践与探索——高等职业技术教育论文集[M].北京:高等教育出版社,2004.
[78] 叶圣陶.叶圣陶教育文集[M].北京:人民教育出版社,1994.
[79] 于显洋.组织社会学[M].北京:中国人民大学出版社,2001.
[80] 袁振国.当代教育学[M].北京:教育科学出版社,1999.
[81] 约翰·D·布兰思福特等.人是如何学习的——大脑、心理、经验及学校[M].程可拉,等,译.上海:华东师范大学出版社,2002.
[82] 张伯苓.王文俊等.张伯苓教育言论选集[M].天津:南开大学出版社,1984.
[83] 张鼎昆.行动学习[M].北京:机械工业出版社,2005.
[84] 张家祥,钱景舫.职业技术教育学[M].上海:华东师范大学出版社,2001.
[85] 张能为.理解的实践——伽达默尔实践哲学研究[M].北京:人民教育出版社,2002.
[86] 赵文华.高等教育系统论[M].桂林:广西师范大学出版社,2001.
[87] 赵祥麟,王承绪.杜威教育论著选[M].上海:华东师范大学出版社,1981.
[88] 赵志群.职业教育与培训学习新概念[M].北京:科学出版社,2003.

[89] 郑金洲. 教育通论[M]. 上海：华东师范大学出版社,2000.

[90] 中央教育科学研究所. 陶行知教育文选[M]. 北京：教育科学出版社,1981.

[91] 钟启泉. 基础教育课程改革纲要解读[M]. 上海：华东师范大学出版社,2001.

[92] 钟启泉编. 现代课程论[M]. 上海：上海教育出版社,2003.

[93] 周明星等. 职业教育通论[M]. 天津：天津人民出版社,2002.

[94] 朱幕菊. 走进新课程[M]. 北京：北京师范大学出版社,2002.

[95] 佐藤正夫. 教学论原理[M]. 钟启泉,译. 北京：人民教育出版社,1996.

[96] B·T·阿法纳西耶夫. 系统与社会[M]. 贾泽林,苏国勋译. 北京：知识出版社,1988.

[97] B·乔伊斯等. 教学模式[M]. 荆建华,等,译. 北京：中国轻工出版社,2002.

[98] R·M·加涅. 学习的条件和教学论[M]. 皮连生,王映学,郑葳,译. 上海：华东师范大学出版社,1999.

[99] R·M·加涅,等. 教学设计原理[M]. 皮连生,等,译. 上海：华东师范大学出版社,1999.

(二) 中文部分(论文)

[1] 曹克广,王纪安,廖先芸. 从国外职业教育专业和课程设置得到的启示[J]. 承德石油高等专科学校学报,2000(1)：10.

[2] 曹正善. 试论杜威教育思想的系统观[J]. 江西教育科研,1998(2)：65.

[3] 昌正兴. 构建技术技能特色的高职教学体系[J]. 岳阳职业技术学院学报,2006(2)：4.

[4] 陈红. 对职业教育中"能力"的探讨[J]. 成都教育学院学报,2005(5):12-13.

[5] 程红兵. 校长要关注课改价值思想[N]. 中国教育报,2006-03-28(8).

[6] 单泠,纪秀君. 一个学生、一个导师、一个学习计划——浙江大学竺可桢学院培养拔尖人才的探索与实践[N]. 中国教育报,2006-06-02(3).

[7] 单嵩麟. 高职教育课程结构模式的比较研究[J]. 职教通讯,2003(8):16-17.

[8] 邓耀彩. 高职教育引进企业要素模式研究[J]. 职业技术教育,2004(16):23.

[9] 付俊微,张树海,戚翠芬. 专业整体教学改革经验谈[J]. 中国职业技术教育,2005(31):63.

[10] 高文. 建构主义学习的评价[J]. 外国教育资料,1998(2):24-29.

[11] 耿金岭. 职业教育教学质量探析[J]. 职教论坛,2004(10b):16.

[12] 耿献文. 构建高职教育课程体系的思考与实践[J]. 职业技术教育:教科版,2001(22):20.

[13] 顾明远. 对教育定义的思考[J]. 北京大学教育评论,2003(1):8.

[14] 郭庆贞. 深化职业教育教学改革中应正确处理的几个关系[J]. 石油教育,2004(6):77-78.

[15] 国家教委职业技术教育司,国家教委职教中心研究所. 关于"世界银行贷款职业技术教育项目"完成情况的评价[J]. 中国职业技术教育,1996(1):7.

[16] 韩冰. 关于高职课程观的探讨[J]. 无锡职业技术学院学报,2005(2):4-5.

[17] 韩延明. 理念、教育理念及大学理念探析[J]. 教育研究,2003(9):50.

[18] 何克抗. 从信息时代的教育与培训看教学设计理论的新发展[J]. 中国电化教育,1998(12):9-13.
[19] 何克抗. 也论教学设计与教学论——与李秉德先生商榷[J]. 电化教育研究,2001(4):10.
[20] 贺武华,廖明岚. 发展中国高职教育的观念转型[J]. 职业技术教育,2005(28):19.
[21] 洪明. 反思实践取向的教学理念——舍恩教学思想探析[J]. 外国教育研究,2003(8):45.
[22] 洪明,许明. 当代西方教学理念的格局与趋势[J]. 国外社会科学,2003(3):14.
[23] 侯素美,颜淑媛. 简论强化高职教育的职业特色[J]. 中国成人教育,2000(6):41.
[24] 黄甫全. 教育灰色系统刍论[J]. 首都师范大学学报(社会科学版),1995(5):81.
[25] 黄克孝. 当前职教课程改革中值得关注的倾向[J]. 职教论坛,2004(10b):5.
[26] 黄克孝. 构建高等职业教育课程体系的理论思考[J]. 职教论坛,2004(1b):4-7.
[27] 黄克孝. 论高职院校课程的技术性特质[J]. 职教通讯,2003(8):14.
[28] 黄克孝. 正确处理职教课程改革中的职业性与时代性特征的关系[J]. 职教通讯,1998(8):6.
[29] 黄克孝,郭扬. 优化职教课程改革的目标与原则[J]. 职教论坛,1998(11):18.
[30] 黄曙光. 高职院校如何建立"学历与职业资格并重"的教学体系[J]. 湖北成人教育学院学报,2005(3):12.
[31] 黄小莲. 论教师教育策略的确立[J]. 教育评论,2002(6):39.
[32] 季东亮,李东生. 试析双轨同步教学体系的内涵[J]. 成人教育,2000(10):31.

[33] 贾继海,杨百梅. 论大众化阶段我国高等职业教育质量观[J]. 教育与职业,2005(12):34－35.

[34] 江锦祥,屠群锋. 高职计算机专业实践教学体系的构建与实践[J]. 浙江交通职业技术学院学报,2002(2):31.

[35] 江苏省教育厅办公室. 丁晓昌同志在全省高职高专院校人才培养工作水平评估培训会议上的讲话[J]. 江苏省教育厅通报,2005(20):2－3.

[36] 姜大源. "学习领域"课程:概念、特征与问题——关于德国职业学校课程重大改革的思考[J]. 外国教育研究,2003(1):27.

[37] 姜大源. 基于全面发展的能力观[J]. 中国职业技术教育,2005(19):1.

[38] 姜大源. 基于学习情境的建设观[J]. 中国职业技术教育,2005(28):1.

[39] 姜大源. 论行动体系及其特征——关于职业教育课程体系的思考[J]. 教育发展研究,2002(12):73.

[40] 姜大源. 学科体系的解构与行动体系的重构——职业教育课程内容序化的教育学解读[J]. 教育研究,2005(8):54.

[41] 蒋乃平. 职教课程探索的三个层级[J]. 职业技术教育:教科版,2001(31):10.

[42] 蒋庆斌,徐国庆. 基于工作任务的职业教育项目课程研究[J]. 职业技术教育:教科版,2005(22):47.

[43] 教育部. 关于加强高职高专教育人才培养工作的意见,教高[2000]2号.

[44] 金杰钦. 教学理念与教学行为[J]. 科技信息,2006(4):340.

[45] 康礼志,龚福生. 高等职业教育教学体系特色[J]. 中国冶金教育,2004(1):50.

[46] 课题组. 关于高职高专教学体系构建的改革与创新[J].

开封大学学报,2001(2):32.
[47] 雷正光."就业导向"的职教课程发展观[J].中国职业技术教育,2006(13):10.
[48] 雷正光.高职课程及其体系和目标研究[J].职教论坛,2005(6b):5.
[49] 李华.高职人才培养目标模式探析[J].职教通讯,2003(11):6.
[50] 李居参,李晓东.国内外高职课程模式比较分析与选择[J].辽宁高职学报,2000(3):3.
[51] 李黎明,吴树罡.高职院校教学改革既要遵循规律又要重点突破[J].中国农业教育,2004(5):17.
[52] 李庆云.发展职业教育应更新教育教学观念[J].黑河学刊,2004(4):95.
[53] 李尚群,夏金星.职业教育问题的分类阐释[J].职教论坛,2003(17):6.
[54] 李晓玲.论高等职业技术教育的课程与课程设置[J].上海高教研究,1996(2):56-57.
[55] 李兴富,陈胜权,陈锡华.面向岗位的实践教学体系构建与运行模式[J].桂林航天工业高等专科学校学报,2004(2):29.
[56] 李艳.高职教育中理论教学与实践教学的结合[J].鹭江职业大学学报,2004(4):119.
[57] 李悠.论高等职业教育教学方法的实施策略[J].职教通讯,2003(10):39-40.
[58] 林宪生.教学设计的概念、对象和理论基础[J].电化教育研究,2000(4):4.
[59] 刘长江,马传普,王广忠.实践教学体系的内涵与外延[J].辽宁高等教育研究,1998(4):49.
[60] 刘德恩.论高职课程特色[J].职业技术教育:教科版,2001(16):22.

[61] 刘德恩. 知识论视野的职教课程改革[J]. 外国教育资料,2000(2): 77-80.
[62] 刘德恩. 职业学习理论初探[J]. 职教通讯, 2005(3): 9.
[63] 刘勤. 构建有职教特色的课程体系[J]. 中国职业技术教育,1997(4): 21.
[64] 刘彦文. 高职教学体系构建原则及其内涵[J]. 职业技术教育: 教科版,2005(4): 44.
[65] 刘志华,张军征. 学习理论对教学设计理论的影响[J]. 电化教育研究,2004(9): 13.
[66] 陆素菊. 高等教育大众化中的就业问题及其出路——透视日本高等教育发展中的政策选择[J]. 江苏高教,2005(1): 129.
[67] 吕景美. 徐特立教育思想与新课程理念的契合点[J]. 湖南教育,2006(16): 42-43.
[68] 吕鑫祥. 对"能力本位教育"课程模式的理论思考[J]. 上海高教研究,1997(3): 48-49.
[69] 吕鑫祥. 高等职业教育教学理念的比较研究[J]. 职业技术教育: 教科版,2003(10): 9-10.
[70] 吕鑫祥. 高等职业教育课程编制探讨[J]. 机械职业教育,2004(5): 4-5.
[71] 马东霄,黄立志. 五年来我国高职高专教育实践教学体系与基地建设研究综述[J]. 宁波大学学报: 教育科学版,2003(1): 42-43.
[72] 马庆发. 德国高等职业教育面面观[J]. 外国教育资料,1998(3): 16-17.
[73] 马庆发. 借鉴多元智能理论开发职校生学习潜能[J]. 吉林工程技术师范学院学报: 教育研究版,2004(7): 9.
[74] 马庆发. 行为导向: 职业教育教学的新取向——职业教育教学论研究之二[J]. 外国教育资料,1997(2): 67.
[75] 马庆发. 职业教育课程发展理论基础[J]. 职教通讯,2000

(1):32.
[76] 马庆发. 重构职业教育课程——基于哲学的思考[J]. 中国职业技术教育,2006(1):13.
[77] 聂渺. 关键技能理论及对高职教育发展的意义[J]. 职业教育研究,2005(2):18.
[78] 欧阳河. 构建高等职业教育技术型教学体系初探[J]. 河南职业技术师范学院学报:职业教育版,2002(6):58.
[79] 潘懋元. "高等职业教育发展研究"序》《高等职业教育——天津职业大学学报,2004(3):12.
[80] 潘懋元. 发展高等职教亟待解决的几个问题[N]. 光明日报,2006-10-11(6).
[81] 潘懋元. 我对高等职教的看法[J]. 职业技术教育,2004(18):36.
[82] 潘懋元. 新时期中国高等教育的质量战略[J]. 国家教育行政学院学报,2006(2):5.
[83] 彭钢. 从行为控制、认知加工走向人格构建——三种不同的教学发展观在教学改革现实中的具体考察[J]. 教育理论与实践,2000(3):44.
[84] 彭钢. 支配与控制:教学理念与教学行为[J]. 上海教育科研,2002(11):21-22.
[85] 任君庆,苏志刚. 高等职业教育的质量标准和质量观[J]. 职业技术教育:教科版,2003(25):13-14.
[86] 任友群. 教学设计理论的未来[N]. 中国教育报,2006-7-6(8).
[87] 施宏开. 从用人单位的择才标准看大学生就业[N]. 中国教育报,2006-11-8(5).
[88] 石翠红. 教学与学生的学习方式[J]. 赤峰学院学报:汉文哲学社会科学版,2005(6):130.
[89] 石伟平. 我国职业教育课程改革中的问题与思路[J]. 中国职业技术教育,2006(1):8.

[90] 石伟平,徐国庆. 论高等职业教育课程的国际比较[J]. 职教论坛,2001(10):10-11.
[91] 石伟平,徐国庆. 世界职业教育体系比较研究[J]. 职业技术教育:教科版,2004(1):21.
[92] 宋晓梦. 课程评价如何走出困境[N]. 光明日报,2006-6-21(8).
[93] 宋兴川,何应林. 以政治为中心到以人为心——我国当代职业教育思想的发展[J]. 职教论坛,2005(5a):9.
[94] 孙亚玲,傅淳. 教学理念辨析[J]. 云南师范大学学报,2004(4):133-135.
[95] 覃兵. 高职院校教师职业倦怠的审视与思考[J]. 职教通讯,2005(9):16.
[96] 汤百智. 关于构建高等职业教育课程模式的研究[J]. 职业技术教育,2000(4):17-18.
[97] 王慧君. 高职教育教学改革之我见[J]. 辽宁高职学报,2004(4):37.
[98] 王明伦. 高等职业教育发展质量目标的构建[J]. 现代教育科学,2004(2):95.
[99] 王攀峰. 当代国外课程知识观的新发展及其对我国课程改革的启示[J]. 教育理论与实践,2003(8):33-34.
[100] 王庆莉,王恒. 探究教学:职业教育的新模式[J]. 运城学院学报,2003(4):78-79.
[101] 王晓耕,丁德全. 影响高职教育教学改革的课程理论[J]. 高等工程教育研究,2003(3):70.
[102] 王作兴,陶红林. 构建模块化高职课程体系的思考[J]. 高等建筑教育,1999(2):60.
[103] 威廉姆·多尔. 王红宇译. 构建一种新的课程观(上)[J]. 外国教育资料,1996(6):27.
[104] 吴万敏,蔡建平. 产学合作培养高等职业技术人才的实践与探索[J]. 南京航空航天大学学报:社会科学版,2001

(2)：77－78.

[105] 吴晓义.“情境—达标”式教学模式——职业教育教学模式的新探索[J].苏州职业大学学报,2005(2)：8－9.

[106] 伍贻兆.高校创新人才培养关键在于教学体系创新[J].南京航空航天大学学报：社会科学版,2002(2)：70.

[107] 武任恒.人文主义的职业教育价值观思考[J].职业技术教育：教科版,2004(16)：14.

[108] 夏建国.高职教育课程模式及评价[J].教育发展研究,2005(8)：76.

[109] 向东春.解构与超越：浅谈高职院校教学体系改革[J].职教论坛,2006(1)：26.

[110] 项贤明.大众化过程中大学教学理念的变革[J].高等教育研究,2004(1)：77.

[111] 肖川.领导与管理[N].中国教育报,2005－02－22(6).

[112] 肖化移.成功智力理论及其对高职教育的启示[J].职教通讯,2005(2)：31.

[113] 徐国庆.杜威职业教育思想论介[J].河南职业技术师范学院学报：职业教育版,2003(2)：73.

[114] 徐国庆.工作本位学习初探[J].教育科学,2005(4)：55.

[115] 徐国庆.工作结构与职业教育课程结构[J].教育发展研究,2005(8)：72.

[116] 徐国庆.技术的本质与职业技术教育课程理论[J].职业技术教育：教科版,2002(1)：17.

[117] 徐国庆.课程涵义与课程思维[J].中国职业技术教育,2006(7)：20.

[118] 徐国庆.理论与实践整合的职教课程模式探析[J].职教通讯,2003(9)：11－13.

[119] 徐国庆.领域特殊性理论与职业教育课程中的基础观[J].职业技术教育：教科版,2002(16)：38.

[120] 徐国庆.项目课程开发的核心技术[J].职教论坛,2005

(7b):1.
[121] 徐国庆.职业教育发展的设计模式、内生模式及其政策意义[J].教育研究,2005(8):59.
[122] 徐国庆.职业教育课程研究的技术学范式[J].中国职业技术教育,2006(1):14.
[123] 徐国庆.职业知识的工作逻辑与职业教育课程内容的组织[J].吉林工程职业技术学院学报:教育研究版,2003(8):23-24.
[124] 徐国庆.作为意识形态的学校与职业教育课程的学问化[J].职业技术教育:教科版,2002(34):17.
[125] 徐晴,夏莹.高职课程综合化与模块化建设[J].职教通讯,2004(12):30.
[126] 许鸿起.高职教育课程改革的思路与要求[J].天津成人高等学校联合学报,2004(1):42.
[127] 阎军,赵建华,赵晓兰等.师生互动双主体教学体系的探讨与实践[J].河北科技大学学报:社会科学版,2002(3):72.
[128] 杨德广.树立科学的教育质量观[N].中国教育报,2007-01-29(5).
[129] 杨洪林.以就业为导向构建高职教学体系[J].教育与职业,2005(15):79.
[130] 杨金土.高职教育的大众性与实务性及相关的教学改革思考[J].职教通讯,2004(1):30.
[131] 杨金土.课程类型是教育类型的本质内涵[J].中国职业技术教育,2005(13):14-15.
[132] 杨金土.我国高职教育形势刍议[J].中国职业技术教育,2003(26):31.
[133] 杨金土.以人为本的职业教育价值观[J].教育发展研究,2006(1):68.
[134] 杨金土,孟广平等.对高等技术教育课程设计的若干理论

认识[J]. 职教论坛,2002(19):23-24.
[135] 杨进. 职业教育教学改革和课程建设[J]. 机械职业教育,2004(4):3.
[136] 杨近. 构建我国高等职教人才培养模式的理论与实践框架[J]. 职教论坛,2004(4a):22.
[137] 杨晋琦,刘建同. 世界银行贷款与我国职业教育的改革和发展——我国第一个世界银行职业教育贷款项目回顾[J]. 中国职业技术教育,1999(10):30.
[138] 杨可心,刘春生. 职业学校学生可持续发展问题研究[J]. 职教论坛,2005(5a):13.
[139] 杨用成. 当前高职实践教学解析[J]. 中国职业技术教育,2005(27):46.
[140] 叶辉,朱振岳. 什么时候才能拆掉教室的墙[N]. 中国教育报,2006-03-05(3).
[141] 余菁. 高等职业技术教育发展特点与教学质量提升研究[J]. 天津成人高等学校联合学报,2005(3):47.
[142] 余文森. 为什么要创设教学情境[N]. 中国教育报,2006-12-15(6).
[143] 余彦. 今朝甬江今朝潮——浙江省宁波职业技术学院采访手记[J]. 职业技术教育, 2002(12):58.
[144] 俞建文. 论职业学校学生主体学习模式的必然性[J]. 职教论坛,2003(20):4.
[145] 俞克新,李飞鸿. 高等职业教育的教学改革与素质教育[J]. 教育与职业,2004(17):71-72.
[146] 袁江. 基于多元智能的人才观[J]. 中国职业技术教育,2005(1):1.
[147] 张楚廷. 教育中,什么在妨碍创造[J]. 高等教育研究,2002(6):4.
[148] 张建平,蒋广场. 学会学习:从重知识到重智慧[N]. 中国教育报,2006-06-09(6).

[149] 张晋. 当代知识观视野中的职教改革价值取向[J]. 职教通讯,2006(9):22.

[150] 张善忠,魏永田. 创造师生互动共进的新境界——再谈构建新型师生关系[J]. 天津教育,2003(5):23.

[151] 张伟江. 构筑优秀的教学体系[J]. 上海高教研究,1995(5):56.

[152] 张新民. 谈高职课程综合化的实施[J]. 中国职业技术教育,1999(12):45.

[153] 赵丹丹,赵志群. 我国职业教育课程改革综述[J]. 中国职业技术教育,2005(25):13.

[154] 赵蒙成. 建构主义教学的条件[J]. 高等教育研究,2002(3):73.

[155] 赵志群. 论职业教育工作过程导向的综合性课程开发[J]. 职教论坛,2004(2b):5.

[156] 赵志群. 职业学习理论的最新发展[J]. 职教论坛,2003(4):62.

[157] 钟启泉."个性差异"与素质教育[J]. 教育理论与实践,1997(4):10-11.

[158] 钟启泉. 改变"学力观",保障"学习权"[J]. 河南教育,2001(9):1.

[159] 钟启泉. 建构主义"学习观"与"档案袋评价"[J]. 课程·教材·教法,2004(10):20-24.

[160] 钟启泉. 课程改革新视点与生长点[J]. 中国教育学刊,2005(8):20.

[161] 钟启泉. 知识隐喻与教学转型[J]. 教育研究,2006(5):21.

[162] 钟启泉. 中国课程改革:挑战与反思[J]. 比较教育研究,2005(12):18-19.

[163] 钟启泉等. 课程改革的目标[J]. 宁夏教育,2003(1-2):71.

[164] 周剑华. 高职院校学习困难学生类型分析及矫治对策[J]. 中国成人教育,2005(3):41.

[165] 周明星. 论职业教育的出发点问题——兼评职业教育的三种基本理念[J]. 职业技术教育: 教科版,2003(25):9-11.

[166] 朱立明,邢新华. 加涅理论对教育技术学发展的影响[J]. 开放教育研究,2004(6):59.

[167] 朱鹏. 国外高教质量保证体系[N]. 中国教育报,2007-01-29(5).

[168] 邹立君. 湖南高职专业教师教学能力现状的调研[J]. 中国职业技术教育,2004(36):28.

(三) 英文部分

[1] Borich G D. Effective Teaching Methods[M]. New Jersey: Prentice-Hall, Inc. Pearson Education: 2000.

[2] Boyer E. Making the Connections. Address presented at the meeting of the Association for Supervision and Curriculum Development[M]. Washington, D C: 1993.

[3] Bransford & Steen. The IDEAL problem solver[M]. New York: Freeman, 1984.

[4] Case C W. Impetus for Gaining Professional Status for Teachers[M]. The Holmes Group Report: 1986.

[5] Cunningham D J. Assessing Constructions and Construction Assessment: A Dialogue [J]. Educational Technology, 1991(5):19.

[6] Darling H L. Teachers and teaching: Signs of a changing profession. In W. R. Houston (Ed), Handbook of research on teacher education[M]. New York: Macmillan, 1990.

[7] Derry & Lesgold. Toward a situated social practice model for instructional design. In D. C. Berliner & R. C. Calfee (Eds.), Handbook of educational psychology[M]. New

York: Macmillan, 1996.

[8] Dewey J. Culture and Industry in Education, in J. A. Boydston (Ed.) ,John Dewey's Middle Works[M]. London and Amsterdam: The Southern Illinois University Press, 1906.

[9] Greeno J G & the Middle School Mathematics Through Applications Projects Group. The situativity of knowing, learning and research[J]. American Psychologist, 1998(53): 14 – 15.

[10] Johnson & Johnson. Circles of Learning: Cooperation in the Classroom[M]. Alexandria, VA: Association for Supervision and curriculum Development, 1984.

[11] Jonassen & Land. Theoretical Foundations of Learning Environments, Lawrence Erlbaum Associates[M]. New Jersey: Publishers, 2002.

[12] Kuhn D. Mechanism of Change in the Development of Cognitive Structures[J]. Psychological Review, 1972(77): 454 –470.

[13] McCaslin & Good. Compliant cognition: The misalliance of management and instructional goals in current school reform [J]. Educational Researcher, 1992(21): 3.

[14] McCleery W. Conversations on the Character of Princeton [M]. New Jersey: Princeton University Press, 1986.

[15] Mcneil J D. Curriculum: the teacher's initiative[M]. New Jersey: Prentice – Hall, Inc, 1994.

[16] Moallem & Earle. Instructional design models and teacher thinking: toward a new conceptual model for research and development [J]. Educational Technology, 1998 (2): 5 –22.

[17] Perkins & Salomon. Teaching for Transfer. Educational Leadership[J]. 1988(46): 39.

[18] Perkins D N. A distributed view of thinking and learning.

In G. Salomon's (Ed.), Distributed Intelligence [M]. Cambridge: Cambridge University Press, 1993.

[19] RECOMMENDATION. Second International Congress on Technical and Vocational Education, UNESCO.

[20] Reigeluth C. Instructional theory, practitioner needs and new directions: some reflections[J]. Educational Technology, 1997 (1):42 -47.

[21] Resnick L B. Learning in school and out[J]. Educational Researcher, 1987(16): 13 -20.

[22] Schon D A. The reflective practitioner: How professionals think in action[M]. New York: Basic Books, 1983.

[23] Slavin R L. Cooperative Learning. Review of Educational Research[J]. The University of Chicago Press, USA, 1980 (50): 315.

[24] Stephen B. Constructing Vocational Knowledge: History communities and ontogeny[J]. Journal of Vocational Education and Training, 1996(48): 2.

[25] Sykes G. Teaching and Professionalism: A Cautionary Perspective. In Weis, Altback, Kelly, Petrie & Slaughter (Eds), Crisis in Teaching [M]. New York: State University of New York Press, 1989.

[26] Wenger E. Communities of practice: Learning, meaning, and identity [M]. Cambridge: Cambridge University Press, 1998.

后　记

高校扩招以来，高等职业教育得到了空前的发展，已经成为我国高等教育的"半壁江山"，但高等职业教育在我国发展的历史还不长，无论理论还是实践都有待进一步深入研究和探索。高职教育的培养目标如何与社会需要拉近距离，学什么，如何学，所有这些问题的解决，可以尝试用行动导向理论来重构高职教育的教学体系，这是本书出版的主要目的。

本书在我博士学位论文的基础上，吸取多方意见修改而成。在本书写作过程中，从选题到结构再到完善直至出版，我的导师石伟平教授倾注了大量的心血；教育部职业教育司原司长杨金土先生、华东师范大学钟启泉教授、马庆发教授、黄志成教授、上海师范大学李进校长、上海市教科院谢仁业研究员以及黄克孝教授、徐国庆博士、匡瑛博士等都对本书提出了许多独到的建议和修改意见，使得本书得到进一步的充实。

华东师范大学职业教育与成人教育研究所是我学习和研究的沃土，常州机电职业技术学院是我实践的基地，在这一片沃土上，在这一个基地上，所有的领导、老师、同学以及同事都给予了我许多启发和帮助。

江苏大学出版社的领导对本书的出版给予了特殊的关注，使得本书得以顺利出版。在此，我对本书出版给予直接和间接帮助的所有领导、老师、同学、同事一并表示衷心的感谢。

壮国桢

2007 年 11 月 18 日